Peter Simm
Silvia Sussmann

MIT DEM WOHNMOBIL NACH UNGARN

Die Anleitung für einen Erlebnisurlaub

Für Frank B. Meichelböck –
ohne den dieses Buch nicht entstanden wäre!

WOMO®
DER WOHNMOBIL-VERLAG
D-98634 Mittelsdorf/Rhön

Die Deutsche Bibliothek – CIP-Einheitsaufnahme

Bibliografische Information der Deutschen Bibliothek

Die Deutsche Bibliothek verzeichnet diese Publikation in der Deutschen Nationalbibliografie.
Detaillierte bibliografische Daten sind im Internet über <http://dnb.ddb.de> abrufbar.

Titelbild:
Begrüßung in Sopron

Neu bearbeitete und erweiterte 5. Auflage 2018

Vertrieb:
GeoCenter, 70565 Stuttgart

Herausgeber:
WOMO-Verlag, 98634 Mittelsdorf/Rhön
GPS: N 50° 36' 38.2" E 10° 07' 55.6"
Fon: 0049 (0) 36946-20691
Fax: 0049 (0) 36946-20692
eMail: verlag@womo.de
Internet: www.womo.de

Autoren-eMail: Simm@womo.de

ISBN 978-3-86903-345-7

Druck: Gutenberg Beuys Feindruckerei, 30851 Langenhagen

EINLADUNG

Jó napot, Ungarn!

Ungarn, was ist das eigentlich für ein Land?
Klischeebeladen wie kaum ein anderes! Fallen Ihnen dazu nicht auch gleich Schlagworte ein wie Pußta, Ziehbrunnen und natürlich Paprika?
Verbinden sie das Land der Magyaren nicht sofort mit charmanten Stehgeigern, die Ihnen zu Gulasch und Barackpalinka (Aprikosenschnaps) melancholische Zigeunerweisen spielen? Denken Sie dabei nicht auch so oft an Piroschka und edlen Tokajer?
Mögen auch die gerade vor Ihrem geistigen Auge gezeichneten Bilder nicht immer das alltägliche Leben widerspiegeln, so gibt es sie dennoch. Zugegeben - vieles wird touristisch vermarktet und manchmal tut es richtig weh. Trotzdem spürt man: Die Ungarn sind mit dem Herzen dabei!

Natürlich hat das Land mehr zu bieten als die gerade genannten Klischees - **viel, viel mehr!**

Steigen Sie zu uns ins Wohnmobil und begleiten Sie uns auf den übrigens gar nicht so schlechten Straßen Ungarns. Wandern sie mit uns an idyllischen Seen und fischreichen Flüssen sowie im bis zu tausend Meter hohen Mittelgebirge. Wir führen Sie zu bemerkenswerten Sehenswürdigkeiten, und wir relaxen mit Ihnen in den zahlreichen Thermalbädern (probieren Sie es einfach mal, Sie werden es nicht bereuen!)
Das Klima ist besser als in unseren Breiten, und die berüchtigten Versorgungslücken und andere „Starallüren“ des Ostblocks gehören der Vergangenheit an.

Steigen Sie ein!

Jó napot, liebe WOMO-Familie. „Jó napot“ heißt „Guten Tag“. Wir sind uns sicher, Sie werden in Ungarn bestimmt viele gute Tage erleben.

Ihr

Peter Simm

Sehr geehrte Leserinnen und Leser, liebe WOMO-Freunde!

Reiseführer sind für einen gelungenen Urlaub unverzichtbar – das beweisen Sie mit dem Kauf dieses Buches. Aber aktuelle Informationen altern schnell, und ein veralteter Reiseführer macht wenig Freude.
Sie können helfen, Aktualität und Qualität dieses Buches zu verbessern, indem Sie uns nach Ihrer Reise mitteilen, welchen unserer Empfehlungen Sie gefolgt sind (freie Stellplätze, Campingplätze, Wanderungen, Gaststätten usw.) und uns darüber berichten (auch wenn sich gegenüber unseren Beschreibungen nichts geändert hat).
Bitte füllen Sie schon während Ihrer Reise das Info-Blatt am Buchende aus und senden Sie es uns sofort nach Ihrer Rückkehr zu (per Brief, Fax oder formlos als eMail). Dafür gewähren wir Ihnen auch bei späteren Buchbestellungen direkt beim Verlag ein Info-Honorar von 10%.
Bitte schreiben Sie evtl. Korrekturen auch in unser Forum unter: forum.womoverlag.de

Um die freien Übernachtungs- und Campingplätze auf einen Blick erfassen zu können, haben wir diese im Text in einem Kasten nochmals farbig hervorgehoben und, wie auf den Karten, fortlaufend durchnummeriert. Wir nennen dabei wichtige Ausstattungsmerkmale und geben Ihnen eine kurze Zufahrtsbeschreibung. "Max. WOMOs" soll dabei andeuten, wie viele WOMOs dieser Platz maximal verträgt und nicht, wie viele auf ihn passen würden (schließlich gibt es auch Einwohner und andere Urlauber)!
Übernachtungsplätze mit **B**ademöglichkeit sind mit hellblauer Farbe unterlegt. **W**anderparkplätze sind grün gekennzeichnet. **P**icknickplätze erkennen sie an der violetten Farbe. Auf Schlafplätzen, denen die gerade genannten Merkmale fehlen – also auf einfache **S**tellplätze – weist die Farbe Gelb hin.
Empfehlenswerte **C**ampingplätze haben olivgrüne Kästchen.
Wanderungen, die wir Ihnen besonders ans Herz legen möchten, haben wir hellgrün unterlegt.

Und hier kommt das Kleingedruckte:
Jede Tour und jeder Stellplatz sind von uns meist mehrfach überprüft worden, wir können jedoch inhaltliche Fehler nie ganz ausschließen. Bitte achten Sie selbst auf Hochwasser, Brandgefahr, Steinschlag und Erdrutsch!
Verlag und Autoren übernehmen keine Verantwortung für die Legalität der veröffentlichten Stellplätze und aller anderen Angaben. Unsere Haftung ist, soweit ein Schaden nicht an Leben, Körper oder Gesundheit eingetreten ist, ausgeschlossen, es sei denn, unsere Verantwortung beruht auf Vorsatz oder grober Fahrlässigkeit.

INHALTSVERZEICHNIS

Gebrauchsanleitung für einen Erlebnisurlaub

Die touristische Struktur ist in Ungarn sehr ausgeprägt, und das Land ist auf die Urlauber eingestellt. Das mag vielfach ein Segen sein, kann bisweilen aber auch zum Fluch werden. Gerade mit dem Wohnmobil besitzt man jene Flexibilität, die es einem ermöglicht, sich entweder in den Trubel zu stürzen oder Ruhe und Einsamkeit zu suchen - ganz nach Belieben. Die Wohnmobilisten haben Ungarn längst entdeckt, viele von ihnen fahren aber gezielt Thermalbäder an und etablieren sich hier für längere Zeit auf den meist in der Nähe liegenden Campingplätzen. Andere Vertreter der WOMO-Spezies fassen nur den Plattensee ins Auge, um dann oft zwei oder drei Wochen stationär da zu verbringen. Wir wollen Ihnen damit zum Ausdruck bringen, dass die verbleibende Gruppe der „echten Landfahrer" nach wie vor noch nicht allzu groß ist. Das birgt den Vorteil, sich die Übernachtungsplätze nur mit wenigen teilen zu müssen. Weitgehend fremd sind den Ungarn auch die üblichen Reglementierungen mit Höhenbalken und Halteverbotsschildern unserer Gilde gegenüber.
Wir haben ein **Tourenpaket** zusammengestellt, in dem wir Ihnen bekannte, aber auch unbekanntere Sehenswürdigkeiten näher bringen wollen. Manchmal sind es die „leisen" Dinge am Wegesrand, die eine Tour zum Erlebnis werden lassen.
Die Reiserouten haben wir nach eigenem Gutdünken zusammengestellt, Highlights nach unserem Ermessen beschrieben. Selbstverständlich kann nicht jeder Ort und jede Attraktion erwähnt sein, und zwangsläufig sind unsere Eindrücke subjektiver Art. Es bleibt Ihnen genügend Raum für eigene Entdeckungen, und so manches werden Sie anders empfinden als wir.
Jeder unserer Touren ist eine **Übersicht** vorangestellt, die es Ihnen ermöglicht, auf einen Blick das Wichtigste zu erfassen. Dazu gehören die Auflistung der markantesten Ortschaften, der Übernachtungsplätze sowie Besichtigungsvorschläge und Wandermöglichkeiten. Je nach Verfügbarkeit benennen wir Ihnen Radwege, Badeplätze und Reitgelegenheiten. Diese Angaben sind dann im folgenden Text näher erläutert. Zu den Tourenbeschreibungen finden Sie am Anfang Übersichtskarten mit der Streckenführung und der Markierung der Übernachtungs-, Picknick-, Aussichts- und Badeplätze sowie der Wasserzapfstellen. Obwohl wir uns bei diesen Skizzen um Genauigkeit bemüht haben, dienen sie nur zur groben Orientierung und können natürlich eine Straßenkarte nicht ersetzen.
Bei den längeren Touren haben wir regelmäßig **Entfernungsangaben** einfließen lassen. So wissen Sie auf Anhieb, wie

weit z.B. zwei markante Punkte auseinander liegen oder wie viele Kilometer an einem Reisetag zu bewältigen sind. Sehen Sie bitte diese Angaben nur als Anhaltspunkte für Ihre Planung an und nicht als absolut korrekte Wegbeschreibung.
Akribisch genau hingegen sind die **Zufahrtsbeschreibungen** zu den **Übernachtungsplätzen**. Die jeweiligen Streckenabschnitte sind kurz gehalten, das garantiert Ihnen ein schnelles Auffinden des Stellplatzes. Ist eine Toilette vorhanden, so setzen wir Sie davon in Kenntnis, sind andere sinnvolle Einrichtungen in der Nähe, erfahren Sie auch das von uns.
Soweit es möglich ist, informieren wir Sie ebenso über **Park-** bzw. **Eintrittsgebühren** ab einem Betrag von ca. 1,5-2 EUR. Sie werden schnell merken, dass nur sehr wenige Parkplätze gebührenfrei sind, viele schöne Aussichtspunkte nur gegen einen Obolus zu bewundern sind und Burgruinen nur vom zahlenden Publikum bestaunt werden dürfen - ganz zu schweigen von den zahlreichen Museen. Meist ist auch ein Eintrittsgeld für den Besuch von Klöstern und Abteien obligatorisch, in drei Fällen wurden wir sogar beim Betreten einer Kirche zur Kasse gebeten. Bevor Sie jetzt vielleicht zu Kritik ansetzen, vergegenwärtigen Sie sich, dass Ungarn kein reiches Land ist. Die Gelder werden dringend benötigt zur Erhaltung der Sehenswürdigkeiten, sie schaffen und sichern Arbeitsplätze. Seien Sie also bitte mild in Ihrem Urteil!
Wir haben keinen Campingführer geschrieben, doch wichtige oder **schön gelegene Campingplätze** erwähnen wir, denn zumindest sporadisch wird fast jeder Wohnmobilist diese aufsuchen. Bei einem längeren Aufenthalt, z.B. im Thermalbad, sollte man ebenso auf einen Campingplatz zurückgreifen und es sich da gemütlich machen.
Bei den einzelnen Reisebeschreibungen würde sich vieles wiederholen, was sich genauso gut auch zusammenfassen lässt. Daher haben wir unseren Touren einen **allgemeinen Informationsteil** hinzugefügt. Lesen Sie bitte vor Ihrer Reise die **Tipps** und **Hinweise** im hinteren Teil des Buches möglichst vollständig und möglichst vor unseren Tourenbeschreibungen, denn diese bauen auf dem Info-Teil auf.
Es kommt auch immer wieder vor, dass sich die örtlichen Gegebenheiten verändern. Teilen Sie uns deshalb Ihre eventuellen abweichenden Erfahrungen besonders zu den einzelnen Übernachtungsplätzen mit. Schreiben Sie uns doch bitte!

Unsere Adresse:
Peter Simm / Silvia Sussmann
Gränzendorfer Str. 19
D-87600 Kaufbeuren
Tel.: 08341 / 68609, E-Mail: Simm@womo.de

Anreise

Sie sind mit dem Wohnmobil unterwegs, daher denken wir, dass Sie des Kartenlesens mächtig sind bzw. ihr Navi beherrschen. Zur ungarischen Grenze zu gelangen, erfordert keine besonderen Voraussetzungen, und im Grunde gibt es nur wenige „vernünftige" Routen, um dieses schöne Urlaubsziel zu erreichen. Die Wahl der richtigen Strecke richtet sich vorwiegend nach Ihrem Heimatort und letztendlich nach dem ersten Zielort in Ungarn.

Wohnen Sie an einer gedachten Linie AUGSBURG-STUTTGART-KARLSRUHE oder südlich davon, ist die **Autobahn** über MÜNCHEN (**A 8**) nach SALZBURG der richtige Weg. Wollen sie Ihre Ungarnreise im Nordwesten des Landes beginnen, so fahren Sie auf der **A 1** von SALZBURG via LINZ nach WIEN und von da aus weiter zum Grenzübergang NICKELSDORF. Die Autobahn ist durchgehend.

Steuern Sie zuerst den Südwesten Ungarns an, nehmen Sie in SALZBURG die **A 10** und fahren bis zur Abfahrt RADSTADT. Die folgenden ca. 70 km über SCHLADMING nach LIEZEN sind Landstraße - einige Ortsdurchfahrten lassen sich nicht umgehen. Nach LIEZEN beginnt die **A 9**, die Sie nach GRAZ bringt. Dabei schlägt der auf der Strecke liegende Gleinalm-Tunnel mit ca. 9 EUR zu Buche. Der 10 km lange GRAZER Umgehungstunnel ist kostenfrei. Ab GRAZ wählen Sie die **A 2** bis FÜRSTENFELD. Bis zum Grenzübergang HEILIGENKREUZ sind es jetzt noch knapp 30 km auf der Landstraße.

Sie sind in Nordbayern oder in der Mitte Deutschlands zu Hause? Dann sind Sie mit der **Autobahn** (**A 3**) nach REGENSBURG und via PASSAU nach LINZ und weiter nach WIEN gut beraten. Beabsichtigen Sie über GRAZ anzureisen, so verlassen Sie die **Autobahn** PASSAU-LINZ bei WELS und orientieren sich nach LIEZEN. Dieser Streckenabschnitt ist ungefähr 100 km lang und besteht vorwiegend aus Autobahn.

Wenn Sie im Osten oder Norden unserer Republik beheimatet sind, führt die kürzeste Verbindung nach Ungarn über Tschechien und die Slowakei. Fast die gesamte Strecke ist Autobahn, sie führt über PRAG via BRNO nach BRATISLAVA. Die verbleibenden 15 km von BRATISLAVA bis zur ungarischen Grenze (Übergang RUSOVCE-RAJKA) sind Landstraße. Auf Grund der Flüchtlingsproblematik muss auch wieder mit Grenzkontrollen gerechnet werden. Zumeist finden diese aber nur bei der Ausreise von **Ungarn** nach **Österreich** statt. Erfahrungsgemäß wird an den größeren Übergängen mehr kontrolliert als an den kleinen.

Vielleicht wundern Sie sich, dass unsere vorgeschlagenen Strecken fast ausnahmslos über die Autobahn führen, aber unsere Erfahrungen haben gezeigt, dass die Landstraße keine echte Alternative ist. Die beschriebenen Autobahnen sind zwar zu den Hauptrouten zu zählen, mit Staus ist daher zu rechnen, und die neuralgischen Punkte sind bekannt. Bei hohem Verkehrsaufkommen weichen viele auf die Nebenstraßen aus, aber kurvige Abschnitte und enge Ortsdurchfahrten verhindern zügiges Vorankommen, und oft geht noch weniger als auf den Autobahnen. Wirklich weiträumiges Ausweichen ist recht umständlich und sehr zeitaufwendig. Der wohlmeinende, viel strapazierte Rat, den Reisebeginn vor den „heißen" Ferienwochenenden auf den folgenden Montag, Dienstag oder gar Mittwoch zu verlegen, ist auch nicht der Weisheit letzter Schluss. Die meisten Leute sind zeitlich gebunden - und wer möchte schon zwei oder drei Urlaubstage opfern?
Fazit: Die Autobahn ist das geringste Übel, und vor allem die späten Abend- sowie Morgenstunden garantieren am ehesten eine ungehinderte Fahrt. Vergessen Sie nicht, die für **Österreichs Autobahnen** vorgeschriebene **Vignette** zu besorgen (10-Tagespickerl 8,9 EUR, 2-Monatsvignette ca. 26 EUR). Für Kfz. über 3,5 t zGG zahlt man 16,5 Cent/km (3-Achser ca. 23 Cent/km). Die Abrechnung erfolgt über die sog. **Go-Box**, die nochmal 5 EUR extra kostet. Weitere Infos unter www.go-maut.at. Einen Streckenkalkulator gibt es unter der Telefonnummer: 0800 400 11 400.
Bitte beachten Sie auch die **Warnwestenpflicht!**
Reisen Sie über Tschechien und die Slowakei an, zahlen Sie derzeit jeweils nur wenige Euro für die Benutzung der Autobahnen. Die günstigen Treibstoffpreise beider Länder sind zudem Balsam für die Urlaubskasse.
Ganz gleich, ob Sie über BRATISLAVA oder über WIEN und anschließend NICKELSDORF ins Land der Magyaren kommen, der Weg führt Sie zunächst nach MOSONMAGYARÓVÁR. Die Stadt besitzt malerische Häuser, eine Vielzahl an Brücken, ein Thermalbad und einen Campingplatz. Es lohnt also einen Zwischenstopp, bevor Sie sich in GYÖR in unsere Rundreise einklinken.
Direkt mit Tour 1 können Sie beginnen, wenn Sie dem Grenzübergang HEILIGENKREUZ (Strecke WIEN-SOPRON) den Vorzug gegeben haben. Peilen Sie Ihren Urlaub im Südwesten Ungarns an, so sind es auch jeweils nur wenige Kilometer, um eine unserer beschriebenen Touren aufzunehmen. Letzteres betrifft die Anreise über GRAZ.
Zur groben Urlaubsplanung folgen die Kilometerangaben für die wichtigen Streckenabschnitte bis zur ungarischen Grenze:

MÜNCHEN-SALZBURG-LINZ-WIEN-NICKELSDORF	566 km
MÜNCHEN-SALZBURG-GRAZ-HEILIGENKREUZ	479 km
REGENSBURG-PASSAU-LINZ-WIEN-NICKELSDORF	523 km
BERLIN-PRAG-BRNO-BRATISLAVA-RAJKA	722 km

Ziehen Sie bei Ihrer Anreise eine Zwischenübernachtung in Betracht, so werfen Sie bitte einen Blick auf die nachstehend aufgelisteten Plätze - vielleicht finden Sie etwas Passendes.

Ü1: WOMO-Stellplatz Deggendorf
Zufahrt: Autobahnausfahrt Deggendorf, vom Ortsschild am Ortsanfang noch ca. 300 m, hier rechts (gegenüber Tankstelle mit Sanistation). Aufenthalt maximal 20 Stunden, die Gebühr beträgt 1 Euro, zahlbar bei Ausfahrt.
GPS: N 48° 49' 46.4" E 12° 57' 29.2" max. WOMOs: 10

Ü2: WOMO-Stellplatz Suben/Schnelldorf
Zufahrt: Von der Autobahn Passau-Linz nahe dem deutsch-österreichischen Grenzübergang nach Suben abfahren, dann noch ca. 4 km bis zum Huberhof (Gaststätte/Bioladen) in Schnelldorf (beschildert).
GPS: N 48° 25' 06.8" E 13° 26' 20.0" max. WOMOs: 3

Ü3: WOMO-Stellplatz Hammer
Zufahrt: Von der A8 (München-Salzburg) nach Traunstein/Siegsdorf (Nr.112) abfahren, dann noch 5,6 km bis zum Gasthof Hörterer in Hammer.
GPS: N 47° 48' 04.3" E 12° 42' 14.5" max. WOMOs: 5

Ü4: WOMO-Stellplatz Rupertus-Therme/Bad Reichenhall
Zufahrt: Von der A8 (München-Salzburg) nach Bad Reichenhall (Nr.115) abfahren, noch 5,9 km, dann rechts (offizieller Stellplatz, 13 Euro inklusiv Strom und Kurtaxe).
GPS: N 47° 44' 03.2" E 12° 52' 32.8" max. WOMOs: 12

Ü5: WOMO-Stellplatz Untersbergbahn in Grödig (nahe Salzburg)
Zufahrt: Von der Autobahn auf die Berchtesgadener Straße B160 in Richtung Grödig abfahren, die Seilbahn ist ausgeschildert.
GPS: N 47° 43' 33.8" E 13° 02' 31.2" max. WOMOs: 5

Ü6: WOMO-Campingplatz Putterersee in Aigen
Zufahrt: von der E651 (Radstadt-Liezen) bei Burg Trautenfels rechts abfahren, noch 8,8 km (praktisch für Weiterfahrt auf der A9 in Richtung Graz).
GPS: N 47° 31' 15.7" E 14° 07' 57.4"

Ü7: WOMO-Campingplatz/Stellplatz Finsterhof
Zufahrt: Von der A1/E60 Ausfahrt 41 oder 35 nehmen, ca. 9 km in Richtung Neulengbach/Tulln, beschildert (günstige Tankmöglichkeiten).
GPS: N 48° 13' 18.5" E 15° 54' 43.9"

Anreisewege nach Ungarn

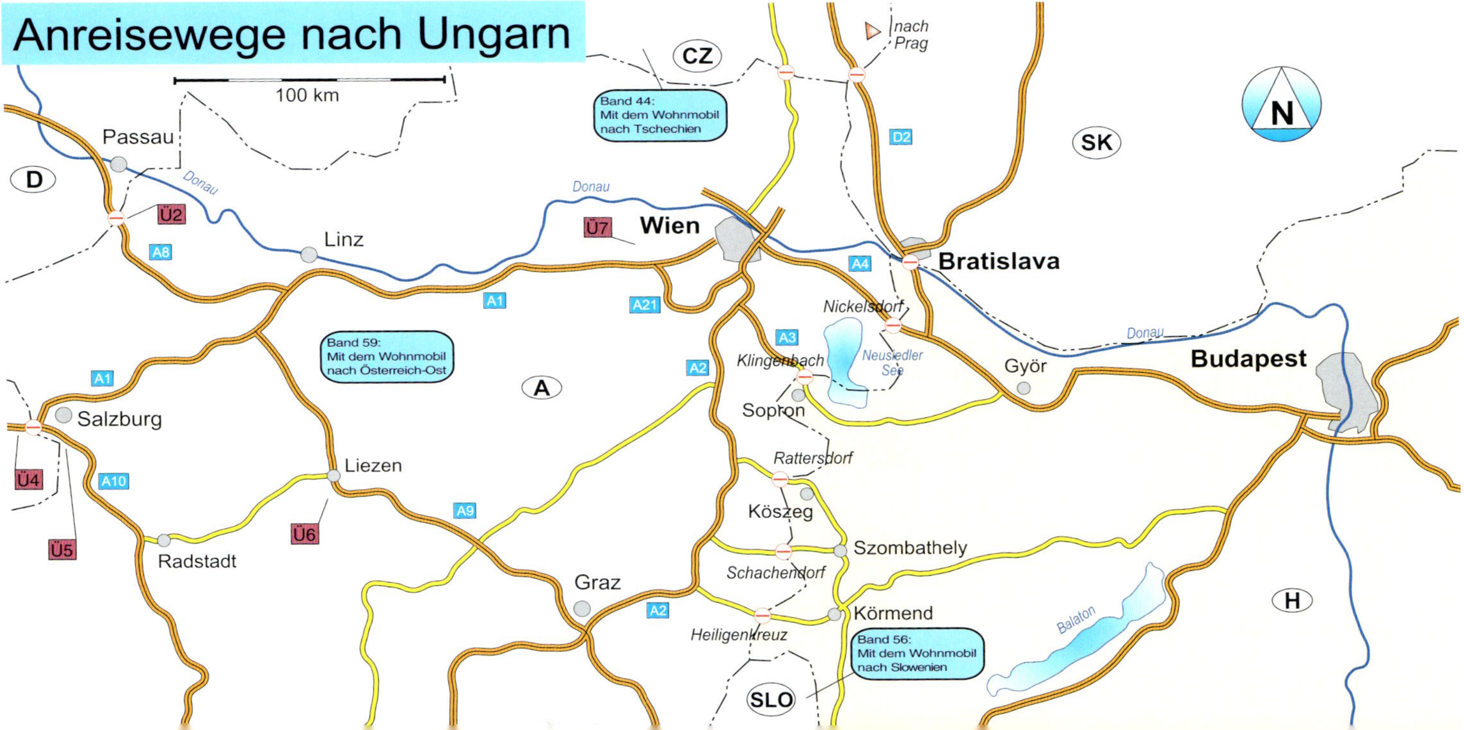

KARTE TOUR 1

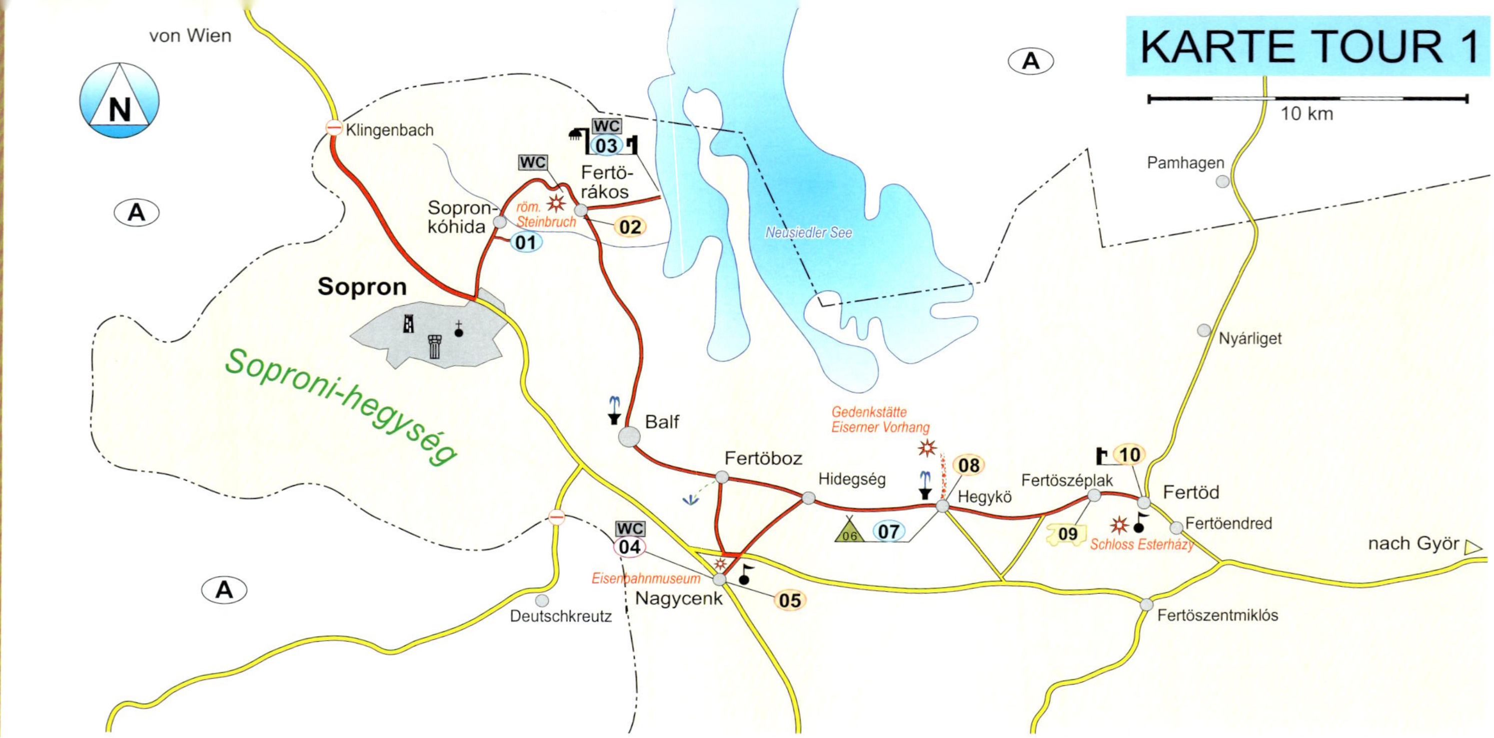

von Wien
N
A
Klingenbach
WC
03
Fertö-
rákos
WC
Sopron-
kóhida
röm.
Steinbruch
01
02
Sopron
Soproni-hegység
Neusiedler See
A
10 km
Pamhagen
Nyárliget
Balf
Fertöboz
Hidegség
Gedenkstätte
Eiserner Vorhang
08
Hegykö
Fertöszéplak
10
Fertöd
Fertöendred
09
Schloss Esterházy
nach Györ
06
07
WC
04
Eisenbahnmuseum
Nagycenk
05
A
Deutschkreutz
Fertöszentmiklós

Tour 1 (52 km / 4 Tage)

Sopron - Sopronkóhida - Fertörákos - Balf - Nagycenk - Hegykö - Fertöszéplak - Fertöd

Freies Übernachten:	Sopronkóhida, Fertörákos, Nagycenk, Hegykö, Fertöszéplak, Fertöd.
Campingplätze:	„Sá-ra Termal Kemping" in Hegykö.
Besichtigen:	Stadtkern Sopron, römischer Steinbruch, Eisenbahn-Museum, Schloss Esterházy.
Wandern:	Zum und am Neusiedler See.
Radfahren:	Auf 100 km Wegenetz fast in der ganzen Region.
Baden:	Freibad Sopronkóhida, Strandbad Fertörákos, Thermalbäder Balf und Hegykö.

Die Sonne lacht aus vollem Herzen. So lässt es sich trefflich reisen. Wir hoffen sehr, dass Ihnen auf Ihrer Fahrt das gleiche Glück widerfährt.
Obwohl die Gesamtstrecke dieser Tour nur etwas mehr als fünfzig Kilometer beträgt, lohnt es sich durchaus hier einige Tage zu verbringen. Das Gebiet zeigt sich landschaftlich außerordentlich reizvoll und wartet mit etlichen Sehenswürdigkeiten auf. Bei KLINGENBACH nahe SOPRON erreichen wir die ungarische Grenze. Auf Grund der Flüchtlingsproblematik führt ein kleiner Beamtentrupp Stichkontrollen an der Grenzstation durch und verursacht so einen Ministau. Doch schon bald geht es zügig auf der **84** weiter nach SOPRON. Genau 7,1 km danach zweigt am (zweiten) Kreisverkehr die Straße nach FERTÖRÁKOS ab. Bevor wir jedoch unsere Tour in dieser Richtung fortsetzen, biegen wir aber erst mal nach rechts, Richtung Zentrum ab. Erstaunlicherweise finden wir um den Stadtkern herum ein recht anständiges Parkplatzangebot vor.

Das Theater in Sopron

Im Herzen von Sopron

Die Plätze sind gebührenpflichtig und zwar jeweils von Montag bis Freitag von 08.00-18.00 Uhr und Sonntag von 08.00-14.00 Uhr. Die maximale Parkdauer ist auf 4 Stunden begrenzt. Je zentraler die Parkplätze liegen, desto tiefer muss man dafür in die Tasche greifen, um den „Hunger" der Automaten zu stillen. Nachdem diese kleine Hürde genommen ist, schlendern wir durch die wunderbar erhaltene bzw. restaurierte Altstadt, die von dem 61 m hohen **Feuerturm** überragt wird (Eintritt für Turm und das angeschlossene **stadtgeschichtliche Museum** ca. 3 EUR - geöffnet täglich 10.00-20.00 Uhr, Nebensaison bis 18.00 Uhr, außer Montag).
Zentraler Platz ist der **Fö-tér**. Neben der **Ziegenkirche** und prachtvollen barocken Fassaden ist auch das **Apothekenmuseum** sehenswert (Eintritt ca. 2 EUR). Schräg gegenüber dem Museum befindet sich das **Römische Lapidarium** (geöffnet von 10.00-18.00 Uhr, Eintritt ca. 4 EUR, Kinder die Hälfte, Montag geschlossen).
Die ursprüngliche Atmosphäre, die wir hier verspüren, geht leider außerhalb des alten Kerns schnell verloren. Wie bereits erwähnt, fallen in SOPRON vor allem an Wochenenden Unmengen von Kauflustigen ein, und vieles ist auf Konsum und Massenabfertigung ausgerichtet.
Wir besteigen wieder unser Mobil und fahren zur vorher genannten Kreuzung zurück, überqueren die **84** und nehmen geradeaus Kurs auf FERTÖRÁKOS. Nach 5 km erreichen wir SOPRONKÓHIDA. Kurz vor dieser Ortschaft zweigt rechts eine

Stichstraße (Hinweis **Tomalom-Fürdö**) zu einem hübsch gelegenen Freibad ab. Der dazugehörende Parkplatz erweist sich als lauschig und bietet sich für eine Übernachtung an (manchmal gebührenpflichtig). Einige (Wochenend)häuser grenzen an und die Kinder werden sich über den gediegenen Spielplatz freuen, der fast vor der WOMO-Tür im Grünen auf sie wartet.

(001) WOMO-Badeplatz: Tomalom-Fürdö

GPS: N 47° 43' 05.9" E 16° 37' 22.2"
Max. WOMOs: 5
Ausstattung/Lage: Spielplatz, Mülltonnen, Schatten; Freibad, Kiosk und Bootsverleih ca. 200 m / außerorts.
Zufahrt: Kurz vor Sopronkóhida rechts abbiegen (Hinweis: Tomalom-Fürdö/ Schwimmbadschild), noch 400 m.

Kurz darauf, nur 7 km nach SOPRON, treffen wir in FERTÖRÁKOS ein. Gut 100 m nach dem Ortsanfang liegt rechts ein **Römischer Steinbruch**. Durch den Abbruch entstanden bizarre Formen und ein Höhlensystem, in dem aufgrund der guten Akustik auch Konzerte abgehalten werden. Nachdem das Gelände längere Zeit für Besucher geschlossen war, kann es jetzt wieder besichtigt werden. Es wurde rundum saniert, und das Ergebnis kann sich sehen lassen. Der Steinbruch ist täglich von 10.00-18.00 Uhr geöffnet, Erwachsene zahlen in etwa 6 EUR, Kinder bis 6 Jahre gehen frei.

Fertörákos: Römischer Steinbruch in neuem Glanz

Parkplätze waren bis dato eher Mangelware - auch hier wurde Abhilfe geschaffen. Direkt neben dem **Römischen Steinbruch** erstreckt sich nun ein riesiges Parkareal, geschottert, mit Hecken unterteilt und (noch) kleinen Bäumen garniert. Es ist schon verwendungsfähig, nur der letzte Schliff fehlt noch. Gebühren werden keine erhoben, doch dieser Zustand wird bestimmt nicht von Dauer sein (Stand Juni 2017).

(002) WOMO-Stellplatz: Fertörákos Römischer Steinbruch

GPS: N 47° 43' 36.0" E 16° 38' 39.7"
Max. WOMOs: 15
Ausstattung/Lage: Gaststätte, Café, Beleuchtung, Mülleimer, Gelände ist eingezäunt / Ortsrand.
Zufahrt: Ca. 150 m nach dem Ortsanfang rechts.

Tagsüber kann es zu Lärmbelästigung auf Grund der vorbeiführenden Straße kommen, nachts herrscht weitgehend Ruhe. Nur ein paar Schritte die Straße hinauf gibt es einen kleinen Markt, der neben dem üblichen Krimskrams auch recht hübsche Korb- und Tonwaren anbietet. Hier ist auch der Ausgangspunkt für Fahrten mit der Pferdekutsche, alternativ auch mit einem Elektrowagen. Der Weg verläuft durch ein **Naturschutzgebiet**, ist daher für Autos und Motorräder gesperrt. Dank dieser Maßnahme haben sich hier viele seltene Vogelarten angesiedelt. Wir nehmen natürlich stilgerecht die Pferdekutsche. Der Ausflug führt bis hin an die österreichische Grenze. Das Tempo ist gemächlich, daher können wir ausgiebig den Blick auf den **Neusiedler See** mit seinem breiten Schilfgürtel genießen (Fahrtdauer ca. eine halbe Stunde).

Die Dorfstraße durch Fertörákos

Selbstverständlich kann man auch den Weg zum See hinunter wandern oder mit dem Fahrrad bewältigen. Ganz gleich, welche Variante Sie wählen, es macht Spaß und ist bestimmt kein alltägliches Erlebnis.

Obzwar dieser Ort nicht allzu riesig ist, so gibt es doch eine Vielzahl von Restaurants und Weinstuben, Geschäften und Verkaufsbuden. Es „touristelt“ eben ganz schön.

Idylle am Neusiedler See

Am Ortsende biegt links ein Sträßchen zum **Neusiedler See** ab. Auf dem kurzen Stück bieten sich entlang eines Kanals einige Plätzchen zum Übernachten an. Beim **Strandbad** finden wir in idyllischer Umgebung (kleiner Hafen, strohgedeckte Häuser) einen sehr schönen, wenngleich teuren Stellplatz (ca. 15 EUR). Zelten ist untersagt.

(003) WOMO-Badeplatz: Fertörákos / Fertö tö

GPS: N 47° 43' 10.8" E 16° 41' 27.0" **max. WOMOs:** 12
Ausstattung/Lage: Wasser, WC, Dusche, Gaststätten, Spielplatz / außerorts.
Zufahrt: Am Ortsende dem Hinweis Fertö tö folgen, noch 2,6 km.

Auf schmaler Trasse geht es weiter durch ein hügeliges Weinbaugebiet. Das Sträßlein ist zwar geteert, doch trotzdem leider furchtbar bucklig. Also gehen wir es gemächlich an und genießen die Aussicht. Wir schreiben den Wonnemonat Mai, die Sonne hat noch nicht alles verbrannt. Das Grün ist frisch und der Holunder beginnt zu blühen. Trotz sehr beschaulicher Fahrt landen wir eigentlich viel zu schnell in BALF, einer recht gepflegten Ortschaft, die mit einem kleinen **Thermalbad** aufwarten kann. Allerdings ist es von dieser Seite her nicht beschildert. Aber wenn Sie vom Ortsschild 1 km die Dorfstraße entlangfahren, gleich bei der Kirche rechts abbiegen und nach 400 m an dem Schild **Gyögyfürdó** noch mal rechts abzweigen, dann sind Sie schon am Ziel. Wir fahren aber jetzt durch BALF durch und stoßen nach dem Ortsende auf eine Kreuzung, an der wir uns links Richtung FERTÖD halten. 4,2 km weiter, in FERTÖBOZ angelangt, biegen wir rechts nach NAGYCENK ab. Wenige Minuten später gelangen wir in das Dörfchen. Nicht zu übersehen, gleich am Ortsanfang links, liegt ein größerer Parkplatz (tagsüber bisweilen geringe Gebühr), den wir ansteuern. Durch die Nähe der Straße **85** muss aber mit Geräuschbelästigung gerechnet werden. Hier finden wir ein Highlight für jung und alt, das sehenswerte **Schmalspur-Eisenbahn-Museum** (es wird kein Eintritt verlangt - man staune).

Gemütliche Rast im Eisenbahnmuseum

(004) WOMO-Picknickplatz: Nagycenk

GPS: N 47° 36' 36.3" E 16° 42' 18.1"; Kiscenki útca **max. WOMOs:** 4

Ausstattung/Lage: Tische, Bänke, Gaststätte, Museum, Kiosk, Toilette, Spielplatz / Ortsrand.

Zufahrt: Nahe der Straße 85, beim Schmalspur-Eisenbahn-Museum Nagycenk links einbiegen.

Auf dem Parkplatz darf man mittlerweile nur noch 2 Stunden mit Parkscheibe verweilen. Angeblich wird es tagsüber nur selten und nachts nie kontrolliert - versprechen können wir das natürlich nicht!

Nagycenk: Das Eisenbahnmuseum

Das Gelände erstrahlt nach einer Renovierung in neuem Glanz. Wunderschön sind hier unter alten Bäumen auf Gleisstücken in der grünen Wiese 8 Dampflokomotiven postiert. Etliche Personen- und Güterwagen runden das Bild ab. Einige Tische und Bänke laden zu einem Picknick mit Ambiente ein. Nebenan sorgt ein einfaches Gasthaus für das leibliche Wohl. Es trennt den Museumsteil von einem liebevoll restaurierten Bahnhof ab. Für ca. 3 EUR kann man jeweils von Freitag bis Sonntag einen kleinen Ausflug mit einer Schmalspurbahn unternehmen (hin und zurück ca. 3 EUR pro Person, Kinder ab 3 Jahre ca. 1,7 EUR). Fahren Sie mit, lassen Sie sich dieses Erlebnis nicht entgehen!

Wir verlassen den Parkplatz, überqueren die **85** und biegen schon nach 100 m links in den Hof des Schlosshotels ein. Das 1850 vom Grafen **Széchenyi** im klassizistischen Stil erbaute **Schloss** ist von einem schönen Park umgeben. Auf Spazierwegen lässt es sich herrlich flanieren, wobei man das hochherrschaftliche Gebäude aus verschiedenen Perspektiven bewundern kann. Leider war bei unserem letzten Besuch das Schlosshotel mitsamt Restaurant und Café geschlossen, dem Eindruck nach nicht nur wegen Betriebsurlaub. Bleibt zu hoffen, dass sich dieser Zustand bald wieder ändert. Der idyllische Parkplatz des Anwesens ist aber weiterhin zugänglich und nutzbar.

(005) WOMO-Stellplatz: Schlosshotel Nagycenk
GPS: N 47° 36' 25.7" E 16° 42' 10.7"; Kiscenki útca **max. WOMOs:** 2
Ausstattung/Lage: Schönes Schloss mit Park / Ortsrand.
Zufahrt: Von der Straße 85 zum Schloss(hotel) Nagycenk abbiegen.

Wir nutzen das letzte Licht des Abends für einen Spaziergang auf der 2,5 km langen Lindenallee, die zum **Familienmausoleum** führt, um dann alsobald tief und fest zu schlafen.

Verwunschen und verzaubert...

Weiter geht's! Wir verlassen den hübschen Ort, biegen rechts in die **85** ein, fahren nach 200 m links ab in Richtung HIDESÉG/FERTÖD. HIDESÉG ist nach 3 km erreicht. An der Kreuzung zweigen wir rechts ab und kommen nach weiteren 4 km Fahrt durch lichtes Buschwerk und Felder in HEGYKÖ an. Nach dem Ortsschild nehmen wir die erste Straße rechts und entdecken nach ca. 150 m auf der rechten Seite die Einfahrt zum kommunalen Campingplatz, der direkt mit der Therme verbunden ist. Der Weg vom WOMO zum Badespaß ist hier recht kurz und erfreulicherweise beinhalten die Campinggebühren bereits den Badeintritt.

(006) WOMO-Campingplatz-Tipp: „Sá-ra Termal Kemping" in Hegykö
GPS: N 47° 37'12.6" E 16° 47'05.5"; Fürdö útca
Öffnungszeit: Ganzjährig
Ausstattung/Lage: Gaststätten, Kiosk, Geschäft, Thermalbad, teilweise Schatten / im Ort.
Zufahrt: Beim Thermalbad.

Eine weitere angenehme Übernachtungsmöglichkeit bietet sich gegenüber dem Sá-ra Kemping auf dem Parkplatz des Thermalbades. Es ist ein sehr gepflegtes Areal mit geteerten Zufahrtswegen, man steht auf der Wiese und einige Bäume spenden Schatten. Für heute wird das unser **Übernachtungsplatz** sein (09.00-18.00 Uhr gebührenpflichtig, nachts frei).

(007) WOMO-Badeplatz: Hegykö Therme

GPS: N 47° 37' 13.7" E 16° 47' 08.5"; Fürdö útca **max. WOMOs:** 5
Ausstattung/Lage: Thermalbad, kleiner Kiosk, drei Gaststätten im nahen Umfeld / im Ort.
Zufahrt: Gegenüber dem Thermalbad Hegykö.

Thermalbad Hegykö: Frisch renoviert

Doch jetzt packen wir erst mal unsere Badeutensilien zusammen und lassen im warmen Wasser des kleinen, aber feinen Thermalbades unsere Seelen baumeln. Die etwas in die Jahre gekommene Anlage (Eintritt 4,5 EUR) erfuhr eine umfassende Überholung und präsentiert sich jetzt in neuem Glanz. Nicht zuletzt durch die Nähe zu Österreich muss allerdings - vor allem an den Wochenenden - mit größerem Andrang gerechnet werden. „Thermalen" macht hungrig. Im Etterem (Restaurant) am Parkplatz, dem **Tornacós Panzió**, essen wir nach dem herrlich faulen Tag gut und günstig zu Abend.
Des Weiteren wartet das **Tornacós Panzió** mit einem Friseur, Masseur und Zahnarzt auf. Erschrecken Sie bitte nicht, das ist kein Großbetrieb. Es ist alles ländlich sittlich. Neben dem gerade genannten Lokal laden noch weitere gastronomische Betriebe zum Speisen ein, darunter auch eine Pizzeria.

Beim Sportplatz des Ortes gibt es noch eine Stellmöglichkeit. Bei entsprechenden Veranstaltungen sollte man - auch im eigenen Interesse - den Platz meiden.

(008) WOMO-Stellplatz: Hegykö Sportplatz

GPS: N 47° 37' 07.2" E 16° 47' 30.6" **max. WOMOs:** 3

Ausstattung/Lage: Gaststätte, Apotheke und Geschäft in der Nähe, zur Therme ca. 700 m, kein Schatten / im Ort.

Zufahrt: Vom Ortsschild am Ortsanfang 600 m dem Straßenverlauf folgen, dann rechts (nach dem Lebensmittelgeschäft) abbiegen, nach 400 m links.

Noch ein Tipp: Beginnend bei der Kirche in Hegykö führt eine schlechte Wegstrecke gut 2 km hinaus in die Felder zu einem

Denkmal, das an die Schrecken des **Eisernen Vorhangs** erinnert. Erklärungen durch Schautafeln! Diesen Ausflug unternimmt man am besten mit dem Rad oder per pedes.

Das **Blaufränkischland**, so nennt sich dieser Landstrich, den wir gerade bereisen, ist ein Eldorado für Biker.

Auf einem Wegenetz von ca. 100 km kann man das ganze Gebiet, auch grenzüberschreitend nach Österreich (für alle Fälle Pass mitnehmen), erkunden. Die Wege sind in einem guten Zustand, meist geteert, ausgeschildert, und nur selten muss man auf ein Straßenstück ausweichen. Ideal also auch für Kinder.

Radfahrerträume...

Die Trassen führen durch eine herrliche Landschaft, durch Weinberge, Wiesen und am Schilfgürtel des Sees entlang. Unterwegs bieten sich immer wieder Möglichkeiten zur Rast oder Einkehr. Wir radeln auf dem einige Meter neben der Straße reizvoll im Grünen verlaufenden Weg zurück

nach FERTÖBOZ. Die bei der Herfahrt mit dem WOMO als mild empfundenen Hügel mutieren dabei manchmal zu „wilden“ Hügeln - aber wir sind auch nicht eben die sattelfestesten Biker. In FERTÖBOZ folgen wir dem etwas klein geratenen braunen Hinweisschild „**Gloriett**“ (wer es gar nicht findet, orientiert sich folgendermaßen: Vom Ortsschild aus 800 m, dann rechts, aber von der Gegenrichtung aus BALF kommend gesehen). Es geht ein kurzes, steiles Bergstück hinan (schieben oder keuchen!) bis hin zu einem Gasthof. Fahren Sie aber bitte auf keinen Fall mit dem WOMO, oben gibt es keine Wendemöglichkeit!
Beim Gasthof lassen wir die Räder stehen, gehen links daran vorbei, um dann hinter dem Gasthof über einen schmalen Plattenweg die **Gloriett** zu „erklimmen“. Lassen Sie sich nicht beirren, es schaut so aus, als ginge es nicht weiter, aber es geht weiter! Oben angelangt, werden wir mit einem sagenhaft schönen Blick über den **Neusiedler See** und das weite Land mit den einzelnen Dörfern belohnt. Die **Gloriett** entpuppt sich als eine Art Kapelle im spätbarocken Stil.
Anschließend rollen wir wieder hinunter und „surfen“ noch ein wenig ziellos im Wegenetz umher, bevor wir müde zu unserem WOMO zurückkehren.

Im schmucken Dörfchen FERTÖSZEPLAK, das wir auf der Weiterfahrt erreichen, wirbt der Gasthof „Bürgermeister“ um Gäste. Die Küche des Hauses hat schon einige Auszeichnungen erfahren, und man isst hier wirklich gut und günstig. Mit einem kleinen bis mittleren Wohnmobil lässt es sich hier am Ortsrand angenehm übernachten. Die Plätze liegen idyllisch am Feldrain und bieten Schatten.

(009) Offizieller WOMO-Stellplatz: Bürgermeister

GPS: N 47° 37' 11.8" E 16° 49' 50.0" **max. WOMOs:** 3
Ausstattung/Lage: Gaststätte / Ortsrand.
Zufahrt: An der Hauptstraße beschildert, noch 800 m (mehrere Hinweise).

Nach einer ruhigen Nacht ziehen wir weiter Richtung FERTÖD. Nach ganzen 7,2 km biegen wir links ab nach POMOGY/PAMHAGEN. 100 m weiter ist die Einfahrt zum Besucherparkplatz (geringe Gebühr) für das **Schloss Esterházy**. Tagsüber ist es hier recht lebhaft durch die ankommenden und abfahrenden Autos sowie die Verkaufsstände. Abends wird es ruhiger und dann kann man auch mal Tisch und Stühle aufstellen. Der Parkwächter verlangt für die Nacht nochmal einen kleinen Obolus, aber der sei ihm von Herzen gegönnt.

WOMOs - gut verdrahtet??

(010) WOMO-Stellplatz: Fertöd

GPS: N 47° 37' 20.2" E 16° 52' 14.0"; Pomogy útca **max. WOMOs:** 6
Ausstattung/Lage: Wasserstellen, Mülleimer, Kiosk, Gaststätte / Ortsrand.
Zufahrt: Nahe dem Schloss Esterházy.

Aufgrund der sehr kurzen Anfahrtswege bleibt uns natürlich viel Zeit für einen Bummel durch die Ortschaft sowie einen Spaziergang durch den riesigen Park des **Schlosses Esterházy** mit seinen vielen rund oder kegelförmig geschnittenen Eiben. Die Fassade des noblen Gebäudes wurde frisch renoviert, doch schon zuvor galt das Schloss als das schönste Ungarns. Es ist Versailles nachempfunden und besitzt prachtvolle Möbel. In einer Führung (große Schlosstour 10.00-18.00 Uhr außer Montag, für Erwachsene rund 10 EUR, Kinder ca. 5 EUR) erfahren wir, dass aber leider viele Möbel von den Russen nach

Gasthaus gegenüber dem Schloss

dem Krieg mitgenommen wurden. Das erklärt die etwas spärliche Einrichtung mancher Räume. Es schmälert aber keinesfalls den Eindruck dieser feudalistischen Pracht. Das erste Stockwerk ist komplett restauriert und beeindruckt mit einem wunderschönen Konzertsaal. Gut lässt sich erahnen, welch luxuriöser Lebensstil in diesem Hause gepflegt wurde.

Schloss Esterházy in Fertöd

Im Schloss befindet sich auch das **Joseph-Haydn-Museum** (Eintritt ca. 6 EUR). In den Monaten Juni und September werden Konzerte abgehalten. Am 20. August, dem **St.-Stephans-Tag** (Tag der Verfassung), finden die „**Esterházer Lustbarkeiten**“ statt. Sie werden in ganz Ungarn kaum ein Fleckchen finden, wo der **St.-Stephans-Tag** nicht überschwänglich gefeiert wird. Hier begeht man diesen Tag mit Opern- und Ballettaufführungen, gleichermaßen ist ein Marionettentheater zu bewundern.

Eine kleine Anekdote aus dem Hause Esterházy

Rund zwei Jahrhunderte sind seit diesem Vorfall verstrichen. Es ist eine jener vielen kleinen Geschichten, die im Schloss Esterházy ihren Ursprung hatten und die nach wie vor gerne erzählt werden - auch heute noch!

Natürlich war das Adelsgeschlecht stets der Kultur und den schönen Künsten zugetan. Der damalige Fürst Esterházy aber liebte besonders die Musik und pflegte diese Leidenschaft.

Fast dreißig Jahre lang war Joseph Haydn Hofkapellmeister im Schloss, und viele seiner Werke fanden hier ihren Ursprung. Wehte einmal der Wind die Klänge der Sinfonien über die Mauern des Schlosses hinaus,

so lauschten die Bürger, die gerade ihren täglichen Arbeiten nachgingen, andächtig. So mancher hätte die Musik gerne aus der Nähe genossen, doch freilich blieb dem einfachen Volke der Zugang verwehrt. Eines Tages jedoch gelang einer biederen Landfrau das Kunststück, unbemerkt von den Wachen in das Schloss zu dringen und den Orchesterproben verzückt zu lauschen. Das Glück währte nicht lange, sie wurde erwischt, und zwar von keinem Geringeren als dem Fürsten selbst. Dieser war zunächst sehr ungehalten, bezichtigte sie des Diebstahls und wollte sie hart bestrafen. Das erschrockene Weiblein beschwor unter Tränen, dass ihr nichts ferner stünde, als sich zu bereichern, ihr Interesse gelte allein den musikalischen Darbietungen. Sie bekräftigte ihr Ausführungen mit einem für eine einfache Frau erstaunlichen Grundwissen, so dass der Fürst ihr schließlich Glauben schenkte. Sein anfängliches Ungemach verschwand - ja mehr noch - es schlug in Bewunderung um und er ließ die Gute unbehelligt ziehen.

Zwei Tage später begehrte ein Gesandter des fürstlichen Hofes bei der Landfrau um Einlass. Der Armen stand der Schrecken ins Gesicht geschrieben, denn sie fürchtete, seine Durchlaucht wolle sie doch noch zur Rechenschaft ziehen. Doch der Bote sprach: „Ängstige dich nicht! Fürst Esterházy war beeindruckt und gestattet dir, das Konzert am Stephanstag zu besuchen. Für angemessene Kleidung wirst du beim Hofschneider vorstellig sein!“

Wie man sich denken kann, stürzte das Weiblein in ein Wechselbad der Gefühle. Das anfängliche Entsetzen schlug zunächst in Unglauben, anschließend in Freude um.

Und somit fand die Geschichte ein glückliches Ende.

Dichtung oder Wahrheit? würde Goethe fragen.

Die Antwort wird sich heute wohl kaum noch finden lassen, aber positive Geschichten sind dem Fürstenhaus gewiss nicht abträglich.

300 m vom Schloss entfernt (in Richtung HEGYKÖ) liegt das Zentrum von FERTÖD. Auf einem schattigen Fußweg entlang der Straße gelangt man in den hübschen Ortskern. Groß ist dieser bestimmt nicht, dadurch aber sehr übersichtlich. Trotzdem gibt es so gut wie alles für den täglichen Bedarf. Wir finden einen kleinen Blumenladen, ein gut sortiertes Gemüsegeschäft, die Post und sogar einen Supermarkt, der unter anderem mit frischem, knusprigem Brot aufwarten kann. In einem Kaffeehaus lässt es sich angenehm verweilen. Die Einrichtung ist gediegen und die Torten sind hausgemacht. Eine große Auswahl darf man allerdings nicht erwarten, dafür aber

eine emsige und freundliche Bedienung.

Daneben steht das traditionsreiche Gasthaus „Haydn". Viele Jahre konnte man hier gut bürgerlich speisen. Neben Fisch- und Fleischspeisen bot man auch Zander vom Neusiedlersee und andere Fischarten an.

Schon seit geraumer Zeit steht das Gebäude nun leer und leider verfällt es zusehends. Eine Wiederbelebung scheint fraglich, doch man soll ja die Hoffnung nie aufgeben. Vielleicht zieren dereinst wieder die nostalgischen gläsernen Vasen mit den Plastiknelken die Tische...

Zusatz für Petrijünger:

Wer sich aus dem **Neusiedler See** einen der begehrten Zander fangen möchte, benötigt dazu eine staatliche Angelkarte und zudem eine örtliche. Erhältlich sind die Karten entweder im Gemeindeamt oder auf dem Campingplatz. Der staatliche Angelschein gilt übrigens für ganz Ungarn, muss also nur einmal erworben werden.

Ungarn ohne Musik - unvorstellbar!

KARTE TOUR 2a

TOUR 2 (430 km / 6-7 Tage)

Fertöd - Kapuvar - Györ - Pápa - Pannonhalma - Kisbér - Komárom - Kocs - Tata - Tatabánya - Esztergom - Dobogókö

Freies Übernachten:	Kapuvar, Lébény, Györ, Pápa, Pannonhalma, Komárom, Kocs, Tata, Dobogókö.
Campingplätze:	„Magdaléna" in Kapuvar, „Thermal Camping" in Pápa, „Thermal Camping" in Komárom, „Oregtó" in Tata.
Besichtigen:	Stadtkern Györ und Pápa, Abtei Pannonhalma, Festung Monostori, Tata/See.
Wandern:	Tata und im Pilis-Gebirge.
Radfahren:	Tata und Umgebung.
Reiten:	Reiterhof in Tata.
Baden:	In Kapuvar, Pápa, Komárom, Tata und Tatabánya.

Die Sonne scheint und die Vögel zwitschern um die Wette - der Tag beginnt vielversprechend. Unser nächstes Etappenziel ist die alte Bischofsstadt GYÖR. Wir verlassen unser hübsches Plätzchen, fahren am **Schloss Esterházy** vorbei nach FERTÖENDRÉD und biegen nach insgesamt 6,1 km links auf die **85** ein. Weitere 9 km später gelangen wir nach KAPUVAR. Am Ende des kleinen Städtchens, das nicht allzuviel Sehenswertes bietet, zweigt links eine Straße zum örtlichen Thermalbad ab. Es verfügt nicht gerade über die modernste Ausstattung, doch es zeigt sich ruhig, gepflegt und weist rela-

St.-Anna-Kirche in Kapuvar

tiv große Liegeflächen auf. Mit einer Tageskarte kann man mehrmals täglich das Bad verlassen bzw. betreten - die Gültigkeit bleibt bestehen. Der zum Bad gehörende Parkplatz eignet sich zum Übernachten. Für einen längeren Aufenthalt empfiehlt sich der sehr gepflegte und mittlerweile auch etwas schattige Campingplatz, der auch nur ein kurzes Stück entfernt ist.

(011) WOMO-Badeplatz: Therme Kapuvar

GPS: N 47° 35' 46.2" E 17° 02' 14.2"; Veskényi útca **max. WOMOs:** 5
Ausstattung/Lage: Thermalbad, Mülltonnen / Ortsrand.
Zufahrt: Am Ortsende links abbiegen, noch 600 m (direkt neben dem Thermalbad).

(012) WOMO-Campingplatz-Tipp: „Magdaléna" in Kapuvar

GPS: N 47° 35' 47.5" E 17° 02' 19.9"; Veskényi útca **Öffnungszeit:** 01.03.-30.10.
Ausstattung/Lage: Geschäft und Gaststätte in der Nähe bzw. an der Hauptstraße (600 m), zum Zentrum ca. 1 km, Schatten / Ortsrand.
Zufahrt: Am Ortsende links abbiegen, noch 600 m (beschildert).

Der weitere Verlauf der **85** durch das „**Kleine Ungarische Tiefland**" offeriert wenig Ansprechendes. Die Fahrt gestaltet sich ein bisschen langweilig: Felder, einzelne Baumgruppen, ab und zu Rastplätze. Irgendwann taucht die Ortschaft CSORNA auf. Sie können jetzt auf guter Straße geradlinig nach GYÖR fahren, das Sie nach rund 48 km erreichen. Wenn Sie möchten, begleiten Sie uns auf einem Ausflug. Ein paar Nehmerqualitäten sind allerdings schon gefragt. Wir biegen in CSORNA links in Richtung BÖSÁKÁNY ab und orientieren uns hier nach LÉ-

Lébény, die St.-Jakobs-Kirche

BÉNY. Zumindest das erste Straßenstück zeigt sich in einer ziemlich üblen Verfassung. Im weiteren Verlauf gibt es etwas Besserung. Der Lohn für diese Tortur ist aber eine Fahrt durch ein ursprüngliches Stück Ungarn. Die Dörfer weisen noch weitgehend den früheren Baustil auf. Da gibt es einen Graben vor dem Haus, ein Brücklein führt darüber und bunte Blumenbeete sorgen für das „I-Tüpferl". Unterwegs erfreuen die verschiedensten Grüntöne, ein Streckenabschnitt führt sogar durch einen Naturpark. Schließlich laufen wir in LÉBÉNY ein und biegen an der ersten Kreuzung rechts ab. Kurz darauf treffen wir am **Arpádkort templom** ein. Auf einem kleinen Platz wacht der Zigeunerfürst über die Ortschaft. Im Hintergrund erhebt sich die wuchtige und wahrhaft eindrucksvolle **St-Jakobs-Kirche**. Daneben lassen sich in einem kleinen Museum vorwiegend sakrale Dinge bestaunen. Geöffnet ist normalerweise täglich außer Montag von 09.00-17.00 Uhr. Steht man trotzdem vor verschlossenen Türen, so kann man es auch unter der angeschlagenen Telefonnummer versuchen.

Portal der St.-Jakobs-Kirche

Seitlich der Kirche, in einer Sackgasse, lässt sich das WOMO parken. Übernachten ist hier auch möglich, viele Wohnmobilisten verirren sich soundso nicht hierher. Bei kirchlichen Veranstaltungen darf man aber natürlich nicht den Platz blockieren - respektieren Sie das bitte!

(013) WOMO-Stellplatz: Lébény

GPS: N 47° 44' 15.3" E 17° 23' 17.1" **max. WOMOs:** 2
Ausstattung/Lage: Kirche, Wasserspender beim Museum, Mülleimer, Gasthaus ca. 400 m / im Ort.
Zufahrt: In der Sackgasse neben der Kirche.

Von LÉBÉNY aus fahren wir über GYÖRSOVÉNYHAZ und BEZI wieder bei ENESE auf die **M 85**. Auch bei diesem Streckenabschnitt kann man sich auf die holprige Fahrbahn verlassen! Die Länge des gesamten Ausfluges beträgt ca. 45 km. Ganz gleich welche Strecke Sie gewählt haben: „Alle Wege führen nach GYÖR". An der großen Kreuzung am Anfang der

Stadt halten wir uns geradeaus, lassen linker Hand die OMV-Tankstelle liegen und biegen nach dieser die erstmögliche Straße links ab. Jetzt sind es 700 m bis zu einer markanten Eisenbrücke, vor der wir rechts abzweigen. Nur noch 300 m trennen uns nun von dem links am Donauufer gelegenen Parkplatz (max. 3,5 t, gebührenpflichtig außer Sonntag, allerdings nur für WOMOs bis höchstens 6 m Länge). Wer sich durch den stadtüblichen Geräuschpegel nicht belästigt fühlt, kann hier durchaus eine Übernachtung in Betracht ziehen.

(014) WOMO-Stellplatz: Györ

GPS: N 47° 41' 06.9" E 17° 37' 49.3" **max. WOMOs:** 3

Ausstattung/Lage: Toilette, Wasser, Mülleimer nahebei / im Ort.

Zufahrt: Zum Zentrum abbiegen - am Marktplatz in Györ.

Der farbenfrohe Markt in Györ

Auch die Straßenränder des beschriebenen Anfahrtsweges bieten gute (gebührenpflichtige) Parkmöglichkeiten. Es sind einige Minuten erhöhte Aufmerksamkeit vonnöten, aber die Belohnung dafür erfolgt in Form eines idealen Ausgangspunktes für Erkundungen der Stadt. Gleich schräg gegenüber befindet sich der Marktplatz, der uns mit seiner bunten Vielfalt an Früchten, Blumen und allerlei Leckereien anlockt. Auch für die banalen menschlichen Bedürfnisse ist gesorgt. Ein Brünnlein spendet Trinkwasser, das man einige Schritte weiter in einer blitzsauberen Toilettenanlage wieder loswerden kann.
GYÖR ist eine Stadt, die wir schnell ins Herz schließen. Es sind viele Dinge, die unsere Sympathie wecken. Zwischen altehrwürdigen barocken Häusern pulsiert das Leben. Geschäf-

te, Straßencafes, Musiker und Künstler lassen ein fast mediterranes Flair aufkommen. Viele Sehenswürdigkeiten sind auf kurzen Wegen zu erreichen, z.B. der **Káptalan-Hügel**, auf dessen „Gipfel" die **Bischofsburg** thront. Gegenüber erhebt sich der **Liebfrauendom** - eine mächtige Kathedrale. Ebenfalls nicht weit davon entfernt finden wir den **Széchenyi tér** - einen großen Platz, der den Mittelpunkt der Stadt darstellt. Mit der **Benediktinerkirche** und ihren zwei Türmen beenden wir erst mal unser privates Kulturprogramm und wenden uns einer anderen schönen Seite GYÖRS zu. Die drei Flüsse: **Raab**, **Rabnitz** und **Donau** vereinen sich hier. Auch dies geschieht in Zentrumsnähe, ein Wechsel vom quirligen Großstadtleben hinein in die Ruhe eines beschaulichen Spazierganges lässt sich schnell vollziehen. Wir bummeln entlang malerischer Uferpromenaden und genießen den Ausblick auf die langsam vorbeitreibenden Schiffe und Lastkähne. Eine alte Frau füttert eine Schar Enten mit Brot. Aufgeregt schnatternd mit wackelnden Schwänzchen, stürzen sich die Tiere auf die Leckerbissen. Unter einem alten Baum steht ein Maler vor seiner Staffelei und bemüht sich konzentriert, die schöne blaue Donau auf die Leinwand zu bannen. Langsam schlendern wir über eine Donaubrücke zurück und landen beim **Burgmuseum** (10.00-18.00 Uhr, Montag geschlossen). In einem alten Gewölbe mit stimmungsvoller indirekter Beleuchtung bestaunen wir Funde aus römischer Zeit, wie etwa Sarkophage, Meilensteine, Trinkgefäße usw.

In der Altstadt von Györ

Neue Ziele locken! Wir verlassen den Parkplatz und fahren die 300 m zurück zur Eisenbrücke, halten uns jetzt aber geradeaus. Nach rund 500 m stoßen wir auf die **82** in Richtung VESZPRÉM.

Wählt man zur Weiterfahrt die **83** (zweigt von der **82** ab), so erreicht man nach gut 45 km das hübsche Städtchen PÁPA. Am Ortsbeginn entdecken wir auf einem Friedhof eine eigenwillig gestaltete Grabkapelle. Wer das Bauwerk näher in Augenschein nehmen möchte, findet dazu hinter dem Friedhof

Die Grabkapelle in Pápa

einen schattigen Parkplatz.

Nach einem kurzen Wegstück zweigt links die Straße zu einem relativ neuen Thermalbad und einem prima ausgestatteten Campingplatz ab. Die Tagesgebühr für ein Wohnmobil mit zwei Personen, Strom und inklusive Badeintritt beträgt ca. 35 EUR (mehrmaliges Betreten und Verlassen der Therme durch extra Campereingang möglich).

(015) WOMO-Campingplatz-Tipp: „Thermal Camping" in Pápa

GPS: N 47° 20' 17.6" E 17° 28' 26.3"; Várkert útca **Öffnungszeit:** Ganzjährig
Ausstattung/Lage: Geschäft, Imbiss, Gaststätte nahebei, sonnig, zum Zentrum 1,5 km / Ortsrand.
Zufahrt: Im Ort den Schildern zum Thermalbad folgen, dann noch 150 m.

Direkt beim Camp gibt es einen gebührenpflichtigen Stellplatz.

(016) Offizieller WOMO-Badeplatz: Therme Pápa

GPS: N 47° 20' 17.9" E 17° 28' 24.2"; Várkert útca **max. WOMOs:** 6
Ausstattung/Lage: Geschäft, Imbiss, Gaststätte nahebei, Wasser, Entsorgung, Strom / Ortsrand.
Zufahrt: Den Schildern zum Thermalbad folgen, direkt vor dem Camp links.

Thermal Camping in Pápa

Wir bleiben auf der **82** und erreichen über NYÚL nach 19 km das kleine Örtchen ÉCS. Die Landschaft ist hügelig und lieblich, und schon von weitem sehen wir den „**Heiligen Berg Pannoniens**" mit der mächtigen **Benediktinerabtei St. Martin**. Das wird unser nächstes Ziel sein. In ÉCS biegen wir links nach PANNONHALMA ab. Nach 3,2 km treffen wir auf eine Kreuzung, an der wir uns links, Richtung MEZÖÖRS/ NYALKA halten. Sollte man aber noch eine Kleinigkeit zu be-

Die Benediktinerabtei St. Martin in Pannonhalma

sorgen haben, überquert man diese Kreuzung und findet dort kurz darauf zwei Geschäfte.

Wir fahren aber jetzt links den Berg hinauf und kommen nach 700 m auf dem großen Besucherparkplatz der Abtei an, der linker Hand liegt. Nach mehrjähriger Bauzeit entstand hier ein Parkhaus (max. Höhe 2,2 m). Außen herum gibt es genügend Plätze für WOMOs und Busse - teils mit schöner Aussicht. Dieses Parkhaus trägt übrigens ein recht nobles Restaurant „Huckepack“. Die Küche des Hauses ist exquisit und hat ihren Preis. Wer günstige Hausmannskost bevorzugt, wird unten im Ort fündig.

(017) WOMO-Stellplatz: Pannonhalma

GPS: N47° 33' 17.0" E 17° 45' 37.0" **max. WOMOs:** 6
Ausstattung/Lage: Gaststätte, Mülleimer / Ortsrand.
Zufahrt: Zwischen Pannonhalma und der Abtei.

Die Besichtigung der Abtei verschieben wir auf morgen. Heute begnügen wir uns mit einem Ausflug ins **Arboretum** (Hin-

weisschilder). Es ist ein eigenartiger Ort. Gewundene Wege führen den Berg hinunter, an anderen Stellen wieder hinauf. Kleine Lichtungen tun sich auf, mal wartet ein Bänkchen auf den Besucher, mal steht man vor einer Heiligenstatue. In einer anderen Nische schaut uns ein winziger Teich mit seinem dunklen Auge an. Ein altes, morsches Holzstühlchen steht daneben, und die Natur ist (schon) im Begriff, es zurückzuerobern. Eine Efeuranke hält bereits die Lehne fest umklammert. Das Gelände wurde einst mit Liebe von kundiger Hand angelegt, doch seit Jahren in der Pflege vernachlässigt. Aber durch gerade diesen Umstand gleicht es jetzt einem verwunschenen Hort aus einem Märchen und strahlt einen unvergleichlichen Charme aus. Bei weiterhin mangelnder Pflege allerdings ist die Gefahr des „Umkippens“ groß. Deswegen, liebe Mönche, sei uns die Bitte gewährt: Nehmt einfach zum Meditieren mal die Heckenschere und den Spaten mit. Es wäre doch jammerschade um dieses bezaubernde Kleinod. (Die letzten Sätze haben wir bereits vor einigen Jahren geschrieben - an deren Gültigkeit hat sich dato nichts geändert...)
Die Klosteranlage ist ein riesiger Komplex. Allein dessen Umrundung gestaltet sich schon zu einem kleinen Spaziergang.

Pannonhalma: Die Basilika

Durch einen Vorhof und einen Rundbogen gelangen wir zu einem größeren Platz. Hier erhebt sich die **Basilika**, deren Kuppel 55 m hoch ist. Aus einem Gebäude daneben erschallt laute Musik. Nicht etwa Orgelmusik - nein - Rock der beinharten Art. Dem Kloster ist auch ein Gymnasium mit Internat angeschlossen, was diese weltlichen Töne erklärt. Es ist auch möglich, das Innere der Abtei zu besichtigen. Neben schönen Deckengemälden und der Schatzkammer verdient die Bibliothek mit ca. 300.000 Bänden besondere Beachtung. Gruppenführungen - auch in Deutsch - finden

täglich von 10.00-18.00 Uhr statt (Preis pro Person 9 EUR). Es ist auch möglich sich ein Audiogerät zu leihen und auf eigene Faust eine Erkundungstour zu unternehmen. Die Anmeldung erfolgt in dem neu errichteten, futuristisch wirkenden Gebäude neben dem Parkplatz.
Wir brechen auf zu neuen Taten. Wir holen unser WOMO, passieren die Abtei und fahren den Berg hinab. Bald taucht das Dörfchen NYALKA auf, an dessen Ortsanfang links eine Wasserstelle (blauer Hydrant) ist. Nach 10 km auf etwas welliger Straße laufen wir in MEZÖÖRS ein, nehmen dort die **81**, die rechts nach SZÉKESFEHÉRVAR abzweigt. Wiederum, 12,1 km weiter, biegen wir in ÁSZÁR links, Richtung NAGYIGMÁND ab (falls Sie die Abzweigung verpassen sollten - der Weg über KISBÉR führt auch zum Ziel!).
Rechter Hand der Abzweigung in ÁSZÁR lockt ein kleines, aber feines ungarisches Dorf im Miniformat Besucher an

(Dienstag bis Freitag von 14.00-18.00 Uhr; Samstag und Sonntag von 10.00-18.00 Uhr).
Vorbei an drei Kirchen und auf immer noch welliger Fahrbahn verläuft die Fahrt jetzt durch endlose Maisfelder. Zwei Weiher bringen etwas Abwechslung ins Bild. Schließlich erscheint die „Skyline" NAGYIGMÁNDS am Horizont. Der riesige Kasten am Ortsrand erweist sich als Maisverwertungsanlage, ein hässliches und doch faszinierendes Gebäude. Auf jeden Fall wissen wir nun, wo die vielen Feldfrüchte enden. 17,2 km mehr stehen seit KISBÉR auf dem Zähler.

KARTE TOUR 2b

Jetzt bieten sich zwei Möglichkeiten, um nach TATA zu gelangen. Sollten Sie vorher noch „thermalen" wollen, wählen Sie die hier zuerst beschriebene und nehmen den Weg über KOMÁROM (die Alternative benennen wir Ihnen nachfolgend). Das örtliche Thermalbad zeigt sich recht ansprechend. Insgesamt drei Campingplätze liegen in unmittelbarer Nähe. Uns gefällt dieser:

(018) WOMO-Campingplatz-Tipp: „Thermal" in Komárom

GPS: N 47° 44' 33.4" E 18° 08' 01.7";Táncsics Mihály **Öffnungszeit:** Ganzjährig
Ausstattung/Lage: Gaststätte, teils Schatten, zum Zentrum 1,1 km / im Ort.
Zufahrt: Im Ort beschildert.

Nach dem Thermalcamping gibt es einen großen, sonnigen Parkplatz. Ein Wiesenstück und ein kleines Wäldchen grenzen an. Lärmbelästigung durch Jugendliche und die nahe Eisenbahn möglich!

(019) WOMO-Badeplatz: Komárom

GPS: N 47° 44' 43.3" E 18° 08' 06.6"
Max. WOMOs: 10
Ausstattung/Lage: Beleuchtung, Thermalbad, Gaststätte sowie Geschäfte und Konditorei nahebei / Ortsrand.
Zufahrt: An der Einfahrt des Thermal Camping vorbei, noch 300 m die Straße entlangfahren, dann links abbiegen.

KOMÁROM ist eine geteilte Stadt, wobei die Donau die Grenze bildet. Das Stadtgebiet nördlich des Flusses mit dem historischen Kern gehört zur Slowakei, das Areal südlich ist ungarisch. Festgelegt wurde die Trennung im Vertrag von Versailles-Trianon im Jahre 1920. Der ungarische Teil bietet kaum touristische Sensationen, wohl aber zahlreiche Einkaufsmöglichkeiten. Wirtschaftlich ist der Donauhafen von großer Bedeutung, er zählt zu den wichtigsten des Landes.
Ca. 3 km von KOMÁROM entfernt, in SZÓNY, erhebt sich die trutzige **Festung Monostori**. Sie gehört zu den ersten **römischen Kastellen** der Provinz Pannoniens. Ausgrabungen brachten Reste von Fresken, Sarkophagen, Goldschmuck sowie Münzen zu Tage. Zu besichtigen sind die wertvollen Stücke jetzt im **Nationalmuseum** in BUDAPEST.
Als Napoleon 1809 WIEN besetzte, suchte der Wiener Hof in KOMÁROM Zuflucht. Kaiser Franz I beschloss hier eine Festungsanlage für nahezu 200.000 Personen erbauen zu lassen. Teile davon liegen in der jetzigen Slowakei. **Monostori** kann zweifellos als das beeindruckendste Monument der Anlagen angesehen werden. Zweitausend Maurer sowie über

Die Festung Monostori nahe Komárom

zehntausend Hilfsarbeiter schufen in 21 Jahren ein Bauwerk, das in 640 Räume gegliedert ist. Die bebaute Fläche übersteigt 34.000 qm. Mittlerweile steht die Festung unter Denkmalschutz, obwohl nicht alle Kräfte dafür stimmten.

Um zur **Festung Monostori** zu gelangen, peilen wir wieder das Zentrum von KOMÁROM an und orientieren uns im Kreisverkehr in Richtung GYÖR. Schon nach 1,6 km befindet sich rechter Hand die Einfahrt zum Parkplatz (GPS: N 47° 44' 56.2" E 18° 05' 59.0"). In zwei, drei Minuten erreicht man den Eingang, von dem aus der ca. 1,5 stündige Rundgang beginnen kann. Es gibt eine Audioausrüstung auf Deutsch, mit der man von Führungen unabhängig ist - zudem sind deutsche Führungen nur nach Voranmeldungen möglich!

Die Festung ist von März bis Oktober zu besichtigen und zwar täglich (außer Montag) von 09.00-18.00 Uhr. Der Eintritt beträgt ca. 5,5 EUR.

Franz Lehár, der Operettenkönig

Franz oder auf Ungarisch Ferenc Lehár ist ein Kind der Stadt KOMÁROM. Am 30.April 1870 erblickte er hier das Licht der Welt. Zu dieser Zeit tanzte ganz Wien begeistert im Walzertakt - vor allem zu den Werken von Vater und Sohn Strauß. Lehár arbeitete zunächst als einfacher Stehgeiger, später als Kapellmeister im Kaiserlichen Heer. Schließlich verwirklichte er sich als Komponist und trat in die Strauß´schen Fußstapfen. Mit der Uraufführung der „**Lustigen Witwe**" im Jahre 1905 gelang ihm der Durchbruch. Es folgen Werke wie „**Der Graf von Luxemburg**" (1909), „**Paganini**" (1925), „**Der Zarewitsch**" (1929) und „**Das Land des Lächelns**" (1929). Lehár wurde gefeiert.

Seine Erfolge übertrafen sogar die der Walzerkönige Strauß. Es wäre übertrieben zu sagen, er hätte die Operette revolutioniert. Zumindest aber setzte der Komponist neue Akzente, in dem er die entsprechende Volksmusik des jeweiligen Landes, in welchem die Operette spielte, mit einfließen ließ.
Franz Lehár verstarb am 24. Oktober 1948 in Bad Ischl (Österreich).

Nun kommen wir zur zuvor erwähnten Alternativstrecke. Bei NAGYAMÁND überqueren wir die **13** und rollen auf schnurgerader Landstraße durch ausgedehnte Maisfelder TATA entgegen. Zuvor gibt es in der Ortschaft KOCS einen recht ruhigen Stellplatz.

(020) WOMO-Stellplatz: Kocs

GPS: N 47° 36' 21.5" E 18° 12' 46.1" **max. WOMOs:** 2
Ausstattung/Lage: Restaurants und Geschäfte nahebei / im Ort.
Zufahrt: Von der Hauptstraße links zum Museum abbiegen, nach 50 m nochmals links (blaue Parkplatzhinweise).

KOCS erscheint uns eher unbedeutend. Es ist eine nette Gemeinde, wie viele andere auch. Dennoch erlangte die Ortschaft eine gewisse Berühmtheit in der Welt. Die ansässigen Wagenbauer erfanden einen von Pferden gezogenen und mit sogenannten Federkissen ausgestatteten Reisewagen. Zudem war das Fahrzeug mit einer Plane versehen. Es bot also einen Wetterschutz, der für frühere Zeiten ungewöhnlich war. In ganz Europa fand dieser „**Wagen aus Kocs**" seine Abnehmer. Die **Kutsche** war geboren! Ganz gleich, ob „coach" (englisch) oder „coche" (französisch) - kaum jemand weiß, dass dieser Ausdruck eigentlich ein Fremdwort ist und aus dem Ungarischen herrührt.
Auf geht´s nach TATA! Das erste, was wir von diesem ausgesprochen hübschen Städtchen zu sehen bekommen, ist der Friedhof mit einer interessanten Torkonstruktion und einer nicht minder interessanten Aussegnungshalle.
Der gepflegte Parkplatz vor dem Gottesacker eignet sich gut als ruhiger Übernachtungsplatz. Nachteil dieser exponierten Lage ist die relativ große Entfernung zu den Sehenswürdigkeiten der Stadt.

(021) WOMO-Stellplatz: Tata 1

GPS: N 47° 38' 05.4" E 18° 17' 41.6" **max. WOMOs:** 4
Ausstattung/Lage: Eventuell Wasser innerhalb des Friedhofs / außerorts.
Zufahrt: Von der Straße Nagyimánd - Tata, am Ortsanfang links.

Wir fahren weiter bis zur Kreuzung, zweigen links ab und gelangen nach 1,5 km zum Busbahnhof. Gleich danach biegen wir rechts ab und stehen nach weiteren 200 m am Burggraben. Leider ist die Straße nicht mehr mit Blumenkästen abgeriegelt. Damit ist der ruhige Charakter des schattigen, nicht allzu großen Parkplatzes verloren gegangen. Aus der Sackgasse wurde das, was sie früher einmal war: eine Durchgangsstraße. Das bringt Unruhe mit sich, eine Übernachtung ist nur bedingt zu empfehlen. Trotzdem bleibt das Plätzchen ein idealer Ausgangspunkt für Spaziergänge entlang dem See (geeignet für kleine bis mittlere Wohnmobile, gebührenfrei).

(022) WOMO-Stellplatz: Tata 2

GPS: N 47° 38' 59.5" E 18° 19' 10.9" **max. WOMOs:** 2
Ausstattung/Lage: Geschäfte und Restaurants in der Nähe, Mülleimer / im Ort.
Zufahrt: Beim Busbahnhof in Tata.

Zum **Öreg-tö**, dem „Alten See“ braucht man kaum eine Minute. Ein Rundwanderweg führt um das Gewässer herum, vorbei an der Burg, am Barockschloss und an vielen prächtigen Villen. Das Ufer ist gesäumt mit alten Trauerweiden, und etliche Strände bieten sich zum Baden an. Für allerlei Zerstreuung ist gesorgt. Wir entdecken Boots-Verleihe, die neben normalen Booten und Kanus auch recht skurrile Wassertraktoren vermieten. Für Kinder gibt es ein Planschbecken, ein Karussell und sogar diverse Mini-Elektroautos. Von mehreren Anlegestellen aus werden Dampferfahrten über den See angeboten (Erwachsene ca. 2 EUR, Kinder die Hälfte). So kann man seine Wanderung nach Belieben verkürzen - empfehlenswert ist, auch für diese Tour das Fahrrad zu nehmen. Unterwegs bestaunen wir eine gut erhaltene Wassermühle, übrigens nicht die einzige in TATA.

Nicht entgehen lassen sollte man sich eine Besteigung des **Kalvarienhügels**, auf dessen Gipfel wir eine Kapelle, drei imposante Kreuze und einen Aussichtsturm vorfinden. Von diesem Turm aus genießt man einen umfassenden Blick über die Stadt und das gesamte Seengebiet. Unterhalb des **Kalvarienhügels** liegt in einem aufgelassenen Steinbruch das **Geologische Museum**, das aber zur Zeit wegen eines Umbaus geschlossen ist. Der Weg zu den gerade genannten Sehenswürdigkeiten ist vom Zentrum TATA aus beschildert. Wir orientieren uns per Sichtkontakt am Turm - das klappt recht gut.

Pferdefreunde, die gern mal reiten oder eine Kutschfahrt machen wollen, kommen auf einem außerhalb gelegenen Reiterhof auf ihre Kosten. Dazu fährt man, am besten mit dem Fahrrad, beim Busbahnhof links ab und folgt den Schildern zu einem **Campingplatz**. Der Weg führt entlang einer schönen Kastanienallee, und nach 3,2 km ist man schließlich am gewünschten Ziel.

Die Burg zu Tata

Wir nehmen uns zwei Tage Zeit für TATA, mit weniger ist kaum auszukommen. Jetzt im Mai herrscht noch kein Trubel, in der Hauptsaison allerdings kann das anders sein. Wir wissen das aus eigener Erfahrung. Trotz des ländlichen Charakters, den dieses Städtchen aufweist, wird es dann schon mal eng mit Park- bzw. Stellplätzen. Ein WOMO-Kollege schwört auf den Penny-Markt-Parkplatz (vor dem Busbahnhof rechts), hier sei immer Platz zum **Übernachten**. Es ist wohl ein praktischer Standort, aber mit wenig berauschender Aussicht.
Wir kehren unserem Burggraben den Rücken, fahren vor zur Hauptstraße, biegen rechts ab und kommen nach 700 m zu einem Kreisverkehr. Nochmals rechts abzweigend, folgen wir den Schildern Richtung TATABÁNYA. Suchen Sie einen Campingplatz, so werden Sie am Ortsrand fündig. Ein bisschen alten „Ostblockcharme“ bekommen Sie inklusive.

(023) WOMO-Campingplatz-Tipp: „Oregtó“ in Tata
GPS: N 47° 38' 17.7" E 18° 20' 43.3"; Fényes fasor **Öffnungszeit:** 15.05.-30.09.
Ausstattung/Lage: Gaststätte, Kiosk, zum See ca. 200 m, zum Zentrum ca. 1,5 km, teilweise Schatten / im Ort.
Zufahrt: Am Ortsende rechts (in Richtung Tatabánya), beschildert.

Weiter geht´s! Bereits nach kurzer Fahrt begrüßen uns die unzähligen rauchenden Schlote der großen Industriestadt. Wir bleiben auf der **Hauptstraße** (**100**) und bedauern die Menschen, die hier leben müssen. Nach 11,9 km, von der Kreuzung in TATA an gerechnet, biegen wir links nach ESZTERGOM ab. 200 m weiter, einem Kreisverkehr folgend, orientieren wir uns nach den Hinweisen TARJÁN/ESZTERGOM. Nahe diesem Abzweig nach ESZTERGOM liegt rechter Hand im Grünen ein kleines Freibad mit einem ordentlichen Parkplatz. Allerdings sind die meisten Plätze etwas schief.

(024) WOMO-Badeplatz: Gyémánt Fürdö

GPS: N 47° 33' 10.5" E 18° 25' 13.4"; Cseri útca
Max. WOMOs: 4
Ausstattung/Lage: Beleuchtung, Mülleimer, Freibad mit Imbiss / im Ort.
Zufahrt: Auf der Hauptstraße 100 gut beschildert - den Hinweisen Gyémánt Fürdö folgen.

Auf kurviger Straße geht es jetzt durch eine bewaldete Hügellandschaft. Es ist eine freundliche, angenehme Strecke, nicht zuletzt durch die vielen blühenden Holunderbüsche, die den Weg säumen. Wir passieren die Ortschaften TARJÁN, BAJNA und gelangen schließlich über TÁT nach ESZTERGOM (43 km). Schon vom ersten Kreisverkehr an ist unser heutiges Etappenziel DOBÓGOKÖ gut beschildert. Wollen Sie noch einen Einkauf tätigen, so bieten sich jetzt günstige Möglichkeiten (Lidl, Tesco usw.). Die Straße führt hinein in das **Pilis-Gebirge** und ist landschaftlich äußerst reizvoll. Verläuft das erste Stück noch flach, so geht es aber bald stetig bergan.

(025) WOMO-Picknickplatz: Pilisgebirge

GPS: N 47° 44' 39.0" E 18° 48' 19.0" **max. WOMOs:** 5
Ausstattung/Lage: Tische, Bänke / außerorts.
Zufahrt: Vom ersten Kreisverkehr in Esztergom 7,2 km in Richtung Dobógokö.

Oft schlagen die Bäume über der Straße zusammen, und wir rollen durch lange grüne Tunnel. Sehr romantisch! Beruhigend ist die Höhe dieser Tunnel, böse Kratzer am WOMO sind nicht zu erwarten. Nach 15 km stoßen wir an einer Straßengabelung auf einen Wanderparkplatz. Mannigfaltige Ziele versprechen schöne Wanderungen. Noch ein kleines Wegstück und der Ortsanfang von DOBÓGOKÖ ist erreicht. Gleich rechts nimmt ein neuer Parkplatz die Besucherfahrzeuge auf.

(026) WOMO-Wanderparkplatz: Dobógokö 1

GPS: N 47° 43' 02.9" E 18° 53' 09.2" **max. WOMOs:** 10
Ausstattung/Lage: Mülleimer, Gaststätten 200 m / Ortsrand.
Zufahrt: Direkt am Ortsanfang (Schild) rechts.

Die Parkgebühr beträgt 4 EUR pro Tag.
Fährt man noch 800 m weiter, so gelangt man auf das Hochplateau von DOBÓGOKÖ. Ein großer Parkplatz (08.00-18.00 Uhr gebührenpflichtig, ebenso 4 EUR) erwartet hier den eifrigen Wanderer. Besonders der im Wald gelegene Teil ist als Übernachtungsplatz vorzüglich geeignet. Die Wiesenflächen unter den Bäumen sind standsicher, da mit Rasengittersteinen ausgelegt. Eine Toilettenanlage (recht ungepflegt, aber zum Entleeren reicht es aus) steht zur Verfügung. Ein Picknickplatz erfreut sogar mit einer Feuerstelle. Im Umkreis finden sich einige Restaurants, teils recht urig, mit Grillplatz versehen sowie Kioske und eine Wasserstelle.

Berggasthof in Dobógokö

Ein besonders interessant gestaltetes Gasthaus finden Sie, wenn Sie die Straße noch 500 m weiter fahren. Wer möchte, kann hier auch in Jurten, das sind einfache Zelthütten, übernachten - Sternenblick durchs Dach inklusive!

(027) WOMO-Wanderparkplatz: Dobógokö 2

GPS: N 47° 43' 09.6" E 18° 53' 50.0" **max. WOMOs:** 10
Ausstattung/Lage: Tische, Bänke, Wasserstelle, Toilette, Mülleimer, Gaststätten in der Nähe / Ortsrand.
Zufahrt: Am Ende der Straße in Dobógokö.

Auf dem höchsten Punkt des Plateaus (ca. 700 m) hat man einen wunderbaren Ausblick über die bewaldeten Berge und hinab auf die Donau. Wir sind hier in einem Wandererparadies par excellence. Viele Touren sind möglich. Hartgesottene können die 13 km bis SZENTENDRE oder sogar die 24 km bis VISEGRÁD auf Schusters Rappen zurücklegen - wohlgemerkt einfach! Wir begnügen uns mit einer ca. dreistündigen Wanderung durch die herrlichen Laubmischwälder. Meistens geht man im Schatten, ein unschätzbarer Vorteil bei höheren Temperaturen. Positiv zu vermerken ist auch die deutliche Markierung der einzelnen Strecken und der gepflegte Zustand der Wege.

Tour 3 (95 km / 5 Tage)

Dobogókö - Esztergom - Visegrád - Szentendre - Budakalás - Üröm - Budapest

Freies Übernachten:	In Dömos, in und bei Visegrád und Szentendre.
Campingplätze:	„Gran Camping" in Esztergom, „Pap Sziget" in Szentendre und „Jumbo" in Üröm.
Besichtigen:	Kathedrale Esztergom, Burg Visegrád, Zentrum und Freilichtmuseum Szentendre, Budapest.
Wandern:	Burgberg Visegrád.
Radfahren:	Entlang der Donau.
Baden:	In der Donau und in Budapest.

KARTE TOUR 3

Nach einer ruhigen Nacht kehren wir nach ESZTERGOM zurück und folgen den Hinweisen in Richtung VISEGRÁD. Die Straße führt am Burgberg vorbei, auf dessen Anhöhe sich eine sehenswerte **Burg** mit Museum (10.00-18.00 Uhr, Montag

Die Burg zu Esztergom

geschlossen) und die gigantische **Kathedrale** befinden. Parkplätze (pauschal knapp 4 EUR) sind reichlich vorhanden. Die Kathedrale ist die größte Ungarns und die drittgrößte Europas. Mit 118 m Länge, 40 m Breite und 110 m Höhe ist dieses Bauwerk wahrhaftig äußerst eindrucksvoll. Natürlich ist auch der schöne Blick über die Donau und die Stadt inklusive. Besonders Mutige können diese Perspektive noch verbessern, indem sie außen (!) von der Kuppel aus den Blick über die Landschaft schweifen lassen.

Gegenüber sehen wir auf einem Hügel eine Kapelle, zu der ein Kreuzweg hinauf führt. Wir beschließen, diese näher in Augenschein zu nehmen, was sich als Glücksfall herausstellt. Wir steigen hinunter ins „Tal" und treffen hier auf die **Csülök Csárda**, in der wir gut zu Mittag essen. Nur ca. 100 m oberhalb dieser Csárda führt rechts der besagte **Kreuzweg** vorbei an einigen hübschen Häuschen hinauf zur Kapelle. Es ist nur ein kurzer, steiler Aufstieg, der mit einem tollen Blick auf die Burg und die Kathedrale belohnt wird.

Esztergom: Kapelle am Kreuzweg

Die Kathedrale zu Esztergom

Wer seinen Bedarf an Kultur noch nicht gedeckt hat, dem sei noch ein Besuch des **Christlichen Museums** empfohlen. Es befindet sich unterhalb des Burgbergs und bietet eine reichhaltige Sammlung ungarischer und italienischer Renaissancemalerei (10.00 -17.00 Uhr, Montag geschlossen).
Einen Campingplatz bietet das schöne Esztergom auch.

(028) WOMO-Campingplatz-Tipp: „Gran Camping" in Esztergom
GPS: N 47° 47'24.9" E 18° 43'54.1"; Nagy-Duna sétány **Öffnungszeit:** 01.05.-30.09.
Ausstattung/Lage: Geschäft, Imbiss, Swimmingpool, Restaurant in der Nähe, zum Zentrum 1 km, reichlich Schatten / Ortsrand (am Donauufer).
Zufahrt: Im Ort beschildert.

Badeplatz an der Donau

Wir reisen auf der **11** weiter entlang der Donau. Leider gibt das viele Grün nur ab und zu einen Blick auf den behäbig dahinziehenden Fluss frei. Am Ortsende von DÖMÖS liegt linker Hand ein ansprechender **Campingplatz**, der bis an die Donau heranreicht. Kurz darauf entdecken wir bei einem Schiffsanleger einen

Parkplatz mit Sträuchern und Bäumen sowie Zugang zum Ufer. Allerdings sorgt die nahe Straße für Lärmbelästigung und die meisten Plätze sind einsehbar. Wer sich daran stört, dem sei der nächste Platz empfohlen - es sind nur wenige Kilometer dorthin.

(029) WOMO-Badeplatz: Dömös

GPS: N 47° 45' 53.6" E 18° 55' 09.2" **max. WOMOs:** 4
Ausstattung/Lage: Fährstation, Gaststätten und Geschäfte im Ort / ortsnah.
Zufahrt: Am Ortsende (Ortsendeschild) von Dömös links.

Nur ein kurzes Wegstück weiter liegt rechts im Grünen das neu erbaute Thermalhotel. Schräg gegenüber befindet sich die Einfahrt zu einem großen Parkplatz. Passiert man ihn, gelangt man bis ans Donauufer.

(030) WOMO-Badeplatz: Donauufer 1

GPS: N 47° 46' 01.3" E 18° 57' 04.8" **max. WOMOs:** 5
Ausstattung/Lage: Gaststätte nahebei, Kartbahn / außerorts.
Zufahrt: Gegenüber dem Thermalhotel.

Blick auf Visegrád an der blauen Donau

In der Ferne sehen wir bereits die große, hoch oben auf einem Berg gelegene **Burg** von VISEGRÁD. Kurz darauf ist das nette Städtchen erreicht. 2,1 km nach dem Ortsschild befindet sich rechts neben einer Parkanlage (mit Toilette) ein großer Parkplatz (gebührenpflichtig), der auch als Übernachtungsplatz dienen kann.

(031) WOMO-Stellplatz: Visegrád Zentrum

GPS: N 47° 47' 23.9" E 18° 58' 18.7" **max. WOMOs:** 5
Ausstattung/Lage: Gaststätten im nahen und weiteren Umfeld, Touristeninformation, Mülleimer, Toilette in der Nähe / im Ort.
Zufahrt: Von der Hauptstraße im Zentrum rechts abbiegen.

Wir schlendern ein wenig durch die Gässchen und landen schließlich bei der Kirche. Obwohl rechts an dem Gotteshaus vorbei die Straße zur Burg hinaufführt, beschließen wir spontan, sie uns zu Fuß zu erkämpfen. Dazu gehen wir links der Kirche an einer Mauer entlang, an deren Ende nochmals links ab. Nach ca. 40 m stehen wir vor einer Treppe, die den Ausgangspunkt unserer Wanderung darstellt. Der Weg verläuft überwiegend im Schatten, vorbei an einer winzigen Kapelle. Eine knappe Stunde später genießen wir bereits den sagenhaft schönen Blick übers Land vom höchsten Turm der Burg aus (Eintritt ca. 6 EUR, Kinder 3 EUR, Familienrabatt möglich, geöffnet von 09.30-18.00 Uhr, Montag geschlossen). Die Besichtigung einiger Räume mit Szenen aus dem Jagd- und Fischereileben sowie ein Speisesaal sind inbegriffen. Ein extra Bonus ist fällig, möchte man einen Blick ins Panoptikum werfen. Ein gestrenger Wächter achtet darauf, dass niemand unberechtigt seine Schritte in das Kämmerchen lenkt! Kinder haben ihren Spaß beim Ponyreiten. Sehr beliebt ist auch der Pranger, an dem jeder gern mal Kopf und Hände durchsteckt.

Wir stiefeln wieder den Berg hinunter, zurück zu unserem WOMO.

Auf der Hauptstraße fahren wir ein Stück zurück, bis es links zum **Fellegvár** abgeht. Nach gut 5 km gelangen wir wieder zur **Burg** (Parkplatz mit Toilette, Wasserstelle, tagsüber gebührenpflichtig). Auf diese Art ist das eine deutlich weniger schweißtreibende Angelegenheit! Jetzt fehlen noch 700 m, bis wir links auf dem großen Parkplatz (ebenso gebührenpflichtig) vor der Sommerrodelbahn einlaufen. Es ist ein prima Über-

Die Burg von Visegrád

nachtungsplatz mit etlichen Bäumen in landschaftlich reizvoller Lage. Bei der Rodelbahn gibt es eine Toilette. Die Wasserversorgung ist etwas umständlich - also bitte vorher bunkern.

(032) WOMO-Stellplatz: Visegrád Rodelbahn
GPS: N 47° 47' 37.2" E 18° 59' 23.9" **max. WOMOs:** 10
Ausstattung/Lage: Mülleimer, Toilette, Sommerrodelbahn in der Nähe / außerorts.
Zufahrt: 700 m nach der Burg bei der Sommerrodelbahn.

Folgt man dem Verlauf der Straße weiter, stößt man nach 2,2 km auf einen riesigen Kinderspielplatz. In der näheren und weiteren Umgebung dieses Areals gibt es etliche schöne Stellmöglichkeiten (manchmal gebührenpflichtig).

(033) WOMO-Wanderparkplatz: Visegrád-Kindertraum
GPS: N 47° 47' 48.6" E 18° 59' 48.5" **max. WOMOs:** 5
Ausstattung/Lage: Dusche, Toilette, Wasser, Spielplatz, Gaststätte / außerorts.
Zufahrt: Beim Spielplatz (mehrere Möglichkeiten).

Vorbei am sechseckigen **Aussichtsturm** kommt man bald darauf wieder zur Hauptstraße **11**. Gegenüber der Einmündung befindet sich ein hübscher Wiesenplatz mit alten Bäumen, die reichlich Schatten spenden. Wegen der nahen Durchgangsstraße kann es aber zu Lärmbelästigung kommen.

(034) WOMO-Badeplatz: Visegrád Donauufer 2
GPS: N 47° 48' 08.4" E 18° 59' 00.5" **max. WOMOs:** 4
Ausstattung/Lage: Restaurant in der Nähe / ortsnah.
Zufahrt: Bei der Einmündung an der Hauptstraße **11**.

Erwähnenswert ist auch das ebenfalls in VISEGRÁD an der Hauptstraße gelegene **Renaissance-Restaurant**. Die Küche ist sehr gut, die Preise aber etwas über dem üblichen Niveau. Die Bediensteten tragen Gewänder im Stil der Renaissance - eine recht originelle Idee.

Szentendre: Wer ist hier der Schirmherr?

Noch 16,5 km trennen uns von der **Künstlerstadt** SZENTENDRE. Leider ist dieser Ort von Touristen stark frequentiert, aber dennoch sehr empfehlenswert. Als erstes suchen wir einen Übernachtungsplatz. Wir fahren die Hauptstraße entlang bis zum Camping „Pap Sziget". 400 m danach biegen wir links in Richtung Zentrum ab (Orientierungshilfe Sparmarkt rechter Hand). Schon nach 100 m (aufpassen!) geht links eine schmale Stichstraße zur ehemaligen Schiffsstation ab. Nach weiteren 200 m stehen wir schon auf einer großen Wiese mit vielen alten Weidenbäumen, die Schatten spenden. Zuletzt zeigte sich das direkt am Donauufer gelegene Plätzchen etwas verwildert, doch durchaus brauchbar.

Der Marktplatz in Szentendre

(035) WOMO-Stellplatz: Szentendre Fährstation

GPS: N 47° 40' 35.5" E 19° 04' 57.7" **max. WOMOs:** 5

Ausstattung/Lage: Mülleimer / ortsnah.

Zufahrt: Ca. 400 m nach Camping „Pap-Sziget" links zum Zentrum abbiegen, nach 100 m wieder links, dann nochmals 200 m.

Einen weiteren zentrumsnahen Platz findet man ein Stück des Weges weiter beim Busparkplatz (gebührenpflichtig von 09.00-20.00 Uhr, ca. 1 EUR/Std.). Zumindest in der Nebensaison geht es hier noch ruhig und entspannt zu.

(036) WOMO-Stellplatz: Szentendre Zentrum

GPS: N 47° 40' 21.2" E 19° 04' 47.0" **max. WOMOs:** 5

Ausstattung/Lage: Toilette, Gaststätten und Geschäfte in der Nähe, reichlich Schatten / im Ort.

Zufahrt: Ca. 400 m nach dem Camping „Pap-Sziget" links zum Zentrum abbiegen, dem Straßenverlauf 800 m folgen, dann rechts.

Nachdem der Anfahrtsweg nicht lang war, ist der Tag noch jung und unser Tatendrang vollkommen unbegrenzt. Nach fünf

Minuten Fußmarsch erreichen wir die Altstadt, die eigentlich nur von einer Gasse, die in einen zentralen Platz mündet, geprägt wird. Aber hier tobt das Leben. Unzählige Geschäfte bieten ihre Waren feil. Neben den üblichen Souvenirs sind auch anspruchsvolle Keramiksachen, mundgeblasenes Kristallglas,

Farbenfrohes Szentendre

Schnitzereien sowie kunstvolle Stickarbeiten erhältlich. Die farbenfrohen Häuser werden von drei Kirchen malerisch überragt, und der Blumenschmuck mit den vielen Oleanderbüschen verleiht ein fast mediterranes Flair. Natürlich herrscht auch an Restaurants und Cafés kein Mangel. Im gemütlichen winzigen Gastgarten unterhalb der weinbewachsenen alten Mauer des **Nosztalgia Kávéház** gönnen wir uns Kaffee und eine Dobosch-Torte.

Danach bewundern wir das **Panoptikum** (geringfügige Eintrittsgebühr). In einem Gewölbe unter einem Café sind ca. vierzig skurrile und phantasievolle Figuren zweier Künstler ausgestellt. Die fahlweißen Gipsskulpturen werden von roten und grünen Lämpchen erhellt. Das sorgt in dem finsteren alten Gemäuer für einen wohligen Gruseleffekt.

In einem Fotoatelier kann man sich in Uniformen oder Gewändern aus längst vergangenen Zeiten ablichten lassen. Beste Voraussetzungen sind also gegeben, um einige angenehme Stunden zu verleben.

Das **Freilicht-Museum** (Eintritt: 6 EUR, Parkgebühren knapp 4 EUR/WOMO, geöffnet von 09.00-17.00 Uhr) besichtigt man

Bäckernachwuchs im Museum

am besten mit dem Fahrrad. Wir radeln die Hauptstraße hinauf bis zur zweiten Ampel. Jetzt geht es rechts ab, dem Schild **Skanzen** folgend. Nach 3 km ist die prächtige Anlage, in der man auch das Rad (neuerdings auch ein Kurbähnchen oder eine Eisenbahn) benutzen kann, erreicht. Originalgetreu nachgebaute Häuser und Gehöfte, meist mit strohgedeckten Dächern aus den verschiedenen Regionen Ungarns, präsentieren sich in einer liebevollen Anordnung. Die einzelnen Handwerksbetriebe arbeiten sogar, wir können also z.B. Bäcker und Schmied bei ihrer Tätigkeit zusehen. Kinder sind ganz begeistert von den für Ungarn typischen Zackelschafen oder Graurindern, die in den Stallungen gehalten werden.

Mittlerweile ist es Spätnachmittag geworden und furchtbar schwül. Ein entferntes Donnern lässt nichts Gutes ahnen. Wir beeilen uns, mit unseren Drahteseln zum WOMO zurückzukommen, wo wir von Mückenmyriaden schon erwartet werden. Die Flussnähe und das beginnende Gewitter lassen die üblen kleinen Vampire zum Frontalangriff blasen. An mehreren Stellen angezapft, doch halbwegs trockenen Fußes, retten wir uns in unser „Haus". Keine Minute zu spät, denn schon bricht das Gewitter mit brachialer Gewalt los und dicke Tropfen klatschen auf den Boden.

Im Freilichtmuseum (Skanzen)

Die nächsten drei Tage widmen wir BUDAPEST. Dazu siedeln wir auf einen 0,5 km entfernten Campingplatz (Pap-Sziget) um. Hier erhalten Sie umfangreiche Informationen, die Ihnen für einen Budapest-Besuch von Nutzen sein können. Mit dem

Bus geht es für ca. 2,5 EUR in 45 Minuten zum Busbahnhof (**Arpád hid**) in BUDAPEST, dann weiter mit der Metro zum **Deák Ferenc tér** (**Linie 3**). Dieser Platz stellt einen zentralen Punkt für Erkundungen aller Art dar.

(037) WOMO-Campingplatz-Tipp: „Pap-Sziget" in Szentendre

GPS: N 47° 40' 55.0" E 19° 04' 57.4"; Pap-Sziget **Öffnungszeit:** 01.05.-31.10.
Ausstattung/Lage: Restaurant, Geschäft, viel Schatten, Zentrum 0,6 km/ im Ort.
Zufahrt: An der Durchgangsstraße gut beschildert.

Möchte man noch ein Stückchen näher an BUDAPESTS Innenstadt heran, so sei Ihnen der „Jumbo Camping" in ÜRÖM empfohlen. Dieser liegt landschaftlich schön und das Betreiberehepaar zeigt sich überaus hilfsbereit. ÜRÖM erreicht man gut über BUDAKALÁSZ (Straße **11**).

(038) WOMO-Campingplatz-Tipp: „Jumbo Camping" in Üröm

GPS: N 47° 36' 06.8" E 19° 01' 09.9"; Budakalászi utca **Öffnungszeit:** 01.05-31.10.
Ausstattung/Lage: Swimmingpool (nur in der Hochsaison), teils Schatten, Gaststätte 300 m / ortsnah.
Zufahrt: Schon ab Budakalász gut beschildert.

Vom „Camping Jumbo" aus sind es ca. 600 m zur Bushaltestelle. In einer halben Stunde gelangt man mit der Linie **840** (ca. 2 EUR) zur **Arpád hid-Haltestelle**. Hier nimmt man die **Metro Linie 3** (knapp 1,5 EUR) ins Zentrum und steigt am **Deák Ferenc tér** aus (Änderungen möglich, bitte fragen Sie doch vorher nach).

Als Option nennen wir Ihnen noch zwei empfehlenswerte Campingplätze. Zum einen wäre das der **Haller Camping** (Haller ut. 27, GPS: N 47° 28' 33.1" E 19° 04' 58.5"), zum anderen der **Zugligeti Niche Camping** (Zugligeti ut. 101, GPS: N 47° 30' 59.0" E 18° 58' 30.0"). Auf letzterem Platz ist im Preis sogar Frühstück inbegriffen.

BUDAPEST sehen wir als schönste Hauptstadt Europas an. Man kann lange in der Metropole verweilen und wird stetig Neues und Interessantes entdecken. Wir haben ein Drei-Tages-Programm ausgearbeitet, das viele wichtige Sehenswürdigkeiten beinhaltet, doch nicht zu stressig ist. Wohl sind wir

Budapest, eine Stadt mit Charme

des abends müde, aber nicht halbtot, wie das bei derlei Besichtigungen schon oft der Fall war. Ein wirklich guter Stadtplan ist jetzt unerlässlich, will man zeitraubende Umwege vermeiden. Zu Fuß geht es zunächst zur **St. Stephans-Pfarrkirche**, mit 4147 qm die mächtigste Kirche der Stadt, in der die einbalsamierte Hand des Heiligen Stephans aufbewahrt wird. Über den **Szabadság tér,** an dem die im ungarischen Jugendstil erbaute Postsparkasse steht, streben wir schließlich dem **Parlament** zu. Mit seinen 268 m Länge und einer Kuppelhöhe von 96 m ein wahrhaft eindrucksvolles Gebäude, herrlich am Donauufer gelegen. Es beherbergt 691 Räume, für deren Verzierungen 41 kg Gold aufgewandt wurden. Eigentlich viel zu schade für die Politik! Besichtigungen sind nur in Gruppen mit Führer ein- bis zweimal am Tage möglich.
Entlang des Donauufers schlendern wir zurück bis zum **Roosevelt tér,** wo die **Kettenbrücke** ansetzt, um die beiden Stadtteile **Buda** und **Pest** zu verbinden. Sieben weitere Brücken erfüllen den gleichen Zweck, doch stellt die **Kettenbrücke** mit ihrer verwegenen Stahlkonstruktion ein Wahrzeichen der Metropole dar.

Von Löwen bewacht: Die Kettenbrücke

Wissenswertes und Merkwürdiges über die Kettenbrücke

Die Kettenbrücke verdankt ihre Entstehung dem **Grafen István Széchenyi**. Der Adelige musste im Dezember 1820 eine Woche lang am linken Donauufer ausharren und konnte nicht hinüber nach Buda ans

Sterbebett seines Vaters. Grund war der winterliche Eisgang des Stromes, der ein Übersetzen verhinderte. Während der Wartezeit erhellte ihn die Idee eines Brückenbaues. Die Verwirklichung ließ allerdings auf sich warten. Zwei englische Ingenieure wurden vom Grafen mit der Planung beauftragt. Der Baubeginn erfolgte allerdings erst 1842 und nach weiteren sieben Jahren war das Werk vollendet. Jetzt überspannte die Kettenbrücke in einer Länge von 380 m und fast 16 m Breite die Donau und daran hat sich bis heute nichts geändert. Die Eisenketten, die sich zwischen den beiden Triumphbögen spannen, sind in der Nacht beleuchtet - fürwahr ein prächtiger Anblick. An beiden Brückenenden wachen jeweils zwei steinerne Löwen gestreng über den Verkehr. Flottere Fahrer scheinen sie besonders grimmig anzusehen...
Um die Löwen rankt sich eine kleine Geschichte. Bei der Brückeneinweihung, so geht die Mär, habe ein Schusterbursche entsetzt aufgeschrien, als er vermeintlich zungenlose Mäuler bei den Tieren konstatierte. Diese Feststellung löste bei den anwesenden Gästen allgemeine Heiterkeit und Gelächter aus. Dies empfand der Bildhauer und Schöpfer **János Marschalkó** als eine solche Demütigung, dass er sich in die Fluten der Donau stürzte und dort einen grausamen Tod fand.
Die Wahrheit ist, ein jeder Leu nennt auch eine Zunge sein eigen - auch wenn diese etwas klein geraten ist und sich dem Betrachter nur offenbart, wenn er den Sockel erklimmt. Die Angelegenheit ging dem Künstler auch nicht furchtbar zu Herzen, denn er verstarb - deutlich später - friedlich im Bett.

Wir wenden uns wieder stadteinwärts dem **Deák Ferenc tér** zu, nehmen die **Metro**, die hinaus ins **Stadtwäldchen** (**Város liget**) führt. Bei einem Zwischenstopp bewundern wir die prachtvolle **Oper**. Am **Hósök tér** ist für uns Endstation. Hier erhebt sich das **Millenniumdenkmal**, errichtet zum Gedenken an die Tausendjahrfeier der ungarischen Landnahme. Das **Stadtwäldchen** mit **Zoo, Botanischem Garten, Heilbad** und **Vergnügungspark** schließt an. Nach so viel Kultur eine willkommene Abwechslung.
Für den ersten Tag lassen wir es gut sein. Wir fahren zurück zum Knotenpunkt **Deák Ferenc tér,** steigen hier um in die **Metro,** die uns wieder zum **Busbahnhof** bringt (aussteigen bei der Station **Arpád hid**). Mit der **Linie 8** treten wir die Heimfahrt nach SZENTEN-

Die urige Standseilbahn

DRE an (nach ÜRÖM fährt man vom **Busbahnsteig Nr. 3** weg - bitte nachfragen, kann sich ändern).
Nach der bewährten Methode des Vortages peilen wir wieder die ungarische Hauptstadt an. Haben wir gestern die Pester Seite besichtigt, so erkunden wir heute den Budaer Teil jenseits der Donau. Wir spazieren über die **Kettenbrücke** und fahren mit der urigen **Standseilbahn** (gut 3 EUR) von 1870 die 100 m hinauf ins **Burgviertel.** In barocker Umgebung finden wir das **Historische Museum,** die **Nationalgalerie** und die **Nationalbibliothek** - allesamt sehr umfangreich und eindrucksvoll. Zudem ist der Blick von hier oben auf die Stadt und die Donau vom Feinsten.
Über den **Szent György tér** gehen wir hinüber zu einer der bekanntesten Attraktionen, zur **Fischerbastei.** Sie ist ein Wall mit vielen Treppen, verspielten Türmchen und wird überragt von der **Matthiaskirche.** Faszinierend ist es, das Spiegelbild dieser Gebäude im nahen, großflächig verglasten Hotel Hilton zu betrachten.

Touristenmagnet: Fischerbastei

Nur wenige Ecken weiter erwarten die altehrwürdige **Konditorei Ruszwurm** und das moderne **Café Miró** mit Kaffee und erlesenem Kuchen ihre Kunden. Diese Stärkung ist notwendig, um anschließend gefestigt in der **Uri utca 9** einen Gang durch das **Labyrinth** zu unternehmen. Es ist ein System aus Höhlen, tiefen Kellern und Gängen, die bisweilen blind enden. Auf dem Weg durch die mysteriöse Unterwelt wird man von Mönchsgesängen, die durch versteckte Lautsprecher erschallen, begleitet (Eintritt ca. 7 EUR, Kinder ca. 2,5 EUR; geöffnet täglich von 10.00-19.00 Uhr).

Mondän und elegant, Café Miró

Über die **Kettenbrücke** spazieren wir zurück auf die Pester Seite. Bevor wir wieder in gewohnter Weise die Rückfahrt antreten, besuchen wir am **Vörösmarty**

tér das **Café Gerbeaud**. In Wiener Kaffeehaus-Atmosphäre lassen wir uns heute bereits zum zweiten Mal Kaffee und Torte auf Herend-Porzellan kredenzen. Man gönnt sich ja sonst nichts...
Den dritten Tag gestalten wir gemütlich und erholsam. Vom **Deák Ferenc tér** aus suchen wir die **Váci utca** auf. Es ist eine Flaniermeile mit gehobenen Geschäften und kunsthandwerklichen Betrieben. Hübsch anzusehen, aber teuer! An deren Ende wenden wir uns der **Elisabethbrücke** zu, die zum **Géllertberg** hinüber führt. Das Areal verfügt über schöne Spazierwege und wird von der **Zitadelle** beherrscht. Schon von weitem zu sehen ist das imposante **Befreiungsdenkmal**.
Uns jedoch lockt das **Géllert-Thermalbad,** ein äußerst prunkvolles Gebäude im Jugendstil. Wir fühlen uns darin wie die Könige. Der optische Genuss lässt das sonst so hochgeschätzte Thermalwasser an die zweite Stelle treten (Badesachen nicht vergessen!).
Noch ein Tipp: Besorgen Sie sich eine „**Budapest-Card**". Sie ermöglicht Ihnen für einen bestimmten Zeitraum freie Fahrt in allen Verkehrsmitteln Budapests sowie kostenlosen Eintritt in sämtliche Museen, Ermäßigungen in vielen Restaurants und noch einiges mehr. Sie kostet pro Person für 3 Tage ungefähr 33 EUR. Für zwei Tage kostet sie 27 EUR, beinhaltet dafür zusätzlich noch diverse Veranstaltungsbesuche. Es gibt auch eine abgespeckte Version für ca. 17 EUR (ein Tag). Erhältlich sind die Karten in Touristenbüros, Reisebüros und an größeren Metrostationen. Bei den Modalitäten werden gerne Änderungen vorgenommen - fragen Sie bitte vor Ort nach!

KARTE TOUR 4

25 km
SK
Donau
Vác
39
Szentendre
35
36
37
Gödöllö
Schloss Gödöllö
Aszód
Hatvan
Szécsény
40
Hollokö
Palózen-
dorf
Karancsság
Salgótarján
41
Tar
Galyatetö
966 m
Parád
Matraháza
Kékestetö
1014 m
42
43
Matra - Gebirge
Sirok
Szarvaskö
Egerszalók
46
47
45
Demjen
49
Füzesabony
Kerecsend
Eger
48
44
Felsötarkany
Bükk - Gebirge
Emöd
Lillafüred
51
50
Szílvásvárad
52
53
54
55
Ózd
Miskolc
Putnok
Vadna
Aggtelek
56
Jósvafö
57
Szalonna
Szalonnasee
58
Edelény
Szikszó
Szerencs
M3
N

Tour 4 (495 km / 8 Tage)

Szentendre - Vác - Hatvan - Hollókö - Salgátarjan - Mátraháza - Eger - Egerszalók - Demjén - Lillafüred - Szilvásvárad - Aggtelek - Jósfavö - Szalonna

Freies Übernachten:	Donaufährstation, Hollókö, Galyatetö, Mátraháza, auf dem Kékestetö, Eger, Egerszalók, Demjén, Lillafüred, Szilvásvárad, Aggtelek, Jósfavö, Szalonnasee.
Campingplätze:	„Tulipán Camping" in Eger, „Szállodo" bei Egerszalók,
Besichtigen:	Schloss in Gödöllö, Palózendorf Hollókö, Stadtkern Eger, Höhlen und Schloss in Lillafüred, Waldeisenbahn in Szilvásvárad, Höhlen bei Aggtelek.
Wandern:	Im Mátra- und Bükkgebirge, im Szalajka-Tal, Umgebung von Aggtelek.
Reiten:	Lipizzaner-Gestüt in Szilvásvárad.
Baden:	Thermen in Eger, Egerszalók, Demjén, im Szalonna-See.

BUDAPEST ist erst mal abgeschlossen - wir wappnen uns für die nächste Tour. Sie führt uns in die Mittelgebirgsregionen Ungarns, die Strecke ist deutlich länger als bei den vorangegangenen Reiseabschnitten. Die Straßen sind allesamt geteert, wenngleich man hin und wieder mit welliger oder holperiger Fahrbahn rechnen muss. Sie werden auf dieser Tour ein Ungarn kennenlernen, wie Sie es vielleicht kaum vermutet haben.

Man kann nun entweder flott von ÜRÖM bzw. SZENTENDRE über BUDAPEST nach GÖDÖLLÖ fahren (via Straße **11** auf die **M0** und danach auf die **M3**) oder beschaulicher - wie folgt - beschrieben. Startpunkt ist SZENTENDRE. Auf der Hauptstraße rollen wir 8,5 km zurück in Richtung VISEGRÁD, wo es rechts ab zur **Donaufähre** (15 EUR für zwei Personen mit WOMO) geht, die nach weiteren knapp 5 km erreicht ist und uns nach VÁC bringen wird (Reiterhof kurz vor dem Fähranleger links). Falls gewünscht, lässt es sich auf dem Parkplatz der Fährstation übernachten.

(039) WOMO-Stellplatz: Donaufähre

GPS: N 47° 46' 31.9" E 19° 07' 09.7" **max. WOMOs:** 3
Ausstattung/Lage: Kiosk, Toilette im Gebäude / außerorts.
Zufahrt: Vor der Fährstation links.

Wir folgen den Hinweisen nach BUDAPEST. Noch am Donauufer finden wir einen Parkplatz und flanieren ein wenig

Schloss Gödöllö

durch das freundliche, üppig begrünte Städtchen mit seinem imposanten **Dom**. Ein Stündchen später ziehen wir weiter. Kurz vor dem Ortsende nehmen wir links die Straße nach GÖDÖLLÖ. Anziehungsmagnet des Ortes ist das **Schloss**, die Sommerresidenz der Habsburger (Eintritt ab 9 EUR - je nach Besichtigungsumfang auch deutlich mehr -Familientarif ca. 19 EUR 10.00-17.00 Uhr, Montag geschlossen). Es ist frisch renoviert. Anhänger der Kaiserin Sissi kommen voll auf ihre Kosten. Gemälde, Briefe und persönliche Gegenstände von ihr und ihrer Familie sind hier ausgestellt. Parkplätze vor dem Schloss sind reichlich vorhanden, allerdings mittlerweile gebührenpflichtig (Automaten). Übernachten ist hier nicht zu empfehlen (GPS: N 47° 35' 47.1" E 19° 20' 54.2")
Über ASZÓD fahren wir auf der **3** nach HATVAN und biegen da rechts auf die Straße **21** nach SALGÓTARJAN ein. Knapp 27 km folgen wir deren Verlauf, um dann links, Richtung HOLLÓKÖ, abzuzweigen. Die Landschaft wird jetzt lieblich. Nach kurvenreicher Strecke durch bewaldetes Hügelland laufen wir schließlich in HOLLÓKÖ ein. Wir durchfahren den Ort bis zu seinem Ende. Die Straße mündet in einen Parkplatz - unserem Übernachtungsplatz für heute - der eine grandiose Sicht auf die Gemeinde und die umliegende Landschaft bietet. Nach insgesamt 113 km haben wir unsere heutige Tagesetappe geschafft. Ein Nachteil des Platzes ist die sonnige und schiefe Lage. Zwei, drei ebenere Stellflächen befinden sich links oberhalb des Areals. Gebührenpflichtig sind sie alle und

Unterwegs im Palózendorf Hollókö

zwar von 09.00-16.00 Uhr (ca. 1EUR/Std.). Das alte Toilettenhäuschen an der Platzeinfahrt hat ausgedient - wahrlich kein Verlust! Denn dafür gibt es jetzt ein schmuckes neues, sogar mit Duschen und Waschbecken.

(040) WOMO-Picknickplatz: Hollókö

GPS: N 47° 59' 47.9" E 19° 35' 22.0" **max. WOMOs:** 5
Ausstattung/Lage: Duschen, Toiletten, Waschbecken ,Tische/Bänke, Wasser, Gaststätten, Touristeninformation nahebei, Mülleimer / Ortsrand.
Zufahrt: Die Straße mündet am Ortsende in den Platz.

Am unteren Ende des Parkplatzes beginnt der Weg, der in 10 Minuten zu einer **Burg** (geringe Eintrittsgebühr) führt. Von hier aus nehmen wir den Pfad, der uns hinab in das **Palózendorf** bringt. Die hübschen Häuschen mit ihren geschnitzten Holzgauben sind Bestandteil des Weltkulturerbes. Die Häuser sind bewohnt, und so mancher Besitzer hat ein kleines Museum eingerichtet, mit dessen Eintrittsgeldern (meist weniger als 1 EUR)

Der Picknickplatz in Hollókö

er sich ein Zubrot verdienen möchte. Den Mittelpunkt bildet eine Kirche gleicher Bauart. Das Dorfsträßlein ist mit Natursteinen ausgelegt. Der Blick schweift gern über die umliegenden Weinberge, von manchen Stellen aus zeigt sich im Hintergrund die Burg. Der gemütliche Ausflug dauert eine Stunde, aber es lohnt sich, etwas mehr Zeit zu investieren!

Die Palózen

Wo kommen sie eigentlich her, die Palózen? Man sagt, es seien Kumanen vom Kaspischen Meer, die mit der slawischen Urbevölkerung verschmolzen sind. Belegt ist das nicht. Die Volksgruppe ist schon seit langem in Nordungarn beheimatet und spricht einen eigenartigen, Slowakisch klingenden Dialekt. Lange Zeit lebten die Menschen sehr zurückgezogen. Die Bewohner Hollókös waren sogar bis in die 1930er Jahre von der Außenwelt völlig abgeschnitten und versorgten sich autark. Das ging einher mit einer ausgeprägten Brauchtumspflege. Beispielsweise verriet die Kleidung viel über die Qualitäten einer Frau. Stoffwahl, Schnitt und Zierart ließen für Eingeweihte verschiedene Rückschlüsse zu. Trug die Dame etwa eine erkleckliche Anzahl an Unterröcken und waren diese auch noch bunt bestickt, so signalisierte das Wohlstand oder gar Reichtum. Heutzutage trägt man kaum noch Tracht und ergeht sich auch nicht mehr in Ritualen. Einzig der Brauch der Palózenhochzeit wird noch gepflegt.

Die Palózenhochzeit setzt sich aus einer kleinen und einer großen Feier zusammen. Die kleine findet im Hause der Braut statt. Höchstens 100 Leute sind geladen. Es wird nicht musiziert, und das frugale Mahl besteht aus maximal drei Gängen. Auf Kleidung, Dekoration oder sonstige Äußerlichkeiten wird kaum geachtet.

Ganz anders sieht es bei der großen Hochzeit im Hause des Bräutigams aus. Gefeiert wird tagelang mit mindestens 300 Gästen. Die Tische biegen sich unter mannigfaltigen Speisen und „pálinka“ (Schnaps) fließt in Strömen. Braut und Bräutigam müssen sich als Henne bzw. Hahn verkleiden. Von den Gästen werden sie dann zum Streit und sogar zum Kampf aufgehetzt. Ein Akt, der den wohl irgendwann folgenden Ehekrach symbolisieren soll. Ein weiterer Brauch, das „Betrunken machen“ des Hahns (also des Bräutigams), darf ebenso nicht fehlen. Jedermann bzw. jede Frau versucht den armen Mann zum Trinken zu animieren. Um Klartext zu reden: Abzufüllen! Um Mitternacht lässt man ihn schließlich über die Tische spazieren. Dabei wird sehr genau das Verhalten der Frau beobachtet. Man erwartet, dass es die Gemahlin ohne Murren erträgt, wenn sich der Gatte betrinkt. Die Palózen sind schon ein kerniges Völkchen...

Wir starten den neuen Tag mit einer Rundfahrt. Durch eine abwechslungsreiche Landschaft gelangen wir nach SZÉCSÉNY (15 km). Wir folgen jetzt der **22** Richtung SALGÓTARJAN. Nach einer regenreichen Nacht scheint wieder die Sonne. Die Felder und Wiesen wirken frisch herausgeputzt, und es macht Freude, durch die mild geschwungenen Hügel zu gleiten. Schon von weitem erregt die exponiert liegende Kirche des Dörfchens KARANCSSÁG unsere Aufmerksamkeit. Schließlich erreichen wir nach insgesamt 42,5 km die Kreuzung in SALGÓTARJAN, an der wir rechts die **21** nach HATVAN nehmen. Wir bleiben knapp 16 km auf dieser Straße und biegen dann links nach TAR ab. Die Verkehrsschilder versprechen eine unebene Fahrbahn, und was ungarische Schilder versprechen, halten sie auch. Nach weiteren 5 km zweigen wir links nach GALYATETÖ ab. Die Straße wird wieder besser und führt jetzt ins **Matra-Gebirge** hinein - durch eine wahrhaft spektakuläre Landschaft. Wir wähnen uns eher am Amazonas denn in Ungarn. Die Hänge sind mit dichtem Mischwald bestanden und ungewöhnlicherweise ist sogar der Boden mit grünen Gewächsen überzogen. Es hat wieder zu regnen begonnen, doch das Wasser verdampft gleich in der Wärme. Ein richtiges „Dschungel-Feeling" kommt auf. Wir versuchen es mit einer kleinen Wanderung, aber der Waldboden ist zu glitschig. Tarzan hätte die Liane genommen...

Vergebens ist unser Wanderversuch aber keinesfalls, denn wir treffen dabei auf einen Mann, der einem schon fast ausgestorbenen Handwerk nachgeht - dem des Köhlers. Auf einer Waldlichtung hat er in mühevoller Arbeit Holzstücke zu Meilern aufgeschichtet. Der Durchmesser dieser Kunstwerke beträgt ca. 6-7 m, die Höhe etwa 3 m.

Der Arbeiter scheint sich über unseren Besuch zu freuen, bringt es doch ein wenig Abwechslung in die Einsamkeit hier draußen. Obwohl die Verständigung nur sehr unvollständig klappt, versucht er, unsere Neugier zu befriedigen. Er erklärt folgendes: Im Inneren des Meilers befindet sich ein Hohlraum, von dem ein Kanal nach außen führt. Der Kanal ist gerade groß genug, um eine etwa 3 m lange Stange, deren Spitze brennt, einzuführen. Damit wird

Kohlenmeiler vorher...

...und nachher

im Zentrum des Meilers Feuer entfacht, das aber nur schwelen darf. Binnen weniger Tage frisst sich das Feuer von innen nach außen, und das gewünschte Endprodukt Holzkohle entsteht. Werden beim Aufbeugen des Holzes Fehler begangen und es gelangt zuviel Sauerstoff an die Flammen, brennt der Haufen schlicht und einfach ab - dann war die ganze Mühsal umsonst. Befindet sich der Meiler im fortgeschrittenen Stadium, muss das ständig herabfallende Material immer wieder hinauf geschaufelt werden, was mit kräftiger Rauchentwicklung verbunden ist.

Soweit die Ausführungen des Köhlers, die wir auch hoffentlich richtig gedeutet haben. Es ist mit Sicherheit ein schwerer und vor allem ungesunder Beruf, was auch der chronische Husten des geplagten Mannes belegt. Durch das Reiben von Daumen und Zeigefinger, verbunden mit gleichzeitigem Kopfschütteln, vermittelt er uns die finanzielle Seite. Er lässt uns ebenso wissen, dass die Arbeitsorte häufig wechseln und es Schwierigkeiten bereitet, zu diesen Plätzen zu gelangen - besonders wenn man kein Auto besitzt, so wie er. Kennt man auch diese Fakten, so verblasst die Romantik, die diesen Berufsstand umgibt, doch zusehends.

Nach 23 km laufen wir in GALYATETÖ ein, welches einen angenehmen Stellplatz bietet.

(041) WOMO-Wanderparkplatz: Galyatetö

GPS: N 47° 55' 00.8" E 19° 55' 29.6" **max. WOMOs:** 5
Ausstattung/Lage: Wasser, WC, Mülleimer, Gaststätte nahebei / Ortsrand.
Zufahrt: Von der Hauptstraße nach Galyatetö abbiegen, noch 800 m.

Nach weiteren 9 km Fahrt durch den „Regenwald" treffen wir auf die **24**. Rechts ab geht es nach MATRAHÁZA. Auf den nur 3 km bis zu dieser Ortschaft folgen rechter Hand zwei Parkplätze in waldreicher Umgebung (nicht zum Übernachten geeignet, da direkt an der Straße), einen weiteren günstig gelegenen gibt es direkt in MATRAHÁZA.

Jetzt, Mitte Juni, ist er wenig frequentiert, also ideal zum Übernachten.

(042) WOMO-Wanderparkplatz: Matraháza

GPS: N 47° 52' 07.3" E 19° 58' 40.3" **max. WOMOs:** 5
Ausstattung/Lage: Wasser, WC, Gaststätte / im Ort.
Zufahrt: Bei der Abzweigung zum Kékestetö.

Es gibt von hier aus viele **Wandermöglichkeiten** wie z.B. auf den **Kékestetö**, den mit über 1000 m höchsten Berg Ungarns. Wir machen es uns einfacher. Kurz vor diesem Parkplatz verläuft eine 3,5 km lange Stichstraße hinauf auf den Gipfel, die in einer größtenteils schiefen Stellfläche endet (Toilette in der Nähe, allerdings kein Wasser). Fährt man nach dem Parkplatz ums Eck, so liegt rechts ein neuer (noch) geschotterter Platz, der ziemlich eben ist. Das ist unser Übernachtungsplatz für heute. Von 09.00-18.00 Uhr zahlt man ca. 2 EUR/Std. die restliche Zeit ist frei.

Wanderer auf dem Kékestetö

(043) WOMO-Wanderparkplatz: Kékestetö

GPS: N 47° 52' 17.6" E 20° 00' 22.2" **max. WOMOs:** 10
Ausstattung/Lage: Gaststätte, WC, Mülleimer / außerorts.
Zufahrt: Am Ende der Stichstraße zum Kékestetö.

Anscheinend war den Magyaren der höchste Punkt ihres Landes nicht hoch genug, denn sie setzten oben noch einen **TV-Turm** drauf. Für ein paar Forint kann man im Aufzug (9.00-19.00 Uhr) ein Stück hinauffahren. Kein Baumwipfel behindert jetzt mehr den prachtvollen Rundumblick. Im Gebäude befindet sich auch ein Mini-Flaschenmuseum, dessen Umfang man ebenso als „mini" bezeichnen kann. Interessant ist der nebenan stehende steinerne trutzige Turm, der zu einem Hotel umfunktioniert wurde.

Natürlich lädt die Gipfelregion auch zu Spaziergängen ein, der bessere Ausgangspunkt für Wanderungen ist aber MATRAHÁZA. Laut Touristik-Information sind insgesamt ca. 500 km Wanderwege ausgewiesen. Wir sind bei unseren Wanderungen immer wieder auf einfache Schutzhütten, teils mit Feuerstelle, gestoßen. Eine gute Rastmöglichkeit, freilich auch bei schönem Wetter.

Wir reisen weiter. Vom **Kékestetö** rollen wir hinab, zurück auf die **24**, auf die wir rechts einbiegen. Wir folgen den Schildern nach PARÁD. Das Straßenstück ist frisch geteert, sodass es

Auf dem Gipfel des Kékestetö

Spaß macht durch das Waldgebiet zu schwingen. Unterwegs lädt ein kleiner hübscher **Campingplatz** zum Verweilen ein. Ein Zwischenstopp lohnt auch in PARÁDFÜRDÖ, das uns bald empfängt. Neben gepflegten Grünanlagen, einem denkmalgeschützten **Thermalbad** (z.Z. geschlossen), empfiehlt sich ein Besuch im **Kosci-Museum**. Im renovierten Gebäude gibt es ein Gestüt, verschiedene alte Kutschen und allerlei andere Dinge rund ums Pferd zu bewundern.

Nach insgesamt 30 km auf dem Tageszähler begrüßt uns SIROK, idyllisch in einem Tal gelegen und mit einer Burgruine auf einer Anhöhe. Auffällig sind die vielen in den Berg hinein gebauten Kellerräume.

Nach weiteren 20 km auf kurviger, landschaftlich schöner

Im Zentrum von Eger

Strecke erreichen wir EGER. Wir steuern das Zentrum an und finden zu Westkonditionen einen Parkplatz. Nach einem Mittagessen starten wir gestärkt unser Besichtigungsprogramm. Die Stadt macht es uns leicht. Die vielen Sehenswürdigkeiten sind gut ausgeschildert und auf Grund kurzer Wege schnell zu erreichen. Der mächtige **St. Johannes Dom** und das **Erzbischöfliche Lyzeum** stehen sich gegenüber.

Eger, Minarett

Nur ein paar Ecken weiter, vorbei an etlichen Barockhäusern, ragt die **Zisterzienserkirche** in den Himmel. Wiederum nur ein Katzensprung ist es nun zum **Dobó István tér** mit der **St. Antoniuskirche**. Ein kurzer Aufstieg und schon haben wir die **Burg** eingenommen (3,5 EUR „Zoll"). Sie ist bestens restauriert, für unsere Begriffe fast etwas zu gut - es fehlt ein wenig an Patina. Ohne Aufpreis hat man die Möglichkeit, an einer Führung teilzunehmen. In einem **Lapidarium** bekommt man hierbei Steinmetzarbeiten der Burg und der Umgebung zu sehen. Anschließend steigen wir hinab in die Kasematten und dürfen ein Stück in den insgesamt 16 km langen unterirdischen Gängen der Anlage wandeln. Wieder ans Tageslicht zurückgekehrt, besichtigen wir noch das 35 m hohe **Minarett**. Das türkische Bauwerk - der Vergleich mit einem Streichholz liegt nahe - wirkt etwas deplatziert in der barocken Umgebung. Es setzt aber auch einen be-

Pub nahe Thermalbad-keine Kirche!

sonderen Akzent. Nach diesem Rundgang lässt es sich prima im örtlichen Thermalbad relaxen. Ein Teil des dazugehörenden Parkplatzes (tagsüber gebührenpflichtig) eignet sich gut zum Übernachten bzw. dient auch als günstiger Ausgangspunkt für Ausflüge ins Stadtzentrum. Bei der Anfahrt bedarf es allerdings erhöhter Aufmerksamkeit!

(044) WOMO-Badeplatz: Eger Thermalbad

GPS: N 47° 53' 59.3" E 20° 22' 53.3" **max. WOMOs:** 4

Ausstattung/Lage: Thermalbad, Imbiss, Gaststätten und Geschäfte in der Nähe / im Ort.

Zufahrt: Von der Hauptstraße 25 rechts zum Freibad (Schwimmersymbol) abbiegen, dem Straßenverlauf ca. 700 m bis zu einer Ampel folgen, hier links abbiegen. Nach ca. 500 m rechts abzweigen, danach gleich halblinks den Hügel hinan. Nach 200 m im Kreisverkehr Richtung Füzesabony fahren, dann nach gut 100 m rechts, kurz darauf ist das Bad erreicht.

Einen neuen hübschen Campingplatz findet man in EGER auch. Der Platz wird von seinen Besitzern liebevoll geführt. Er liegt oberhalb des „Tals der Schönen Frauen“, bekannt durch die vielen Weinkeller und Restaurants.

Eger: Tulipán Camping

Typischer Weinkeller im Tal der Schönen Frauen

(045) WOMO-Campingplatz-Tipp: „Tulipán Camping“ in Eger

GPS: N 47° 53' 39.6" E 20° 21' 32.9"; Szépassony völgye **Öffnungszeit:** Ganzjährig
Ausstattung/Lage: Gaststätten und Weinkeller nahebei, zum Zentrum 1,5 km, teils Schatten / im Ort.
Zufahrt: Am westlichen Stadtrand, im Tal der „Schönen Frau“ (an der Hauptstraße beschildert).

Geschichte(n) aus Eger

Im Jahre 1552 standen bei der Belagerung von Eger knapp 2000 wackerer Magyaren einem Heer von rund 100.000 Osmanen gegenüber. Ein aussichtsloses Unterfangen? Nein! Burghauptmann Dobó öffnete die Weinkeller, so konnten sich seine Leute Mut antrinken. Im wilden Kampfgetümmel fanden die Krieger keine Zeit die Münder abzuwischen. Der Rotwein lief in die Bärte und verfärbte sie. Die Türken aber glaubten es sei Stierblut, welches gar unglaubliche Kräfte verleiht. Seither trägt der Wein den Namen „Egri Bikavér“ - zu Deutsch heißt das „Erlauer Stierblut!“!
In Ungarn gibt es ein geflügeltes Wort, das da heißt: „Stark wie ein Weib aus Eger“. Angeblich beschränkten sich die Frauen aus Eger nicht darauf ihre Männer zu bekochen, sondern stürzten sich anno 1552 mit in den Kampf gegen die Türken. Sie siedeten Pech und schütteten es eigenhändig über die Osmanenhäupter. Die wehrhaften Damen luden die Kanonen und griffen auch schon mal selbst zum Gewehr. Das Zusammenspiel der Kräfte führte zum gewünschten Erfolg. Die Magyaren konnten sich behaupten. Bei einem zweiten Ansturm im Jahre 1596 allerdings nahmen die Türken die Stadt ein und beherrschten sie 90 Jahre lang.

Jetzt unternehmen wir einen Abstecher in die Umgebung von EGER. Hier erwarten den Reisenden zahlreiche Thermal- und Bademöglichkeiten. Gut 5 km Kilometer außerhalb der Stadt, nahe der Ortschaft EGERSZALÓK, empfängt als erstes ein interessantes **Thermalbad** seine Besucher. Mit den weißen **Sinterterrassen** wirkt es wie eine Miniaturausgabe des türkischen Pamukkale. Leider „ziert“ ein hässlicher Hotelkomplex das Umfeld - gänzlich unsensibel in die schöne Gegend hineingeklatscht! Positiv zu vermerken ist allerdings der große Parkplatz (gebührenpflichtig ca. 1,5 EUR/Tag), der viele PKWs und WOMOs zu fassen vermag.

Egerzalók: Sinterterrassen

Direkt an diesen Parkplatz grenzt eine winzige Therme an, die von einem unserer WOMO-Leser als „Arme-Leute-Bad“ bezeichnet wurde (Eintritt ca. 5 EUR pro Person, geöffnet täglich von 09.00 bis 23.00 Uhr).

Stellplatz am „Arme Leute-Bad“

(046) WOMO-Badeplatz: Egerszalók

GPS: N 47° 51'17.0" E 20° 19'47.2" **max. WOMOs:** 10

Ausstattung/Lage: Beleuchtung, Mülleimer, Imbiss im Bad, Restaurant in der Nähe / außerorts.

Zufahrt: 5,3 km von Eger, nahe der Ortschaft Egerszalók.

Camping Szállodo

Nur etwa 200 m vom Parkplatz entfernt, liegt rechts an der Straße eine Hotelanlage, der auch ein adretter Campingplatz angeschlossen ist. Die zwei hauseigenen kleinen Thermalbecken können mitbenutzt werden und im Restaurant lässt es sich gut speisen. Ein Radweg führt am Hotel vorbei, so sind die in der Nähe gelegenen Bäder schnell und bequem erreichbar und man hat noch etwas für seine Gesundheit getan.

(047) WOMO-Campingplatz-Tipp: Szállodo bei Egerszalók

GPS: N 47° 51' 10.9" E 20° 19' 44.1" **Öffnungszeit:** Ganzjährig

Ausstattung/Lage: Restaurant, zwei kleine Thermalbecken, etwas Schatten, zum Zentrum von Eger ca. 5,5 km / außerorts.

Zufahrt: Vom Thermalbad Egerszalók die Straße 200 m weiterfahren, hier rechts einbiegen.

Folgt man dem weiteren Straßenverlauf um 2 km, so gelangt man kurz vor der Ortschaft DEMJÉN schon zum nächsten Thermalbad.

(048) WOMO-Badeplatz: Thermal Völgy

GPS: N 47° 50' 16.9" E 20° 20' 15.5"
Max. WOMOs: 8
Ausstattung/Lage: Restaurant, Strom, Mülleimer / außerorts.
Zufahrt: 2 km nach dem Campingplatz Szállodo links abbiegen (kurz vor Demjén).

Die **Therme** ist von Montag bis Freitag von 09.00-02.00(!) Uhr geöffnet, Samstag von 10.00-24.00 Uhr und Sonntag von 10.00-22.00 Uhr, der Eintritt beträgt rund 6,5 EUR. Auch im angeschlossenen Spaßbad (Aquapark) kann man sich vergnügen - besonders die Kinder kommen hier auf ihre Kosten. Fährt man nun noch ein Stück des Weges weiter (2,7 km), so wird man von einem neuen **Strandbad**, dem **Tofürdö**, empfangen. Das große Badgelände strahlt Südseeflair aus. Man kann sich am Sandstrand aalen, einen Cocktail unter Bastsonnenschirmen genießen, in gepflegten Becken schwimmen, rutschen, Palmen bestaunen, und, und, und..! Ein nicht gerade alltäglicher Anblick in Ungarn!

(049) WOMO-Badeplatz: Strandbad Tofürdö

GPS: N 47° 48' 59.7" E 20° 20' 15.4" **max. WOMOs:** 10
Ausstattung/Lage: Beleuchtung, Strandbad, schönes Gasthaus / außerorts.
Zufahrt: Kurz nach Demjén linker Hand, 2,7 km vom Thermalbad Völgy.

Die Badefreuden lassen sich täglich von 09.00-19.00 Uhr genießen, samstags sogar bis 22.00 Uhr. Der Eintritt beträgt für Erwachsene ca. 6,5 EUR, Kinder zahlen die Hälfte.

Tofürdö: Ruhe vor dem Sturm

Wir rollen zurück nach EGER und verlassen die Stadt auf der **25** in Richtung ÓZD. Sie haben nun die Möglichkeit nordwärts unseren Spuren auf der **25** nach SZILVÁSVÁRAD zu folgen oder am Ortsende von EGER mit uns einen Ausflug in das schöne LILLAFÜRED zu unternehmen. Wir beschreiben Ihnen zunächst den Abstecher in den **Bükk-Nationalpark**. Dazu biegen wir von der **25** nach FELSÖTÁRKÁNY ab. Am Ende der rund 3 km langen Ortschaft wartet (manchmal) ein **Schmalspurbähnchen** auf Fahrgäste, um sie ein kurzes Wegstück durch die Gegend zu schaukeln. Wir fahren jetzt auf sehr guter Straße hinein in den **Bükk-Nationalpark**. Obwohl Kurven wahrlich keine Mangelware sind, lässt sich die Strecke angenehm fahren. Manchmal schlägt das Strauchwerk über dem WOMO zusammen und wir rollen durch einen grünen Tunnel, bisweilen begleitet von einem Bächlein. Nach 19 km wechselt der Straßenzustand von „sehr gut" in „passabel". Nach weiteren 10 km stoßen wir bei einer Straßenkreuzung auf einen netten Picknickplatz. Jetzt bedarf es noch weiterer 14 km und LILLAFÜRED ist erreicht.

Der Ort liegt idyllisch am Zusammenfluss der **Szinva** und der **Garadna**. Das wohl mit Abstand imposanteste Bauwerk ist zweifellos das **Hotel Palota**, das im Jahre 1930 vollendet wurde. Am Aussehen scheiden sich die Geister. Manche Leute sehen darin ein Märchenschloss mit dem schlafenden Dornröschen in einer Kemenate, andere wiederum siedeln eher Graf Dracula hier an. Doch der Reihe nach! Fährt man in LILLAFÜRED ein, so fällt zuerst ein **Sessellift** ins Auge, der in luftige Höh` hinaufführt. Wir rollen ein Stück in die Gemeinde hinein und biegen nach dem Busparkplatz/-haltestelle rechts ein und halten uns danach gleich links. Zur Linken erwartet ein **Klettergarten**, zur Rechten ein **Abenteuerspielplatz** seine Besucher. Kurz darauf erstreckt sich links ein großer geschotterter Parkplatz.

(050) WOMO-Stellplatz: Lillafüred Klettergarten

GPS: N 48° 05' 48.9" E 20° 37' 16.3" **max. WOMOs:** 10

Ausstattung/Lage: Beleuchtung, Klettergarten und Spielplatz mit Bar / im Ort.

Zufahrt: In Lillafüred nach dem Busparkplatz rechts abbiegen, danach gleich links und nach weiteren 200 m wieder links.

Von 08.00-18.00 Uhr ist der Parkplatz gebührenpflichtig, die restliche Zeit geht frei.

Der nächste Platz wartet etwas näher am „Zentrum". Er zeigt sich ideal für einen Höhlenbesuch in der **Szent-Istvan-Barlang** - also in der **St. Stefans Höhle**. Rund 1,5 km kann man durch die Unterwelt stapfen und die Naturschönheiten bestaunen. In der Regel ist dies von April bis September möglich und zwar täglich von 09.00-17.00 Uhr (Eintritt Erwachsene 4 EUR, Kinder 2,8 EUR). Nahebei gibt es auch noch eine zweite, etwas kleinere Höhle - die **St. Anna-Barlang**. Führungen durch beide Höhlen werden erst ab fünf Personen durchgeführt.

(051) WOMO-Wanderparkplatz: Lillafüred Stefanshöhle

GPS: N 48° 05' 59.7" E 20° 37' 21.1" **max. WOMOs:** 5

Ausstattung/Lage: Höhlen nahebei, reichlich Imbissgastronomie, Souvenirläden, Toilettenhäuschen in der Nähe / im Ort.

Zufahrt: 200 m nach dem Tunnel rechts.

Auch dieser Platz ist gebührenpflichtig und zwar von 09.00-18.00 Uhr, ca. 1,4 EUR/Std.

Durch einen schönen schattigen Park spazieren wir talwärts und erreichen bald den winzigen Bahnhof einer **Schmalspurbahn**. Zwischen zwei Zielen darf man wählen: GARADNA oder MISKOLC. Hat man erstmal rund 6 EUR gelöhnt, steht der

Der Schmalspurbahnhof in Lillafüred

Fahrt in die „weite Welt" nichts entgegen (7 Abfahrten/Tag). Nur ein paar Schritte weiter und das eingangs erwähnte **Schlosshotel** erhebt sich eindrucksvoll vor der malerischen Kulisse eines Sees (Ruderbootverleih). Zu Füßen des edlen Gemäuers laden mystische Höhlen und kurze Gänge mutige kleine Forscher zu Miniexkursionen ein. Zugegeben - das macht nicht nur Kindern Spaß!

Unser Ausflug endet hier. Man kann nun entweder über SZENTLETEK weiter nach SZILVÁSVÁRAD oder direkt nach MISKOLC reisen. Vielleicht wollen Sie es auch so machen

Das Schlosshotel Palota in Lillafüred

wie wir, die schöne Strecke noch einmal in umgekehrter Richtung fahren und von EGER aus SZILVÁSVÁRAD anpeilen. Nach SZARVASKÖ biegen wir in Richtung besagter Ortschaft ab. Im 50-km-Tempo bummeln wir am Rand des **Bükk-Gebirges** entlang. Zu dem mittlerweile hinreichend bekannten Laubwald gesellen sich einige Nadelhölzer, auch offenbart das Waldgebirge bisweilen felsige Stellen. 28 km später, nach insgesamt 78 Tageskilometern, laufen wir in SZILVÁSVÁRAD ein. Vom Ortsschild aus fahren wir ca. 400 m auf der Hauptstraße entlang. Biegt man dann hier links ab, gelangt man auf ein langgezogenes, schmales Wiesenstück gegenüber einigen Wohnhäusern. Es ist gebührenpflichtig (2,5 EUR/Tag), abkassiert wird aber nur bei größerem Andrang.

(052) WOMO-Wanderparkplatz: Szilvásvárad 1

GPS: N 48° 05' 54.0" E 20° 23' 16.7" **max. WOMOs:** 5
Ausstattung/Lage: Restaurant und Wasser in der Nähe / im Ort.
Zufahrt: 400 m nach dem Ortsschild links abbiegen (Parkplatz Nr. 3).

Nimmt man die nächste, nur ca. 50 m entfernte Einfahrt ins Visier, so eröffnen sich weite mit Bäumen bestandene Wiesenflächen (ebenso gebührenpflichtig).

(053) WOMO-Wanderparkplatz: Szilvásvárad 2

GPS: N 48° 05' 55.2" E 20° 23' 18.2" **max. WOMOs:** 10
Ausstattung/Lage: Gaststätten und Wasser nahebei / Ortsrand.
Zufahrt: 450 m nach dem Ortsschild links abbiegen.

Der Wald-"ICE" in Szilvásvárad

Gegenüber dem gerade genannten Platz führt eine kurze Stichstraße hinein in ein riesiges umzäuntes Parkareal (gebührenpflichtig). Ein Teil davon grenzt an den Bahnhof der schnuckeligen Waldeisenbahn.

(054) WOMO-Wanderparkplatz: Szilvásvárad Schmalspurbahn
GPS: N 48° 05' 51.2" E 20° 23' 21.0" **max. WOMOs:** 10
Ausstattung/Lage: Beleuchtung, Bänke, Mülleimer, Gaststätten und Verkaufsstände nahebei / Ortsrand.
Zufahrt: 450 m nach dem Ortsschild rechts einbiegen.

Rollt man noch ein kurzes Stück auf der Hauptstraße weiter bis zu einer 90-Grad-Kurve und von hier geradeaus in einen Busparkplatz (gebührenpflichtig von 08.00-20.00 Uhr, 5,5 EUR / nachts frei) hinein, bietet sich eine weitere Park- bzw. Übernachtungsmöglichkeit (der daneben befindliche PKW-Parkplatz erscheint uns wegen tiefhängender Äste und etlicher Restaurants und Kioske ungeeignet). Ein neu errichtetes Gebäude am Platz (Panoptikum) beherbergt das **Kerkermuseum** (09.00-18.00 Uhr, Eintritt 2,5 EUR). Hier beginnt auch der Wanderweg zu dem **Aussichtsturm** (Kilato), den wir, hoch oben am begrünten Berg, entdecken (die Wanderung dauert hin und zurück ca. 1,5 Stunden).
Der hübsche Campingplatz der Gemeinde war leider im Sommer 2017 wegen mangelnder Nachfrage geschlossen. Es bleibt zu hoffen, dass dies kein Dauerzustand wird.

(055) WOMO-Campingplatz-Tipp: „Hegyi Camping" in Szilvásvárad

GPS: N 48° 05' 46.1" E 20° 23' 15.0"; Egri ú. **Öffnungszeit:** 15.04-15.10.
Ausstattung/Lage: Gaststätte, zur Waldeisenbahn 0,4 km, Schatten / im Ort.
Zufahrt: Im Ort beschildert.

Unvermutet bietet der Ort viel, eine für Ungarn recht ungewöhnliche **Rundkirche** beispielsweise. Sie liegt etwas erhöht am Rande und wacht über eine Anzahl ländlicher Häuschen mit bunten Gärten. Berühmt ist das **Lipizzaner-Gestüt**, wo die edlen Pferde gezüchtet werden. Für wenige Forint ist es zu besichtigen (8.30-12.00 Uhr, 14.00-16.00 Uhr). In einer Reithalle kann man sich in Vorführungen von der Gelehrigkeit der Tiere überzeugen. Freilich steht auch eigenen Reitstunden nichts entgegen.
Die große Attraktion der Ortschaft ist die **Waldeisenbahn**, nur wenige Gehminuten von unseren Übernachtungsplätzen entfernt. Auf schmaler Spur schnauft ein Bimmelbähnchen für

Ausflug ins Bükk-Gebirge

knapp 3 EUR einige Kilometer hinein ins **Bükk-Gebirge**. Ein Erlebnis, das man sich nicht entgehen lassen sollte. Die sehr beschauliche Fahrt dauert etwa 20 Minuten und wird je nach Wetterlage auch mit offenen Waggons durchgeführt. Endstation ist auf einer großen Wiese in einem bewaldeten Talkessel. Reichlich Bänke und Tische mit Feuerstellen laden zum Picknick ein. Bei Regen gewähren Schutzhütten Unterschlupf.

Emsige Touristen finden hier einen exzellenten Ausgangspunkt für weite Touren ins bis zu ca. 950 m hohe **Bükk-Gebirge.** Wandersleute, die sich nicht ganz so sehr strapazieren wollen, steigen über einem intensiv grünen See zu einer Höhle auf oder begeben sich, vorbei an einem kleinen Wasserfall, in das frisch renovierte **Waldmuseum**, wo es in freier Natur allerlei Dinge, die Waldarbeit betreffend, zu bestaunen gibt. Überall durcheilen klare Gebirgsbäche den Forst. Kein Wunder also, dass hier die **Forellenzucht** prächtige Ergebnisse hervorbringt. Die Fische werden in verschiedenen Variationen zubereitet. Zwei davon probieren wir des Abends im „Etterem" aus und spülen mit einem Palinka nach. Ein Hochgenuss!

„Holzmichl" im Waldmuseum

Es klappert die Mühle...

Der weitere Streckenverlauf von SZILVÁSVÁRAD aus ist zunächst noch von Mittelgebirgs-Charakter geprägt. Allmählich verlieren die bewaldeten Bergzüge an Höhe, doch es bleibt landschaftlich reizvoll. Nach 26 km biegen wir links auf die **26** ein. Für 13,7 km bleiben wir auf dieser Straße und zweigen dann rechts Richtung AGGTELEK ab. Aus dem Küchenbereich unseres WOMOs klappert es. Die etwas holprige Piste macht uns auf Sünden beim Verstauen der Tassen aufmerksam. Nach knapp 66 km erreichen wir AGGTELEK. Die erste Straße links weist uns den Weg zur **Baradla-Höhle**. Schon 1 km später stehen wir auf einem gepflegten Parkplatz mit schattenspendenden Bäumen. Es ist unser Übernachtungsplatz für heute. Ein Schild verbietet zwar das Zelten

Ein Schwerarbeiter...

Die Baradla-Höhle im Aggtelek-Karst

- vermutlich wegen des nahen **Campingplatzes** - aber wir fühlen uns nicht angesprochen. Weder ein bei uns stehender WOMO-Kollege noch wir werden in irgendeiner Weise behelligt. Im Gegenteil - nicht einmal der übliche Obolus wird gefordert. Ein WC (erster Sahne) befindet sich am nur ca. 100 m entfernten Höhleneingang, Wasserstelle existiert keine, doch entlang der Dorfstraße gibt es sogar mehrere.

(056) WOMO-Stellplatz: Aggtelek

GPS: N 48° 28' 11.7" E 20° 29' 39.4"; Baradla oldal **max. WOMOs:** 6
Ausstattung/Lage: Mülleimer, Gaststätte, WC, Spielplatz / außerorts.
Zufahrt: Den Hinweisen zur Baradla-Höhle folgen.

Der **Aggtelek-Karst** ist berühmt für seine gigantischen **Höhlensysteme**. Von verschiedenen Eingängen aus kann man in diese bizarre Unterwelt hinabsteigen, um eindrucksvolle Tropfsteingebilde, unterirdische Bachläufe und Seen auf sich einwirken zu lassen. In einem riesigen Saal mit Bühne und Bestuhlung werden Konzerte abgehalten. Im Rahmen einer Führung können wir uns zu den Klängen von Pink Floyd von der tollen Akustik überzeugen. Die Intensität des eigenen Forscherdranges bestimmt die Länge des Abenteuers. Die kurze Tour (1 km) dauert eine Stunde, für die lange Tour (7 km) bedarf es fünf Stunden. Absolute Höhlenfreaks nehmen an der Spezialtour teil, sie sind dann aber - sage und schreibe - auf 9 km Länge sieben Stunden unter

Geheimnisvolle Höhlenwelten in Aggtelek

Tage beschäftigt (die Eintrittspreise bewegen sich zwischen 10 und 38 EUR). Wem das noch nicht genügt, der fahre zu der 15 km entfernten **Domica-Höhle** in der **Slowakei**. Von da aus ist eine grenzüberschreitende Bootsfahrt zurück nach **Ungarn** auf dem unterirdischen Flusslauf **Styx** möglich!
Zurückgekehrt aus der Unterwelt, wenden wir uns wieder „überirdischen" Dingen zu. Von AGGTELEK rollen wir auf einer kurvigen und landschaftlich reizvollen Straße weiter bis zum ca. 7 km entfernten Ort JÓSFAVÖ. Kurz zuvor zweigt links eine Stichstraße zu einem ansprechenden Stellplatz unterhalb eines großen Hotels (Tengerszem) ab.

(057) WOMO-Stellplatz: Tengerszem

GPS: N 48° 29' 04.3" E 20° 32' 24.7" **max. WOMOs:** 4
Ausstattung/Lage: Gaststätte, Spielplatz / außerorts.
Zufahrt: Von der Hauptstraße zum Tengerszem-Hotel/Barlang Cave abbiegen, noch rund 600 m.

Wohnen hier die Wassergeister?

Das Dörfchen JÓSFAVÖ, das auch über einen **Höhleneingang** zum weit verzweigten System des **Aggtelek-Karstes** verfügt, liegt idyllisch, tief unten in einem bewaldeten Tal. Die meisten Besucher jedoch lassen JÓSFAVÖ links liegen, für sie ist nur die Pforte in das Berginnere von Interesse, und diese findet sich etwas außerhalb am Rande der kleinen Gemeinde. Allerdings sollte man sich schon Zeit nehmen, denn die Ortschaft birgt so manche Schönheit, wenngleich diese vielleicht auch erst auf den zweiten Blick erkennbar ist. Da sind beispielsweise die üppigen Gemüsegärten, deren vor Gesundheit strotzende Kraut- und Salatköpfe eine reiche Ernte versprechen, oder ein glucksender Bach, der sich vor einem Häuschen teilt, um dann auf beiden Seiten munter weiter zu plätschern.

An dem frei stehenden Kirchturm vorbei führt ein Pfad hinauf in die dicht bewaldeten Hänge. Wir beschließen, das Terrain etwas näher zu erkunden, stapfen den Weg entlang und passieren einen aufgelassenen Friedhof. Einige Holzkreuze liegen auf dem Boden, sie sind umgeknickt, das morsche Holz konnte sie nicht mehr tragen. Die schief hängenden Grabsteine, deren Schriftzüge bereits verblichen sind, werden mehr und mehr von Gras und Buschwerk überwuchert. Am Himmel haben sich dunkle Wolken zusammengebraut, und es beginnt zu tröpfeln. Es herrscht eine seltsame Stimmung: dem düsteren Grün haftet eine ganz eigene Atmosphäre an. Der erdige Weg wird glatt, mehrmals rutschen wir aus und treten in unfreiwilligen Kontakt mit dem lehmigen und glitschigen Untergrund. In unserer Phantasie hören wir schon schadenfrohe Waldkobolde hinter den Bäumen lachen. Oder sind die spottenden „kleinen Kerlchen“ vielleicht sogar wirklich da...

Über ein paar verschlafene Nester fahren wir weiter nach SZALONNA und biegen hier links, Richtung RAKACA, ab. Kurz darauf zeigt sich uns der malerisch gelegene **Szalonna-See**, an dessen Ufer wir im Sonntagsfahrertempo entlang bummeln. Wir entdecken einige hübsche Übernachtungsmöglichkeiten und gesellen uns zu einem ungarischen Wohnmobil. Nach nur 30 Tageskilometern haben wir einen schönen Übernachtungsplatz gefunden. Zum Essen gibt es Kesselgulasch!

Viele Köche...?

(058) WOMO-Badeplatz: Szalonna-See

GPS: N 48° 27' 10.8" E 20° 46' 05.6" **max. WOMOs:** 4

Ausstattung/Lage: Schöne Gegend / außerorts.

Zufahrt: Verschiedene Möglichkeiten entlang dem See (Plätze vorher auf Festigkeit prüfen!).

KARTE TOUR 5

25 km
SK
SK
SK
Jósvafö
57
Aggtelek
Szalonna
58
Szendrö
Krasznokvajda
Felsögagy
Baktakék
Edelény
Putnok
Sajószent-
péter
Ózd
Borsodnádasd
Miskolc
Tapolca
66
67
Felsözsolca
Szikszó
Csobád
Forró
Encs
Hidas-
németi
Abaújker
Tállya
Szerencs
Telkibánya
Füzer
59
60
61
Pálháza
Mikóháza
Kökapu
62
Sátoraljaújhely
Zemplener Gebirge
Sarospatak
63
C
Bodrog
Theiß
Tarcal
64
65
Tokaj
Rakamaz
N

Tour 5 (268 km / 5 Tage)

Szalonna-See - Forró - Pálháza - Sátoraljaújhely - Sárospatak - Tokaj - Miskolc

Freies Übernachten:	Füzer, Pálháza, Sátoraljaújhely, Sárospatak, Tokaj, Miskolc.
Campingplätze:	"Tisza Virág" in Tokaj, „Autós Camping" in Miskolc.
Besichtigen:	Burg Füzer, Rostáló mit der Bahn, Stadtkern Tokaj und Rákóczi-Weinkeller, Höhle in Miskolc.
Wandern:	Im Zemplener-Gebirge.
Baden:	In Sárospatak und in Miskolc.

Im Gegensatz zu unserer ungarischen Familie drängt es uns wieder fort. Wir beenden unsere Statistenrolle in diesem „Heimatfilm" und schaukeln der Straße entgegen.
Bis MESZES (am Ortseingang Wasserstelle rechts) verläuft die Streckenführung nahe entlang dem See. Einige Boote dümpeln im Wasser. Die winzigen Nussschalen leuchten in Sonnenscheingelb, Giftgrün und Pink. Schon zuvor in SZALONNA fielen uns die vielen bewohnten Storchennester ins Auge, doch hier thront auf fast jedem Lichtmasten ein solches Domizil, und endlich können wir jetzt auch eine stattliche Anzahl von Vertretern der Gattung Adebar in den feuchten Wiesen

Natur pur am Szalonna-See

bei der Jagd beobachten. Zwei Prachtexemplare stolzieren sogar über das örtliche Fußballfeld. Ambitionen als Fotomodelle hegen sie allerdings keine; schon bei der geringsten Annäherung nehmen sie Reißaus - vermutlich wünschen sie nicht, ihr Konterfei im WOMO-Reiseführer zu sehen. Es gibt aber noch weitere zoologische Raritäten in Augenschein zu nehmen, die Tierchen dieser Gattung flüchten nicht so schnell und sind zumindest in unseren heimischen Breiten noch rarer als Störche geworden. Die Rede ist von Maikäfern. Obzwar ein paar dieser interessanten Gesellen bereits aus dem Leben geschieden sind, brummt aber der Großteil munter und tollpatschig umher. Für uns ist das schon eine erstaunliche Tatsache, schließlich schreiben wir schon Ende Juni.

Der Blütenzauber des Nordens

Der Straßenabschnitt zwischen MESZES und RAKACA ist schmal und von schlechter Qualität, doch an landschaftlichen Reizen fehlt es nicht. Wir erleben ein Stück wildes Ungarn. Die Siedlungen sind einfach und ärmlich, teilweise verstecken sich die Häuser im Laubwald. Stiege da nicht der Rauch des Herdfeuers auf, würde dem Vorbeireisenden manche Behausung verborgen bleiben. Die Menschen, die hier wohnen, sind vorwiegend von dunkelhäutiger Rasse und scheinen mit einem sonnigen Gemüt ausgestattet zu sein. Immer wieder winkt man uns freundlich zu. Es geht nur langsam vorwärts, des öfteren fordern Hühner, Gänse und anderes Getier die Vorfahrt. Eine Entenmutter kehrt mit ihren Jungen vom Bad am Bachlauf zurück. Der Nachhauseweg führt über die Straße.

Ohne Eile watschelt die Entenfamilie an unserem WOMO vorbei und zwingt uns zu einem kleinen Zwischenstopp. Nach RAKACA ändert sich das Landschaftsbild. Die stark bewaldeten Berge weichen milder geschwungenen Hängen, die Fahrbahn wird geradliniger und der Belag besser. Über KRASNOKVAJDA fahren wir nach BAKTAKÉK, danach links, Richtung FORRÓ. Die Fahrt verläuft durch ländliches Gebiet mit weiten Feldern und einigen Weinbergen. Wahrscheinlich ist die Gegend ansprechender als wir es jetzt empfinden. Leider haben sich Wolken vor die Sonne geschoben - Regenwolken, die sich erleichtern und uns mit einer unerwünschten Dusche verwöhnen. Ungefähr 44 km nach unserem Start heute Morgen stoßen wir auf die Straße **3**, wo wir links abbiegen. Es ist eine schnelle Piste, und in zügiger Fahrt geht es auf die **slowakische Grenze** zu. Schon bald erkennen wir rechter Hand in der Ferne die **Zemplener Berge**, unseren nächsten Zielpunkt. In HIDASNÉMETI orientieren wir uns rechts, Richtung GÖNC, und laufen mit zusammen 81 km mehr auf dem Tacho in TELKYBÁNYA ein. Der hübsch gelegene Ort bietet Verschiedenes. Neben adretten Häuschen und in den Berg hinein gebauten Kellern gibt es ein **Museum**, in dem u.a. Mineralien und Exponate aus Porzellan zu besichtigen sind. Wenn es nicht gerade so schüttet wie jetzt, kann man auch wandern bis die Schuhe glühen. Wir lassen uns von dem Sauwetter nicht allzu sehr beeindrucken und unternehmen trotzdem - in den Friesennerz gehüllt - einen kurzen Rundgang. Am Waldrand reifen schon die ersten Beeren, und es schieben sich sogar ein paar Pilze aus dem dampfenden Waldboden, die sich über den Regen zu freuen scheinen.
Auf dem weiteren Weg nach PÁLHÁZA versteckt sich links, nach 4,1 km (gemessen vom Ortsendeschild TELKYBÁNYA), ein Picknickplatz mit Feuerstelle und Schutzhütte im dichtesten Gehölz. Wohnmobilisten, die vor dieser Einsamkeit nicht zurückschrecken, können hier auch sehr ruhig übernachten. Einige Meter zuvor befindet sich rechts ebenso eine Zufahrt, die über ein Gefälle zu einem Picknickplatz führt. Bei Regen könnte das problematisch werden - bitte vorher anschauen!

(059) WOMO-Picknickplatz: Telkybánya

GPS: N 48° 29' 20.0" E 21° 24' 13.1" **max. WOMOs:** 3
Ausstattung/Lage: Tische, Bänke, Schutzhütte / außerorts.
Zufahrt: 4,1 km nach Telkybánya links abbiegen.

Wir machen eine Kaffeepause, zu der freundlicherweise die Sonne wieder hinter den Wolken hervor blinzelt. Die Wassertropfen auf den Fichtenzweigen blitzen wie hochkarätige Dia-

Erhaben auf dem Bergrücken: Burg Füzer

manten, und gleich schaut die Welt ganz anders aus. Es sind nur ein paar Kilometer bis PÁLHÁZA. An der Kreuzung ordnen wir uns links ein und streben FÜZER (Richtung Hollohází) zu. 9,7 km sind es bis zu unserem Übernachtungsplatz, hoch oben bei der **Burgruine**. Das alte Gemäuer liegt erhaben auf einem Gipfel. Wir steuern per Sichtkontakt darauf zu, denn auf die Straßenschilder dieses kurzen Wegstücks ist kein Verlass. Sie sind teilweise verdreht und weisen hinaus in die Felder und Wiesen. In FÜZER selbst sind die Hinweise klar. Hier füllen wir noch Wasser auf (mehrere Stellen im Ort) und folgen den Schildern zur Burg/Vár.

Blick von der Burg auf Füzer

(060) WOMO-Stellplatz: Füzer

GPS: N 48° 32' 42.7" E 21° 27' 42.0" **max. WOMOs:** 3
Ausstattung/Lage: Kleiner Kiosk, Mülleimer / außerorts.
Zufahrt: In Füzer den Hinweisen zur Burgruine folgen.

600 m sind es bis zur Burgruine (Eintritt 2,5 EUR), und der Blick von dieser in die **Zemplener Berge** und auf FÜZER ist

herrlich. 105 km sind wir heute durch Ungarn gereist, jetzt lassen wir den Tag ausklingen.
Zurück nach PÁLHÁZA. 200 m nach der zuvor erwähnten Kreuzung liegt eine Bahnstation. Der angrenzende kleine Parkplatz bietet Raum für zwei oder drei WOMOs (Ausweichmöglichkeit gegenüber beim Museum). Toilette und Wasser gibt es im Bahnhofsgebäude.

(061) WOMO-Stellplatz: Pálháza

GPS: N 48° 28' 15.0" E 21° 30' 44.4" **max. WOMOs:** 2
Ausstattung/Lage: Mülleimer, Lebensmittelgeschäft / im Ort.
Zufahrt: Bei der Schmalspur-Bahnstation.

Natürlich ist der Platz ideal für einen Ausflug mit dem Zug. Eine **Schmalspurbahn** mit halboffenen Waggons bedient die Strecke hinauf ins Gebirge. Zum einen ist sie ein offizielles Transportmittel für die außerhalb wohnenden Bürger, um in die Arbeit oder zum Einkaufen zu kommen, zum anderen aber auch das pure Vergnügen für eine Fahrt ins Grüne. Der einfache Fahrpreis beträgt knapp 3 EUR und sorgt nicht nur bei den Kindern für leuchtende Augen. Schlingernd setzt sich das Ungetüm in Bewegung und verlässt laut pfeifend den winzigen Bahnhof. Nach einigen Minuten erhält man zunächst Gelegenheit, bei einem kurzen Zwischenstopp das an der Strecke gelegene **Waldmuseum** (Werkzeuge, ausgestopfte Tiere, Bilder und eine „Stihl"- Kettensäge) zu begutachten. Vor dem Museum hat auf einem Gleisstück eine Dampflok ihre letzte Ruhestätte erhalten. Unser Bähnchen mahnt mit eindringlichem Tuten zur Weiterfahrt. Bald verläuft der Schienen-

Beliebtes Ausflugsziel: Kökapu

strang durch ein größeres Sägewerk, vorbei an einem glimmenden Kohlenmeiler. Anschließend ruckelt der Zug durch dichtesten Wald, entlang dem Bach über KÖKAPU zur Endstation ROSTÁLÓ. Es sind nur einige Kilometer, doch die Fahrt bedarf einer dreiviertel Stunde - ICE Tempi werden nicht erreicht. Wir steigen in KÖKAPU aus. Es ist ein begnadetes Fleckchen Erde mit einem See, in dem sich die Bäume spiegeln, mit Spazierwegen und Picknickplätzen, darüber thront sogar ein kleines, aber schmuckes **Schloss**. Hungrigen und Durstigen wird in dem sauberen und gepflegten Lokal an der Bahnstation geholfen.

Während das Züglein nach ROSTÁLÓ schnauft, um anschließend nach kurzem Aufenthalt wieder nach KÖKAPU zurückzukehren, können eilige Wandersleute eine kurze Wanderung rund um den See unternehmen. Besser ist es allerdings, etwas mehr Zeit mitzubringen, um bei längeren Streifzügen in diesem herrlichen Waldgebiet die Ruhe und die Natur intensiver genießen zu können. Wir geben der zweiten Möglichkeit den Vorzug. Leider sind die Wanderwege nicht beschildert, wir verlassen uns also auf unseren Orientierungssinn, gelangen aber dennoch wohlbehalten zur Bahnstation zurück. Nach unserer Erfahrung dient der ausgehängte Fahrplan mehr als Anhaltspunkt. Fragen Sie auf alle Fälle das Zugpersonal nach den jeweiligen Abfahrtszeiten. Sie wollen doch bestimmt nicht nach Ihrer ausgedehnten Wanderung eine weitere solche folgen lassen, nur um zu Ihrem WOMO zurückzukommen. Nach einigen angenehmen Stunden lassen wir uns schließlich wieder hinab nach PÁLHÁZA schaukeln - mit einem feinen Erlebnis mehr im Rucksack.

Die Landstraße hat uns wieder. Unterwegs passieren wir das **Ferenc Emlék-Mausoleum** und gelangen in die Grenzstadt mit dem für uns schier unaussprechlichen Namen SÁTORALJAÚJHELY.

Ein neuer Fahrradweg verläuft parallel zur Straße. Biegt man am ersten Kreisverkehr der Stadt rechts in Richtung RUDABÁNYÁCSKA ab, so erreicht man nach 700 m einen schönen ruhigen Parkplatz, links bei einem Sessellift.

(062) WOMO-Stellplatz: Sátoraljaújhely

GPS: N 48° 24' 45.7" E 21° 38' 22.5" **max. WOMOs:** 5
Ausstattung/Lage: Gaststätte, Mülleimer / Ortsrand.
Zufahrt: Am Ortsanfang von Sátoraljaújhely nach Rudabányácska abbiegen, noch 700 m (bei einem Sessellift).

Wir fahren in Richtung Zentrum und biegen hier auf die **37** ein. Die Stadt stellt das größte Wirtschafts- und Handelszentrum des **Zemplener-Gebirges** dar. Im früheren **Komitatshaus** am **Ady tér** ist heute das **Rathaus** untergebracht. Der berühmte Revolutionsführer **Lajos Kossuth** (ist Ihnen eigentlich schon einmal aufgefallen, wieviele Straßen und Plätze nach ihm benannt sind?) hielt hier seine erste öffentliche Rede.
Gut 2 km westlich der Stadt erhebt sich der **Magas-hegy** mit seiner über 500 m hoch gelegenen **Aussichtswarte**.
13 km später erreichen wir SÁROSPATAK. Nur 1,3 km brauchen wir von der Hauptstraße, um zum Parkplatz (gebührenpflichtig, nachts frei) des **Thermalbades** zu gelangen.

(063) WOMO-Badeplatz: Sárospatak

GPS: N 48° 19' 54.4" E 21° 34' 57.7" **max. WOMOs:** 6
Ausstattung/Lage: Thermalbad / Ortsrand.
Zufahrt: Den Hinweisen zum Campingplatz folgen (nach der Bahnlinie gleich links) insgesamt 1,3 km.

Die Therme und der angeschlossene Campingplatz sind nach einem Umbau jetzt wieder voll nutzbar. Ein weiterer, gepfleg-

Am Bodrog in Tokaj

Das Zentrum von Tokaj

ter Campingplatz befindet sich ganz in der Nähe. Die Zeit reicht noch für einen Bummel in der weitläufig angelegten Stadt mit ihren prachtvollen Blumenbeeten und dem neu restaurierten **Schloss**. Vis a vis liegt quasi als Gegenpol das architektonisch hochmoderne **Stadttheater**. In der **Rákóczi útca** befindet sich das **Reformierte Kollegium**. Es ist eine der ältesten Bildungsstätten Ungarns und beherbergt eine **Bibliothek** mit mehr als 200.000 Bänden (Besichtigung ist nur mit einem Führer möglich).

Mit neuem Elan geht es zurück zur Hauptstraße (**37**). Wir biegen links ab und fahren TOKAJ entgegen. Links schweift der Blick über flaches, weites Land, rechter Hand erheben sich bald die ersten Weinberge.

26 km später zweigen wir links auf die **38** ab. Nach 6,5 km begrüßt uns das Ortsschild von TOKAJ. Wir folgen der Straßenführung 3,0 km, um anschließend links auf das Wiesengelände am **Bodrog** einzubiegen. Es ist ein idealer Übernachtungsplatz, den wir dieses Mal schon nach knapp 35 Tageskilometern gefunden haben. Wasser und Toilette sind nicht vorhanden, dafür stehen wir aber direkt am Ufer des **Bodrog** im Grünen, und zwar kurz vor dem Punkt, wo sich die zwei Flüsse

Der „fröhliche Zecher" von Tokaj

Bodrog und **Theiß** vereinen. Bestens geeignet also für die Freizeitkapitäne unter Ihnen zu ausgiebigen Kanu- oder Kajakfahrten, ganz nach Belieben.

(064) WOMO-Stellplatz: Tokaj

GPS: N 48° 07' 28.2" E 21° 24' 44.8" **max. WOMOs:** 4

Ausstattung/Lage: Gaststätte in der Nähe / im Ort.

Zufahrt: Vom Ortsschild am Ortsanfang der Straßenführung 3,0 km folgen, dann links auf das Wiesengelände einbiegen.

Der Platz liegt zwar sehr schön, doch leider ist er von der Straße aus einzusehen (Lärmbelästigung möglich).

Das Zentrum der berühmten Weinstadt, die sich so hübsch an einen steilen Berghang kuschelt, ist nur wenige Schritte entfernt. Einer ausgiebigen Weinprobe in einem der zahlreichen Kellerlokale steht ergo nichts im Wege. Die Innenstadt ist für den Autoverkehr gesperrt, man kann daher in Ruhe und Muße durch den Ort schlendern. Leider müssen wir konstatieren, dass der Charme, der noch vor wenigen Jahren über der Stadt lag, abhanden gekommen ist. Die Spuren der vorangegangenen Restaurationen verblassen immer mehr, so manches wirkt schon wieder etwas herunter gekommen. Das ist wirklich schade!

Eingang zu einem Weinkeller

Versäumen Sie aber bitte keinesfalls einen Besuch im **Rákóczi-Keller**. In den ca. 1,6 km langen unterirdischen Gängen lagern Unmengen köstlichen Weines. Im Rahmen einer Führung, die mit einer Weinprobe verbunden ist, haben Sie die Möglichkeit, diese Unterwelt kennenzulernen und natürlich ein paar Schlückchen zu nehmen. Lassen Sie aber Vorsicht walten, so manch fröhlicher Zecher, der an die frische Luft zurückgekehrt war, sah sich plötzlich mit gravierenden Mängeln seiner „Standfestigkeit“ konfrontiert. Der Eingang zum Weinkeller befindet sich am **Kossuth Lajos tér**, Beginn der Führung ist täglich um 11.00 und 14.00 Uhr.

Der Tokajer

König Ludwig XIV. prägte im 17. Jahrhundert den Ausspruch: „Der Tokajer ist der Wein der Könige und der König der Weine". Aus Polen stammt folgende Lobhudelei: „Es ist kein Wein, wenn es kein Tokajer ist". Papst Pius befand wenig bescheiden: „Der Tokajer ist ein Wein, wie er einem Papst gebührt". Peter der Große von Russland kaufte gar einen eigenen Weinberg nahe Tokaj und ließ hier seinen ganz privaten Rebensaft keltern. Die Liste derer, die diesem edlen Tropfen huldigen, ließe sich noch beliebig fortsetzen.

Die erstklassige Qualität dieses Weines schreibt man dem Boden, einem Gemisch aus Löss und vulkanischem Sand, zu. Freilich trägt auch das Klima mit dazu bei, der Herbst ist in der Regel sonnig, trocken und vor allem lang. Die Ernte erfolgt spät; die Beeren werden auf Tischen in die Sonne gelegt und die Kerne werden entfernt. Durch das Öffnen der Beeren verdampft das Wasser und der Zuckergehalt steigt. Es bildet sich die sogenannte Edelfäulnis. Nach dem Pressen werden Kerne wieder zugesetzt. Die gepressten Kerne misst man in Butten. Der Inhalt einer Butte beträgt 25 Liter. Die Puttony werden in ein Fass aus Gönc geleert. Der Zusatzname Aszú besagt, wieviele gepresste Kerne in einem Fass sind. Ein Tokajer Wein hat ein Aszú von zwei bis sechs Puttony, das heißt: es wurden dem Wein zwei bis sechs Butten zugeführt. Die Lagerung erfolgt in Kellern für die Dauer von mindestens vier Jahren. Erst dann ist der Tokajer zu einem edlen Tropfen gereift.

Sollten Sie eine ausgiebige Traubenkur beabsichtigen, also einen längeren Aufenthalt planen, bietet sich auch ein Campingplatz an. Er liegt jenseits der **Theißbrücke** auf der linken Seite und ist schon etwas in die Jahre gekommen. Im platzeigenen Buffet geht es bisweilen feuchtfröhlich zu, was dann leider auch nicht zu überhören ist!

Tokaj: Camping Tisza Virág

(065) WOMO-Campingplatz-Tipp: „Tisza Virág“ in Tokaj

GPS: N 48° 07' 22.9" E 21° 25' 04.9"; Horgász útca **Öffnungszeit:** 01.04.-31.10.
Ausstattung/Lage: Buffet, Restaurant nahebei, zum Zentrum 1 km, Schatten, Zugang zur Theiß / Ortsrand.
Zufahrt: Im Ort beschildert, bei der Theiß-Brücke.

Aussicht auf die Flusslandschaft vom Kreuzweg in Tokaj

Ein lohnender Ausflug führt hinauf zu einem **Fernsehturm**. Dazu fahren wir von unserem Übernachtungsplatz nach TARCAL, hier nach 8,7 km rechts ab, dann weitere 5,5 km auf holpriger, schmaler Straße durch Weinberge und Laubwald zu dem auf einem Gipfel stehenden Sender. Bei klarer Sicht genießt man von hier aus einen unvergleichlichen Rundblick. Anzumerken ist noch, dass in TOKAJ und Umgebung viele der Wasserstellen mit einem Schloss am Betätigungshebel gesichert sind und eine Wasserentnahme daher nicht möglich ist. Findet man doch eine nicht gesperrte Entnahmestelle, so stellt man einen hohen Chlorgehalt des Wassers fest.
Es erscheint also ratsam, bereits im Vorhinein seinen Tank aufzufüllen.
Das Erholungsgebiet von MISKOLC ist unsere nächste Anlaufstelle. Wir kehren auf die **37** zurück (links ab), und auf schneller, geradliniger Straße geht es flott vorwärts. An der Strecke liegt SZERENCS, eine Kleinstadt, die mit einem hässlichen Werk am Ortsanfang nicht gerade einladend wirkt. Der erste Eindruck täuscht, eine Stippvisite belehrt uns eines Bes-

Schloss Rákóczi in Szerencs

seren. In Zentrumsnähe steht trutzig das **Schloss Rákóczi** und sieht mit seinen kantigen und dicken Mauern sehr wehrhaft aus. Besucher werden aber wohlwollend empfangen und dürfen im **Museum** (09.00-17.00 Uhr, Montag geschlossen) neben archäologischen Funden auch eine Ansichtskartensammlung bestaunen, die ca. 500.000 Exemplare umfasst. Am Ortsende rechter Hand erhebt sich eine neue, äußerst interessante **Kirche**. Ein geeigneter Parkplatz für die Besichtigung befindet sich direkt davor.

Modernes Gotteshaus in Szerencs

Die weitere Fahrt nach MISKOLC verläuft zügig und bietet wenig Sensationen. Die Großstadt, die zu sozialistischen Zeiten noch düster und grau war, hat dazugewonnen. Vieles ist renoviert, und man achtet auf Sauberkeit. Freilich ist klar, dass ein Industriezentrum mit Stahl-, Papier- und Maschinenfabriken nicht als favorisierter Kandidat bei einem Schönheitswettbewerb gelten kann.

Am Rand der Stadt liegt ein gepflegtes großes **Naherholungszentrum** - MISKOLC-TAPOLCA. Die Ausschilderung dahin ist gut. Wir folgen den Hinweisen **3/E71** solange, bis es an einer Abzweigung rechts ab nach MISKOLC-TAPOLCA geht. Mit 60 Tageskilometern auf dem Zähler laufen wir in dem fein im Grünen gelegenen Stadtteil ein. Gleich nach dem Ortsschild links findet sich ein riesiger, gebührenfreier Parkplatz, der von Bäumen umrahmt ist. Eine Wiese grenzt an, am gegenüberliegenden Ende ist die Wasserversorgung, die allerdings bei unserem letzen Besuch beschädigt und daher unbrauchbar war.

Die „grüne Lunge“ von Miskolc

(066) WOMO-Stellplatz: Miskolc-Tapolca

GPS: N 48° 03' 59.8" E 20° 45' 13.9" **max. WOMOs:** 10
Ausstattung/Lage: Wasserstelle, Mülleimer / im Ort.
Zufahrt: Am Ortsanfang von Tapolca links.

Wir peilen den Schattenbereich einiger großer Bäume an und stärken uns erstmal mit einer Brotzeit, bevor wir unsere Neugierde befriedigen und uns hier umschauen. Das ca. 500 m entfernte Spaßbad ist leider geschlossen und verfällt zusehends. Schade! Hinter dem (ehemaligen) Bad breitet sich eine sehr kultivierte Parkanlage mit bunten Blumenbeeten aus. Ein See, in dessen Mitte ein Inselchen mit einem Restaurant liegt, bietet sich zum Tretbootfahren an. Einen außergewöhnlichen Spaß verspricht der Aufenthalt im **Thermal-Höhlenbad**, angeblich das einzige auf unserem Globus. Der Eingang ist unweit vom See, der Eintrittspreis beträgt ca. 9 EUR für 4 Stunden. In der **Naturhöhle** lässt es sich im warmen Wasser wunderbar thermalen. Das Bad wurde weitgehend neu gestaltet. Die Naturhöhlen wirken jetzt hell und freundlich. Man kann sich auf einem Rundweg durch das Höhlensystem tragen lassen, und der geplagte WOMO-Fahrer wird sich über die verschiedenen Massagedüsen freuen, die Nacken, Schultern und Rücken verwöhnen. Natürlich hat man auch an die Romantiker gedacht. In einer etwas dunkler gehaltenen Höhle lässt sich das schwef-

Eine „Seefahrt“ die ist lustig...

Außenbecken des Höhlenbades

lige Nass unter einem künstlichen Sternenhimmel genießen. Das scheint junge sowie auch ältere Pärchen zu animieren, Streicheleinheiten auszutauschen und ein bisschen näher zusammen zu rücken...

In einem etwas größeren Pool lassen sich auch ein paar Schwimmzüge unternehmen. Wer will, kann ebenso hinaus ins Freie ausweichen, wo zwei weitere Becken in eine Betonkonstruktion gebettet sind, die man am ehesten mit der Form einer Muschel vergleichen kann. Zudem wurde die Kapazität der Liegeflächen großzügig erweitert, in die noch ein Becken integriert wurde. Wahrscheinlich wollte man mit dieser Maßnahme einen Ausgleich für das oben erwähnte „eingeschlafene“ Freibad schaffen. Das Höhlenbad ist also durchaus geeignet, einen größeren Besucherstrom aufzunehmen.

MISKOLC-TAPOLCA lädt mit seinen Parks zu ausgedehnten Spaziergängen ein und reizt mit seinen Freizeiteinrichtungen zu längerem Verweilen. Leider gibt es nur einen einzigen (teuren) Campingplatz, dessen Zustand zu wünschen übrig lässt.

(067) WOMO-Campingplatz-Tipp: „Autós Camping“ in Miskolc-Tapolca

GPS: N 48° 03' 53.6" E 20° 43' 53.0" **Öffnungszeit:** 15.04.-15.10.

Ausstattung/Lage: Geschäft, Schatten, zum Höhlenbad 1,4 km / außerorts.

Zufahrt: Dem Straßenverlauf vom zuvor genannten Stellplatz noch 2,3 km folgen, beschildert.

Zwei Tage verbringen wir in TAPOLCA und lassen ein wenig die Seele baumeln. Schließlich siegt die Neugier über die Faulheit - es gibt ja noch so viel zu sehen. Vielleicht fließt auch etwas Zigeunerblut durch unsere Adern.

Die „Sommersonnen“ Ungarns

Zusatz: Im Gegensatz zu allen anderen beschriebenen Touren steht auf dieser Tour **keine öffentliche Toilette** bei den jeweiligen Übernachtungsplätzen zur Verfügung. In TOKAJ können sie den Inhalt Ihrer Bordtoilette in einem öffentlichen WC am Parkplatz nahe der Brücke (in Fahrtrichtung TARCAL) oder auf einem der Campingplätze entsorgen.

KARTE TOUR 6

Miskolc
Tapolca
66
67
Nyékládháza
Mezökövesd
68
WC
M3
Borsódivanka
69
Poroszló
Tiszafüred
72
Tiszanána
70
71
Abádszalók
73
74
Theiß
Polgár
Tiszavasvári
Hortobágy
Hortobágy-Pußta
75
WC
C
Neunbogen-brücke
76
Hajdúböszörmény
Balmazúj-város
Hajdúszoboszlo
77
M35
Hajdúhadház
Debrecen
81
82
83
Vamospércs
Nyiradony
Hoportyó
Nyirbátor
80
hölzerner Glockenturm
Nagykállo
Újfehértó
Nyiregyháza
Myrtelek
Freilicht-museum
Sóstófürdö
78
79
Levelek
Apagy
Mátészalka
RO
N
20 km

Tour 6 (420 km / 8-9 Tage)

Miskolc - Mezökövesd - Tiszafüred - Hortobágy - Hajdúszoboszló - Nyiregyhaza - Nyirbator - Debrecen

Freies Übernachten:	Mezokövesd, Poroszló, Abádszalók, Tiszafüred, Hortobagy, Sóstógyógyfürdö, Debrecen und Umgebung.
Campingplätze:	„Füzes“ in Abádszalók, „bei Dieter“ in Tiszafüred, „Thermalcamping“ in Hajdúszoboszló, „Sárkany Kemping“ bei Nyirbator, „Dorcas“ bei Debrecen.
Besichtigen:	Ökopark in Poroszló, Hortobágy Pußta, Freilichtmuseum in Sóstógyógyfürdö, Glockenturm in Nyirbator, Stadtkern von Debrecen.
Wandern:	Hortobágy Pußta.
Radfahren:	An der Theiß und in der Hortobágy Pußta.
Reiten:	Im Dorf Hortobágy, nahe Debrecen.
Baden:	In Mezokövesd, Tiszafüred, Hajdúszoboszló und Debrecen

Mit neuem Elan starten wir in den jungen Tag und fädeln uns bei MISKOLC in die **3/E71** ein. Es ist eine Hauptverbindung und daher viel befahren. Wir lassen uns in südlicher Richtung mit dem Verkehr treiben. Es ist Ende Juni geworden. Beiderseits der Straße locken Stände mit den ersten frischen Paprikaschoten, die, kunstvoll aufgeschichtet und in Farben sortiert, eine Augenweide sind. Gute Durstlöscher bei sommerlicher Hitze sind die Wassermelonen, die ebenfalls angepriesen werden. Die Früchte erreichen teilweise die Größe von Medizinbällen. Auf den Feldern recken schon vielfach die Sonnenblumen ihre gelben Köpfchen dem Licht entgegen. Jetzt beginnt wieder die Zeit der goldenen Meere in Ungarn. Nach 50 km ist MEZOKÖVESD erreicht. Wir bleiben noch etwa 2 km auf der Straße, um dann rechts in das **Thermalbad Zsórifürdö** abzuzweigen. Gleich gegenüber dem Heilbad (Eintritt für Erwachsene ca. 4 EUR, Kinder ca. 3 EUR) nimmt ein riesiger Parkplatz (tagsüber gebührenpflichtig, nachts frei) die Besucherströme auf. Heute scheinen sie aber - Gott sei Dank - ausgeblieben zu sein. Auf dem geschotterten sonnigen Areal stehen nur wenige Fahrzeuge. Bedauerlicherweise stören wir den Kassierer bei seiner Siesta. Er reagiert nicht ungehalten, sondern bittet freundlich um einen kleinen Obolus, um danach alsobald wieder in seinen Träumen zu versinken.
Seitlich des Platzes gibt es eine schattige Grünanlage mit ei-

nigen Bänken und ein von 08.00-18.00 Uhr geöffnetes WC. Praktisch ist das Lebensmittelgeschäft, welches am oberen Platzende Badegäste und Anwohner gleichermaßen versorgt. Um zu einem recht ordentlichen Speiselokal - dem „Gold Pánzio" - zu gelangen, benötigt man zwei oder drei Gehminuten. Mit 52 km, die schnell abgespult waren, haben wir unser Pensum für heute noch vor der Tagesmitte erfüllt, und es verbleibt reichlich Zeit, sich im warmen Wasser zu amüsieren.

(068) WOMO-Badeplatz: Mezokövesd

GPS: N 47° 47' 40.0" E 20° 31' 27.2" **max. WOMOs:** 8
Ausstattung/Lage: Wasserstellen, Toilette, Bänke, Mülleimer, Gaststätte / im Ort.
Zufahrt: Gegenüber dem Thermalbad.

Wir rollen zurück nach MEZOKÖVESD und berühren ein Wohngebiet. Die Straße führt rechts hinaus nach BORSÓDIVANKA. Es bläst ein kräftiger Wind, die Ähren der ausladenden Getreidefelder wogen hin und her. Zwei Weiher, bestanden mit Sumpfgräsern, tauchen auf, und ein schwarzbrauner Vogel mit mächtigen Schwingen setzt gerade zum Landeanflug an oder vielleicht auch, um Beute zu schlagen. Zumindest als Fahrer kann man sich den Naturbeobachtungen nicht allzu intensiv widmen, denn die Fahrbahn - reich garniert mit Löchern - erfordert erhöhte Aufmerksamkeit und einen Slalomkurs. In POROSZLÓ biegen wir rechts in die **33** ein, bleiben ein Stück auf ihr und zweigen anschließend links nach SARUD ab. Sie können uns jetzt auf einer Rundreise durch das **Theiß-Seen-Gebiet** bis TISZAFÜRED begleiten.

Ein Paradies für Tiere

Wollen Sie allerdings ohne Umwege nach TISZAFÜRED gelangen, biegen Sie in POROSZLÓ links ab. Sie werden dann auch das neue **Ökozentrum** mit seinem hohen Aussichtsturm entdecken. Zu bestaunen sind u.a. seltene Vertreter der Fisch- und Vogelwelt, im Kino erfährt man Wissenswertes über die Region. Zudem lässt sich auf Lehrpfaden die schöne Aussicht bewundern (Eintritt je nach Wunschprogramm 7 bis 11 EUR). Der angrenzende sonnige Parkplatz (gebührenpflichtig) taugt auch zum Übernachten.

(069) WOMO-Stellplatz: Poroszló Ökozentrum

GPS: N 47° 38' 45.5" E 20° 39' 36.8"
Max. WOMOs: 5
Ausstattung/Lage: Beleuchtung, Restaurant und Spielplatz im Ökozentrum / im Ort.
Zufahrt: Von der Hauptstraße rechts zum Aussichtsturm abbiegen.

Das folgende ca. 10 km kurze Streckenstück ist landschaftlich reizvoll. Eine Brücke führt über einen See, und der Blick schweift über silbrig glänzendes Wasser und Schilfhorste. Mittels einer weiteren Brücke überquert man anschließend die **Theiß** und landet kurz darauf in TISZAFÜRED.

Unsere Fahrt verläuft über die Ortschaften SARUD und TISZANÁNA nach KISKÖRE. Es ist kein spektakuläres Erlebnis, es ist schlicht nur nett. Die Dörfer sind einfach und sauber, dazwischen flaches Land, das ab und zu von einer Wasserader durchzogen wird. Bisweilen glitzert ein Tümpel in der Sonne, oder dunkles Altwasser schimmert matt im Graben. Auf unserer Landkarte dominiert die blaue Farbe in diesem Landstrich, doch die Aussicht auf größere Wasserflächen bleibt uns verwehrt. Vielleicht verläuft dafür die Straße einen Tick zu weit abseits.

Die Wasserwelten der Theiß

Nach KISKÖRE stoßen wir auf ein Kuriosum. Schienen- und Straßenverkehr teilen sich einspurig ein mehrere hundert Meter langes Brückenstück über die **Theiß**. Es ist das erste Mal, dass unser Wohnmobil wirklich wie auf Schienen fährt ...

Bei PUSZTATASKONY beschreibt die Straße einen Bogen, und wir ziehen hinauf nach ABÁDSZALÓK. In (nicht vor) der kleinen gefälligen Ortschaft folgen wir den Hinweisen zum **Strandbad**. Von der Hauptstraße geht es links ab, anschließend in gerader Linie 1 km hin zum Freibad, wo linker Hand der dazugehörende Parkplatz liegt. Er kann als Übernachtungsplatz genutzt werden (gebührenpflichtig, kaum Schatten, keinerlei Einrichtungen).

(070) WOMO-Badeplatz: Abádszalók

GPS: N 47° 28' 53.9" E 20° 35' 14.7"; Strand útca **max. WOMOs:** 4
Ausstattung/Lage: Strandbad / Ortsrand.
Zufahrt: Von der Hauptstraße den Hinweisen Strandbad folgen.

Vor diesem Parkplatz liegt ein schöner schattiger Campingplatz. Er bietet reichlich Raum und dürfte in diesem Fall die bessere Wahl darstellen.

(071) WOMO-Campingplatz-Tipp: „ Füzes" in Abádszalók

GPS: N 47° 28' 48.4" E 20° 35' 20.3"; Strand útca; **Öffnungszeit:** 01.05.-30.10.
Ausstattung/Lage: Geschäft, Imbiss und Restaurant nur in der Hauptsaison, Swimmingpool, zum Zentrum 300 m, Schatten / Ortsrand.
Zufahrt: Von der Hauptstraße den Hinweisen zum Strandbad folgen.

Für ca. 1,5 EUR verschafft man sich Zutritt zum **Strandbad** und damit zum **Theiß-See,** der hinter einem langen Damm liegt. Entlang dem Damm führt ein Fuß- und Radweg; man genießt von hier einen schönen Blick: Ausgedehnte Wiesenflächen laden zum Sonnenbaden ein, im See findet man Abkühlung. Eine große Wasserrutsche dürfte den Kindern Spaß bereiten, doch auch den Erwachsenen braucht es nicht langweilig zu werden. Neben Schwimmen und Surfen kann man Bootfahren oder mit dem Motorschlitten über das Wasser flitzen. Fehlt dazu die eigene Gerätschaft, so hilft ein Sportverleih aus.

Badefreuden an der Theiß

64 km Fahrtstrecke sind vom Übernachtungsplatz in MEZOKÖVESD bis hierher zu bewältigen, und ca. weitere 24 km fehlen noch bis TISZAFÜRED, wo wir abermals auf die **33** stoßen. Fährt man von dieser Kreuzung aus 1,5 km nach links, so findet man die Abzweigung zum Strand. Nach 700 m gabelt sich die Straße zu einem Rundkurs, an dessen Rand sich mehrere Übernachtungsmöglichkeiten ergeben. Die Plätze am Bootshafen sind nett, aber gebührenpflichtig und dabei teuer.

(072) WOMO-Badeplatz: Theiß Tiszafüred

GPS: N 47° 37' 28.3" E 20° 44' 02.9" **max. WOMOs:** 6
Ausstattung/Lage: Mülleimer, Gaststätten / außerorts.
Zufahrt: In der Ortschaft zum Strand abbiegen.

Obwohl hier an diesem Theißufer keine offizielle Badeanstalt vorhanden ist, ähnelt das Bild dem in ABÁDSZALÓK. Ein Damm (schöner Radweg entlang der Krone) soll dem See Einhalt gebieten. Auf den weiten Grünflächen wird es wohl nur selten zu drangvoller Enge kommen. Man kann vielerlei Wassersportarten nachgehen, aber auch wunderbar faulenzen oder sich in einem der vielen Restaurants oder Imbissständen den Bauch vollschlagen.

Das Wirtshaus an der Theiß...

TISZAFÜRED ist einer der bekanntesten Orte in dieser Theißregion, doch man sollte seine Erwartungen nicht zu hoch ansetzen. Für einen gemütlichen Spaziergang durch die Gassen oder einen kleinen Einkaufsbummel im Zentrum reicht es allemal. Neben den erwähnten **Bademöglichkeiten** kann man sich auch in einem kleinen, aber feinen **Thermalbad** vergnügen. Der schattige Parkplatz des Heilbades eignet sich als Übernachtungsplatz - zumindest für eine Nacht (gebührenpflichtig). Um dahin zu gelangen, fahren wir von der eingangs genannten Kreuzung ebenfalls links ab, bleiben für 1,7 km auf der Hauptstraße, um jetzt rechts abzuzweigen. Nach weiteren 400 m ist unser Ziel erreicht. Gegenüber dem Platz empfängt ein Restaurant seine Gäste. Die Bedienung ist freundlich und die servierten Speisen schmecken vorzüglich.

(073) WOMO-Badeplatz: Thermalbad Tiszafüred

GPS: N 47° 37' 33.3" E 20° 45' 03.6"; Fürdö útca **max. WOMOs:** 3
Ausstattung/Lage: Thermalbad, Gaststätte / im Ort.
Zufahrt: Beim Eingang 2 des Thermalbades am Ende der Straße.

Am Anfang dieser schmalen Straße befindet sich der große, stark frequentierte **Thermal-Campingplatz**. Außerdem gibt es in der gleichen Zeile noch weitere sog. **Campingplätze**. Es handelt sich dabei um zwei Gartengrundstücke, die deren Besitzer als Stellfläche bereit halten - sogar Sanitäreinrichtungen sind vorhanden! Das sind Alternativen, die bestimmt eine Überlegung wert sind.
Besonders gepflegt und empfehlenswert erscheint uns der Platz neben dem oben genannten Restaurant. Leider ist Dieter, der Betreiber, Ende des Jahres 2015 verstorben. Seine Frau, eine Ungarin, führt den Platz aber jetzt weiter!

(074) WOMO-Campingplatz-Tipp: „bei Dieter“ in Tiszafüred

GPS: N 47° 37' 32.7" E 20° 44' 59.4"; Fürdö útca
Öffnungszeit: 25.03.-31.10.
Ausstattung/Lage: Restaurant, Geschäft, zum Zentrum 0,5 km, kleiner Swimmingpool, Thermalbad nahebei, teils Schatten / im Ort.
Zufahrt: Gegenüber dem Thermalbad am Ende der Straße.

Die Pußta lockt! Wir verlassen TISZAFÜRED auf der **33** in Richtung Osten. Die letzten Häuser der Ortschaft sind verschwunden, und wir rollen durch die Weiten der **Großen Tiefebene**. Das Land ist flach wie eine Tischplatte, bis zum Horizont ist keine Erhebung zu sehen. Nach einigen Kilometern lässt uns ein Schild wissen, dass wir in dem **Hortobágy Nemzeti Park** einlaufen. 52.000 ha dieser riesigen Grassteppe stehen unter Naturschutz. Unerwarteterweise wechselt das Landschaftsbild. Links und rechts der Straße tauchen mit Schilf und Röhricht bestandene Wasserflächen auf. Moorige Gräben durchziehen den Steppenboden. Es ist ein Paradies für seltene Wasservögel, sie finden hier reichlich Nahrung und ungestörte Brutstätten. Störche stolzieren mit ihren dünnen Beinen im dunklen Wasser umher und picken sich mit langem Schnabel die Leckerbissen aus dem Schilf. Ein Silberreiher stößt aus dem blauen Himmel herab, vermutlich ebenso auf der Jagd nach Beute. Das Wort „Pußta“ bedeutet soviel wie öde, leer und bloß, und wir bringen es auch gerne mit Trockenheit in Verbindung. Das Bild der verdorrten Graslandschaft hat sich

eingeprägt, doch es gibt eben auch einen gewissen Anteil an Feuchtbiotopen mit reichhaltigem Tierleben.
Nach 35 km erreichen wir das Zentrum der **Pußta**. Um in das Dorf HORTOBÁGY zu gelangen, überqueren wir zunächst den

Bei der Neunbogenbrücke

Fluss, der sich genauso nennt. Das geschieht über eines der berühmtesten Bauwerke Ungarns - die schon obengenannte **Neunbogenbrücke**. Allerdings wird man, von dieser Richtung kommend, kaum Notiz von der bekannten Brücke nehmen. Ihre wahre Schönheit offenbart sie dem Betrachter erst danach, von der Seite besehen. Der Brückenkörper ist 92 m lang und ruht auf Betonpfeilern. Die berühmten neun Bogen haben jeweils einen Durchmesser von 8,5 m, und durch jede dieser Öffnungen kann man einen anderen Landschaftsausschnitt bewundern.
Auf der linken Seite, gleich nach der Brücke, werden in der **Großen Csárda** hungrigen Reisenden ungarische Gerichte aufgetischt. Das Gebäude besticht durch einen wunderschönen Laubengang. Ganz gleich, ob man sich drinnen oder draußen im schattigen Gastgarten bewirten lässt, eine stilvolle Untermalung durch Zigeunermusik ist Ihnen (fast) immer sicher.

Gegenüber der Großen Csárda im **Hirtenmuseum** sowie im neuen **Naturschutzmuseum** erfährt man für wenig Geld viel über das Leben der früheren Hirten. Ausgestellt sind

Hortobágy-Pußta: Die Große Csárda

Gebrauchsgegenstände, Schmuckstücke und Trachten, man gewinnt auch einen Eindruck von den Behausungen der Hirten und sieht, mit welchen Instrumenten sie einst ihre Kultur gepflegt haben (geöffnet von 09.30-18.00 Uhr).
Ca. 100 m rechts nach der Brücke ist die Einfahrt zu einem großen Parkplatz, der gebührenpflichtig ist, kaum Schatten bietet - aber einen idealen Ausgangspunkt für die Sehenswürdigkeiten darstellt. Abends wird es ruhiger, und einer ungestörten Übernachtung steht nichts im Wege. Im neuen Gebäude hinter der Großen Csárda befinden sich Dusche und Toilette (gebührenpflichtig).

(075) WOMO-Stellplatz: Hortobágy Neunbogenbrücke
GPS: N 47° 34' 53.5" E 21° 09' 03.0" **max. WOMOs:** 12
Ausstattung/Lage: Wasserstellen, Gaststätte, Toilette und Dusche in der Nähe, Mülleimer / Ortsrand.
Zufahrt: 100 m nach der Neunbogenbrücke im Kreisverkehr rechts.

Oberhalb des Parkplatzes gibt es auch einen **Campingplatz**. Die Lage ist praktisch und es wird renoviert - das ist auch dringend nötig! Etwas außerhalb des Dorfes gibt es einen weiteren **Campingplatz/Stellplatz** bei einen Hotel. Das kleine Gartengelände zeigt sich sehr gepflegt - empfehlenswert!

(076) Offizieller WOMO-Stellplatz/Minicamp: Ökotura
GPS: N 47° 34' 50.7" E 21° 10' 32.6" **Öffnungszeit:** Ganzjährig
Ausstattung/Lage: Toilette, Duschen, Strom, teils Schatten, Gaststätte, Fahrrad- und Fußweg (ca. 2 km) zum Dorfzentrum / Ortsrand.
Zufahrt: 1,4 km nach dem Ortsendeschild Hortobágy links abbiegen.

Das Herz der Pußta, das Dorf HORTOBÁGY, bietet noch mehr. In der **Rundscheune** kann man eine Ausstellung der hiesigen Flora und Fauna bestaunen, und in der **Hortobágyer Galerie** stellen Maler ihre Gemälde zum Thema Pußta aus. In der kleinen Siedlung versteht man es ausgezeichnet, sich touristisch zu vermarkten. Angeboten werden **Motorbootfahrten** auf dem Fluss Hortobágy, natürlich **Ausritte** sowie **Kutschfahrten**, (gestellte) **ungarische Hochzeiten** und auch **Rundflüge** mit kleinen Sportflugzeugen. Zweimal im Jahr ist gro-

Ungarische Hochzeit

ßes Spektakel angesagt. Am ersten Juli-Wochenende finden die **Internationalen Reitertage** statt, am 20. August der **Brückenmarkt**.

Einen **Ausflug in die Pußta** (ca. 1-2 Std.) sollte man sich zum Pflichtprogramm machen, denn es verspricht ein nicht alltägliches Erlebnis. Abfahrt ist beim zuvor genannten Reiterhof (10.00, 12.00, 14.00, 16.00 Uhr; 9,5 EUR für Erwachsene, Kinder 5,5 EUR). Da die Startpunkte wechseln können, empfiehlt es sich vorher Erkundigungen einzuziehen.

Wir besteigen die Kutsche und mit einem Ruck geht es los. Das Land ist zwar flach, das heißt aber nicht, dass es eben ist. Der ungefederte Wagen rüttelt und schüttelt uns mächtig durch. Der erste Halt ist bei einem Bauernhof. Neben übermütig herumspringenden Eseln dürfen wir hier Wollschweine bestaunen. Diese Tiere haben doch tatsächlich ein richtiges Fell, für uns ein seltsames Bild! Nach dem „Foto-shooting" trabt unser Gespann wieder los, weit hinaus in die Grassteppe der Pußta. Eine kleine Stallung taucht auf. Hunderte von Zackelschafen mit ihren eigenartig gedrehten Hörnern

dösen hier im Schatten. An einem Ziehbrunnen verkündet unser Kutscher eine kurze Pause. Er verteilt Plastikbecher, zaubert eine Flasche Barack pálinka heraus und füllt großzügig das edle Geschirr. Der „Pußtageist" mundet in dieser Umgebung vorzüglich (für Autofahrer fällt der „Pußtageist" flach - denken Sie daran).

Bandscheiben mordend geht es weiter. Wir besuchen eine weidende Herde von Graurindern, die sich das dürftige Futter mit einer Anzahl stattlicher Pferde teilen. Zwei Czikós bewachen die Tiere. Die Pferdehirten sind in ihre Tracht gekleidet und führen uns einige Dressurnummern vor. Sie veranlassen ihre Pferde sich hinzusetzen oder auch zu legen, um sich dann selbst auf die Rösser zu stellen und ihre Peitschen im Gleichklang knallen zu lassen. Es ist beeindruckend, und die Tiere zeigen keinerlei Angst. Das lässt auf ein ausgeprägtes Vertrauensverhältnis zwischen Ross und Reiter schließen.

Langsam holpern wir wieder los durch die flirrende Hitze der Pußta. Als letzte Sensation auf dieser „Reise" hatte man uns die Zusammenkunft mit einer waschechten Büffelherde versprochen. Eine Staubwolke am Horizont kündigt sie bereits an, und bald darauf begegnen wir den mächtigen Tieren. Sie wirken Respekt einflößend, sind aber absolut harmlos und fotografierende Touristen gewöhnt. Die Kutsche schaukelt zurück. Noch einmal passieren wir die Wollschweine und gelangen schließlich an unseren Ausgangspunkt zurück. 10 EUR

Sieht man nicht alle Tage: Zackelschafe

pro Nase kostet so eine Tour, der „Pußtageist" ist inklusive, und der Kutscher freut sich natürlich immer über eine kleine Zuwendung.

Es wäre irrational zu meinen, die Erlebnisse der Kutschfahrt spiegeln das natürliche Pußtaleben wider. Tatsache ist: den Touristen wird das gewünschte Klischee serviert. Einen Anlass zum Ärgern sollte man darin aber nicht sehen. Dank der Urlauberströme werden die alten Traditionen wach gehalten, die sonst vielleicht schon untergegangen wären. Vor ca. dreißig Jahren galten Graurind und Zackelschaf als fast ausgestorben, ebenso einige Rassen ungarischer Hirtenhunde. Intensive Zuchtbemühungen führten schließlich zum gewünschten Erfolg. Mittlerweile existieren wieder große Herden besagter Rinder und Schafe, die vorwiegend im Freien gehalten werden, und auch die vierbeinigen Wächter erlebten dadurch eine Renaissance. Es mag sein, dass die Biobewegung der vergangenen Jahre nicht unerheblich an dieser Entwicklung beteiligt war, aber die touristischen Belange dürften wohl hauptsächlich im Vordergrund gestanden haben.

Besonders intensiv erlebt man die Pußta, indem man sie erwandert. Vielleicht bedarf es dazu einer gehörigen Portion Verrücktheit, denn es ist bestimmt nicht jedermanns Sache (zumindest im Sommer), bei sengender Hitze über die weitgehend baumlose Steppe zu laufen. Es vermittelt aber ein besonderes Gefühl. Der Boden strahlt die gespeicherte Wärme wieder ab, der Wind ist heiß - fegt manchmal mit wahren Glutwellen über das Land. Die Luft flimmert und der Schweiß tropft unaufhörlich. Man spürt die Wärme durch und durch. In Gedanken versetzt man sich in die Lage der früheren Pferdehirten, empfindet ein wenig von der Härte des damaligen Lebens. Vor dem geistigen Auge ziehen riesige Viehherden donnernd und den Staub aufwirbelnd über die unendliche Ebene. Und irgendwie wird man selbst ein bisschen zum Czikós - zum Pferdehirten. Man fühlt die Freiheit und versteht den Drang, sie sich zu erhalten. Von welcher großen Bedeutung das für die Menschen war, spiegeln auch die Texte alter Lieder wider. Gerne würde man in die Runde der Schäfer und Hirten aufgenommen, abends am Lagerfeuer sitzen und den alten Weisen lauschen.

Wir wollen uns jetzt aber nicht in Träumereien verlieren, sondern auf den Boden der Tatsachen zurückkommen. Bevor Sie sich Ihren „kleinen Pußtatraum" erfüllen, sollten Sie unbedingt einigen Dingen Beachtung schenken. Markierte Wanderwege gibt es in der Regel nicht. Damit Ihre Exkursion nicht unfreiwillig länger dauert als gewünscht,

sollten Sie sich einige markante Punkte einprägen, die als Orientierungshilfe dienen. Tragen sie eine Kopfbedeckung als Sonnenschutz und cremen Sie freie Körperteile gründlich ein. Achten Sie dabei auf einen hohen Lichtschutzfaktor - man zieht sich schnell einen bösen Sonnenbrand zu! Das starke Schwitzen führt zu hohem Flüssigkeitsverlust. Es ist ratsam, ausreichend Getränke mitzunehmen, am besten Mineralwasser. Last but not least: Treffen Sie unterwegs auf Viehherden, so treten Sie ihnen mit Vorsicht entgegen. Das gilt im besonderen Maße, wenn kein Hirte dabei ist.
Unser Tipp: Folgen Sie den Spuren der Pferdekutschen, die die Touristen in die Pußta befördern. Dieser Weg führt bestimmt an einem Ziehbrunnen und Stallungen vorbei. So können Sie auf Ihrer Wanderung Graurinder und Zackelschafe bestaunen, vielleicht auch die berühmten Wollschweine oder gar eine Büffelherde. Aggressionen dieser lieben Tierchen können fast ausgeschlossen werden - sind sie doch fotografierende Urlauber gewohnt.
Die Benutzung dieser Route bietet noch einen weiteren Vorteil. Sollten Sie Ihre Leistungsfähigkeit überschätzt haben, so können Sie auf eine vorbeikommende Touristenkutsche hoffen. Mit etwas Glück sind noch Kapazitäten frei. Ist diese Voraussetzung erfüllt, dann wird sich der Kutscher einer Aufnahme der müden Wandersleute kaum verschließen. Einem ordentlichen Trinkgeld allerdings dürfte er sehr aufgeschlossen gegenüberstehen...

Wie man sagt, kann in der Pußta an manchen Tagen mit einer in Europa äußerst seltenen Erscheinung gerechnet werden - mit einer richtigen Fata Morgana. Diese Luftspiegelungen gaukeln dem Betrachter auf dem Kopf stehende Gehöfte oder Dörfer vor. Leider bleibt uns dieser Anblick verwehrt, aber vielleicht haben Sie ja mehr Glück.

Beim Kesselgulaschessen in der Kadarcsi Csárda

Weiter geht´s durch die **Pußta**. Ab und zu entdecken wir kleine Aussichtstürme an der Straße. Mit dem Fernglas bewaffnet, lassen sich von hier aus trefflich Flora und Fauna beobachten. Nach etwa 13 km (gerechnet vom Zentrum von HORTOBÁGY) stoßen wir auf die **Kadarcsi Csárda**. Zwei Ziehbrunnen grüßen zum Empfang. Die Küche des Hauses ist gut, zum Wochenende gibt´s meist Kesselgulasch im Freien - sofern das Wetter mitmacht.

Hajdúszoboszló: Frisch herausgeputzt

Wir rollen noch einige Kilometer durch die sonnenverbrannte braune Steppe, bis es rechts ab nach HAJDÚSZOBOSZLÓ geht. Die 13 km lange Straße ist frisch geteert, und der nebenan verlaufende Radweg zeigt sich gepflegt. Das „Mekka der Rheumakranken" wird diese Stadt gerne genannt, und dem Wasser des 25 ha großen **Thermalbades** (angrenzendes Spaßbad) werden besondere Heilkräfte zugesprochen. Für die malträtierte Bandscheibe nach der Kutschfahrt ist das jetzt genau das Richtige für uns. In dem weitläufigen Badegelände lädt ein Ruderteich zu Bootsfahrten ein, und eine der in Ungarn so beliebten Wasserrutschen sorgt für Kurzweil. Kranke und Erholungssuchende haben die Auswahl zwischen rund 20 Becken, die größtenteils mit Thermalwasser unterschiedlicher Temperaturen gefüllt sind. Zweitausend Sonnenstunden werden dem Ort jährlich bescheinigt, Geschäfte und Restaurants sind in ausreichender Anzahl vorhanden. Das Stadtbild, welches lange Zeit recht trostlos war, gewinnt zusehends durch

Blumen, Skulpturen und Renovierungen. Die Voraussetzungen für einen längeren Aufenthalt wären also geschaffen, brauchbare Stellplätze dafür gibt es aber nicht. Bleibt noch der Campingplatz. Er bietet den Vorteil eines eigenen direkten Zuganges zum Thermalbad (trotzdem ca. 300 m Fußmarsch), der normalerweise erhobene Eintrittspreis von rund 6 EUR ist schon in den Gebühren mit eingerechnet.

(077) WOMO-Campingplatz-Tipp: „Thermalcamping" in Hajdúszoboszló

GPS: N 47° 27' 23.5" E 21° 23' 43.4"; Szilfákalja útca **Öffnungszeit:** Ganzjährig
Ausstattung/Lage: Geschäft, Restaurant 500 m, zum Zentrum 1 km, Schatten / Ortsrand.
Zufahrt: Im Zentrum beschildert.

Wir fahren zurück, überqueren die **33** und gelangen zunächst nach BALMAZÚJVÁROS. Am Ortsanfang kündet ein Schild von einer Reitmöglichkeit, des weiteren gefällt die ländliche Siedlung mit zwei Kirchen und einer adretten Parkanlage. Auf dem Weg nach HAJDÚBÖSZÖRMÉNY begegnen uns annähernd so viele Pferdefuhrwerke wie Autos. Auch die vielen Radler zeigen uns, dass der Besitz eines Pkws hier nicht un-

Im Zentrum von Hajdúböszörmény

bedingt eine Selbstverständlichkeit ist. In der Kleinstadt orientieren wir uns Richtung Zentrum und finden problemlos einen Parkplatz. Wir sind erstaunt über die gepflegten Häuserfassaden, die schönen Baumalleen und den üppigen Sommerblumenschmuck.

Das **Hajdu-Museum**, dem wir einen Besuch abstatten wollen, ist schnell gefunden. Es scheint, als seien wir heute die ersten Kunden. Obwohl die Uhr schon fast Mittag anzeigt, sind die Räume und Schaukästen unbeleuchtet und der Kassenblock noch verwahrt. Flott hat der überaus freundliche und hilfsbereite Museumsdiener alles im Griff. Wir streifen durch die vielen Räume und werden gründlich über die Zeitgeschichte des Hajduckenlandes informiert. Die Exponate spiegeln das Leben des Volkstammes wieder, Erklärungen gibt es auch in deutscher Sprache (geöffnet ist die Einrichtung von 10.00-18.00 Uhr, geringer Eintritt).

Indem wir den Hinweisen Richtung HAJDÚHADHÁZ folgen, gelangen wir nach einigen Kilometern Fahrt durch dichtes Strauchwerk auf welliger Fahrbahn zur **Hauptverbindungsstraße 4**. Geradlinig und bestens ausgebaut führt sie nach NYIREGYHÁZA. Häufiger stehen am Straßenrand junge, attraktive Mädchen, die den Vorbeifahrenden ein verführerisches Lächeln schenken. Zunächst denken die Autoren dieser Zeilen in ihrer Naivität, es handele sich hierbei um Tramperinnen auf dem Weg in die große Stadt. Nach gründlicherem Hinsehen allerdings stellen wir fest, dass die tiefen Blicke einzig alleinreisenden Herren gelten, denen diese Damen ihre mannigfaltigen Dienste anbieten.

NYIREGYHÁZA gilt als eine der hässlichsten Städte Ungarns. Es ist ein Industriezentrum und der Sitz diverser Firmen. Empfangen werden wir von Unmengen Reklametafeln, die für irgendwelche Dinge werben. Das ist nicht eben ansprechend, aber die Stadtväter versuchen mit Blumenschmuck diese Trostlosigkeit etwas zu kompensieren. Auch die Bestrebungen, die Innenstadt zu sanieren, zeigen erste Erfolge. Wir nehmen den Moloch nicht näher in Augenschein, sondern verlassen die **4**, indem wir rechts nach SÓSTÓGYÓGYFÜRDÖ abbiegen. Es ist das **Erholungszentrum** der Stadt und liegt etwas außerhalb, eingebettet ins Grüne. Gleich bei der Einfahrt liegt rechts ein ansehnlicher **Zoo** mit vielen Parkmöglichkeiten. Fährt man vom Ortsschild am Ortsanfang ca. 300 m und zweigt dann rechts ab, so läuft man nach weiteren 100 m in einen gebührenpflichtigen Parkplatz ein, der gut als zentraler Übernachtungsplatz geeignet ist. Nur die Stichstraße trennt ihn von einem netten **Rudersee**, und es sind auch nur wenige Schritte hinüber in den gepflegten Kurpark mit seinen bunten Rosenbeeten und Spazierwegen. Ein kleines **Heilbad** und mehrere Restaurants erwarten ihre Gäste.

(078) WOMO-Stellplatz: Sóstógyógyfürdö See

GPS: N 48° 00' 13.1" E 21° 43' 30.6" **max. WOMOs:** 4

Ausstattung/Lage: Gaststätten, Heilbad, Mülleimer / Ortsrand.

Zufahrt: 300 m nach dem Ortschild rechts abbiegen, dann noch weitere 100 m.

Im Freilichtmuseum Sóstógyógyfürdö

Zu Fuß oder mit dem Fahrrad lässt sich das Gebiet erkunden. Man kann Mini-Golf spielen, beim Tennis schwitzen oder sich in einem Strandbad Abkühlung verschaffen. Von einem hölzernen Turm lässt sich nach dessen Besteigung die Gegend von oben betrachten. Eine weitere Attraktion ist zweifellos das **Freilichtmuseum**. Um dorthin zu gelangen, fährt man 500 m vom Ortsschild die Straße entlang und biegt hier links ab. An der Ecke befindet sich ein brauchbares Toilettenhäuschen. Nach weiteren 200 m steht man bereits auf dem zum Museum gehörigen Parkplatz, der eine zweite Übernachtungsmöglichkeit in diesem Ort darstellt. Eine Wasserstelle sprudelt beim Eingang der Freilichtanlage.

(079) WOMO-Stellplatz: Freilichtmuseum Sóstógyógyfürdö

GPS: N 48° 00' 23.5" E 21° 43' 14.0" **max. WOMOs:** 3

Ausstattung/Lage: Toilette und Wasser in der Nähe / außerorts.

Zufahrt: Den Schildern Freilichtmuseum folgen.

Der Gang durch das Museum gibt Aufschluss über die frühere Lebensweise der Ungarn. Häuser in den verschiedenen Stilrichtungen sind originalgetreu nachgebaut. Dabei wurde sehr auf die Details geachtet, auch die Inneneinrichtungen entsprechen der jeweiligen Zeit. Es fehlen weder Ziehbrunnen noch Backofen auf dem Hof, und in den Gemüsegärten wachsen tatsächlich Salat und Kraut hinter kunstvoll geflochtenen Zäunen. Natürlich gehört auch zu jedem anständigen Dorf eine

Kirche - sie bildet den Mittelpunkt der Siedlung. In einigen Wohnstätten gewinnt man einen Eindruck über die früheren Handwerkskünste. Blickt man allerdings in den Friseursalon mit all seinen abenteuerlichen Einrichtungen und Gerätschaften, so muss man die Damen längst vergangener Jahrhunderte als äußerst mutig einschätzen, wenn sie sich in die Obhut des Meisters begaben.

Das Museum ist täglich (außer montags) von 09.00-17.00 Uhr geöffnet, der Eintritt beträgt ca. 4 EUR.

Die Fahrtstrecke vom letzten Übernachtungsplatz in HORTOBÁGY bis hierher beträgt inklusive des Abstechers nach HAJDÚSZOBOSZLO ca. 112 km. Wer möchte, kann auch auf einen der drei **Campingplätze** in SÓSTÓGYÓGYFÜRDÖ zurückgreifen.

Auf unserem weiteren Weg über NAGYKÁLLO nach NYIRBATOR bewundern und bedauern wir die vielen Arbeiter auf den Feldern. Wie zu Großvaters Zeiten - nur mit einer Hacke „bewaffnet“ - erledigen sie die anfallenden Pflegearbeiten auf den riesigen Äckern. Unter der sengenden Sonne, noch dazu ohne technische Hilfsmittel, ist das bestimmt kein leichter Broterwerb. Auch der Bauer, der sein Feld noch mit dem vom Pferd gezogenen Pflug bearbeitet, ist kein seltener Anblick. Die Leute scheinen aber nicht verbittert mit ihrem Schicksal zu hadern - wenn wir ihr freundliches Lächeln und Nicken richtig deuten.

Glockenturm in Nyirbator

NYIRBATOR ist das Zentrum des **Birkenlandes** (Nyirség). Mittelpunkt der kleinen Stadt ist ein ovaler Kreisverkehr, dessen Inneres als Parkanlage gestaltet wurde. Außen herum liegen Geschäfte und Restaurants, die von der **Minoritenkirche** überragt werden. Sehenswert ist der Passionsaltar mit holzgeschnitzten Figuren, die den Leidensweg Christi darstellen. Berühmt ist die Ortschaft aber vor allem durch ihren **hölzernen Glockenturm**. Nachdem wir das Prachtstück nicht gleich entdecken, fragen wir in einer Amtsstube danach. Die Chefin erklärt uns nicht nur den Weg, sondern schickt uns auch noch eine junge Dame mit, die uns ein Stück begleitet. Dabei ist es gar nicht so schwierig! Man geht die einzige Einbahnstraße, die von dem oben genannten Kreisverkehr abzweigt, in entgegengesetzter Richtung bis an deren Ende und schließlich links.

Das Panoptikum von Nyirbator

Möchte man mit dem WOMO zum **Glockenturm** fahren, muss man sich (wegen der Einbahnstraße) einmal ums Karree bemühen. Weit ist es nicht und beim **Panoptikum** (geöffnet 10.00-18.00 Uhr, Eintritt 4 EUR) gibt es einen praktischen Parkplatz (**GPS**: N 47° 50' 16.8" E 22° 08' 12.3"), von dem es nur wenige Schritte zum Burghügel sind. Hier erhebt sich die **Georgskirche** mit meisterhaft gearbeiteten Spitzbogenfenstern. Das Gotteshaus ist eine spätgotische Schöpfung aus dem 15. Jahrhundert. Separat davon steht der mächtige,

mit Schnitzereien verzierte Glockenturm. Das hölzerne Gebilde wurde nachträglich, Ende des 16. Jahrhunderts, hinzugefügt. Bei unserem Besuch ist das Hauptportal zu dem Kirchengelände verschlossen, doch ein kleines Tor auf der Rückseite verschafft uns den gewünschten Zutritt.

Jetzt haben wir noch ein kleines Highlight für Sie! Seitlich des hölzernen Glockenturms beginnt ein wirklich wunderschöner Spazierweg, der bei einem Brunnen seinen Anfang nimmt und bis hin zur **Minoritenkirche** führt. Blumenrabatten, die in anspruchsvolle Steinarbeiten eingelassen sind, begleiten uns. Immer wieder überraschen **Kunstwerke**, die historische Ereignisse widerspiegeln, mit ihrer Brillanz und starker Eindruckskraft. Dargestellt werden wohl eine Hochzeit, eine Königskrönung sowie andere Dinge. Die Beschreibungen sind leider nur auf Ungarisch eingemeißelt - so las-

Nyirbator: Die Minoritenkirche

sen unsere Deutungen zu wünschen übrig. Bei einem kleinen, künstlich geschaffenen Teich lauert ein böser Drachen. Schräg gegenüber bricht ein weiteres solches Ungeheuer aus der Wand. Es macht richtig Laune hier entlang zu flanieren. Viel zu schnell erreichen wir die **Minoritenkirche** und damit das Ende dieses Wegleins. Aber auf dem Rückweg bekommen wir den ganzen Genuss ja noch einmal serviert. Nach rund 20 Minuten sind wir wieder am Ausgangspunkt zurück.
Einen hübschen Campingplatz hat das Städtchen auch zu bieten. Dieser liegt etwas außerhalb bei einem relativ neuen **Thermalbad**. Dazu fahren wir zunächst durch den Ort zurück bis zum ersten Kreisverkehr. Hier orientieren wir uns in Richtung Autobahn M3. Der Abzweig erfolgt schon bald nach dem Teich mit dem vorgelagerten Rasenstreifen.

(080) WOMO-Campingplatz-Tipp:
„Sárkány Kemping“ nahe Nyirbator

GPS: N 47° 50' 56.1" E 22° 06' 34.3" **Öffnungszeit:** Ganzjährig
Ausstattung/Lage: Thermalbad 200 m, kleine Bar, reichlich Schatten, zum Zentrum von Nyirbator ca. 2,5 km / außerorts.
Zufahrt: Richtung Autobahn M3 orientieren, vom Ortschild am Ortsende ca. 500 m fahren, hier links abbiegen, dann noch 700 m (beschildert).

Der Eintritt ins Thermalbad ist im Preis inbegriffen.
Die **471** führt durch das NYIRSÉG nach DEBRECEN. Entwicklung und Fortschritt sind in diesem Landstrich bei weitem nicht so ausgeprägt wie im restlichen Ungarn. Viele Dörfer

haben sich ihren ursprünglichen Charakter bewahrt. Alte Bauernhäuser, Kirchen mit hölzernen Glockenstühlen und Friedhöfe mit kunstvoll verzierten Grabkreuzen scheinen im Dornröschenschlaf zu liegen. Auf so manchem Hof erfüllt ein Ziehbrunnen nur den einen uralten Zweck - den des Wasserschöpfens. Auch gehen Töpfer, Schmiede und Böttcher nicht zu touristischen Zwecken ihrem Handwerk nach, sie stellen ihre Produkte noch für den Bedarf des täglichen Lebens her. Es ist doch erstaunlich, dass diese ländliche Idylle trotz des Einflusses der nahen Großstadt so erhalten geblieben ist.

Der Verkehr wird lebhafter, die ersten Ampeln tauchen auf. Firmengebäude und Wohnhäuser kündigen die zweitgrößte Stadt Ungarns an: DEBRECEN. Im Feierabendgewusel lassen wir uns mit der Blechlawine in die Innenstadt treiben. Wir orientieren uns in Richtung NYIREGYHÁZA (Straße 4), bis wir die ersten Hinweise zum Sportzentrum und zum Thermalcampingplatz sehen. Letzterer dürfte allerdings endgültig geschlossen sein. Wir biegen links ab, rollen bald am Sportzentrum/Stadion vorbei und erreichen nach ca. 900 m ein kleines Erholungszentrum mit **Thermalbad** (Eintritt ca. 5 EUR, geöffnet von 09.00-19.00 Uhr), **Zoo**, und einem **Ruderteich**. Für diese Einrichtungen stehen natürlich auch (teilweise schattige) Parkplätze zur Verfügung. Angenehm und etwas abseits steht man im Bereich hinter dem Gewässer (122 Tageskilometer).

Im Erholungszentrum von Debrecen

(081) WOMO-Badeplatz: Debrecen

GPS: N 47° 33' 13.0" E 21° 37' 51.9" **max. WOMOs:** 4
Ausstattung/Lage: Restaurant, Thermalbad, Wasserstelle nahebei / im Ort.
Zufahrt: Vom Sportzentrum/Stadion noch ca. 900 m bis zum Thermalbad fahren.

Vor dem Ruderteich gibt es einen gut anfahrbaren, blauen Wasserspender.

Unser Domizil liegt günstig für eine Stadtbesichtigung. Man benötigt keine fünf Minuten bis zur Straßenbahnhaltestelle. Quietschend und schlingernd bringt die **Linie 1** ihre Fahrgäste zur Innenstadt. Die Abfahrten erfolgen in kurzen Abständen. Am **Kálvin tér** steigen wir aus, die **Reformierte Großkirche** vor Augen. Es ist das Wahrzeichen des „kalvinistischen Rom“, wie die Stadt gern genannt wird. Bisher wurden wir bereits zweimal in Ungarn für das Betreten eines Gotteshauses zur Kasse gebeten. Hier geschieht es zum dritten Male. Der Obolus ist zwar gering, aber es ist nach wie vor etwas befremdend. Der äußere Prunk setzt sich im Inneren nicht fort. Die Ausstattung ist schmucklos und schlicht, man könnte sie fast als karg bezeichnen. Will man übrigens einen der beiden Kirchtürme besteigen, so darf man den Geldbeutel erneut zücken. Auf der Rückseite der Kirche schließt eine kleine Parkanlage an, danach erhebt sich mit prachtvoll renovierter Fassade das **Reformierte Kollegium**. Es beherbergt ein Museum mit Goldschmiedearbeiten, alten Möbeln und kunstvollen Stickereien sowie eine denkmalgeschützte Bibliothek. Wir schlendern zum **Kálvin tér** zurück. Auf dem mit reichhaltigem Blumenschmuck bedachten Platz steht eine Orientierungstafel für den interessierten Touristen bereit. Mit deren Hilfe lassen sich leicht die wichtigsten Sehenswürdigkeiten finden. Spaziert man ein Stück die Straße entlang, so gelangt man zum klassizistischen **Rathaus**, einem mächtigen beeindruckenden Gebäude. Schräg gegenüber steht die **Reformierte Kleinkirche**. Ein Stück des Weges weiter erhebt sich in einer links abzweigenden Seitenstraße die **Annenkirche**. Mehr zufällig als gewollt finden wir in der **Kossuth utca** das **Csokonai-Theater**. Nostalgische Gefühle werden wach. Es ist im romantischen maurischen Stil erbaut, und wir dürfen einen Blick hineinwerfen. Zwar sehen wir keine sich in Pose werfenden Schauspieler, aber einen kleinen Traum aus edlem Marmor und schwerem rotem Samt. DEBRECEN ist eine Großstadt, doch abgesehen von den prachtvollen Gebäuden und den ratternden Straßenbahnen ist das Flair eher ländlich. So manchem Blick in eine Seitenstraße offenbart sich ein eher bäuerliches Anwesen, denn eine urbane Häuserzeile. In einem Cafe in der Fußgängerzone gönnen wir uns eine Erfrischung und beobachten die vorbei flanierenden Leute. Es sind auffallend viele junge Men-

Ländliches Debrecen

schen, aber schon seit dem Mittelalter gilt das „kalvinistische Rom“ als Studentenstadt.

Nur wenige Kilometer außerhalb von DEBRECEN dehnt sich ein großes Waldgebiet aus. Bei einem Teich entdecken wir einen lauschigen Stellplatz im Grünen.

Picknick am Vekeri Tó

(082) WOMO-Picknickplatz: Vekeri Tó

GPS: N 47° 27' 10.6" E 21° 41' 06.9" **max. WOMOs:** 4

Ausstattung/Lage: Imbiss mit WC, Tische, Bänke, Mülleimer / außerorts.

Zufahrt: Debrecen auf der 47 verlassen, danach links nach Biharkeresztes abbiegen, noch 5,3 km.

Fährt man noch ca. 700 m weiter, gelangt man zu einem schön gelegenen Campingplatz (Busverbindung nach Debrecen).

(083) WOMO-Campingplatz-Tipp: „Dorcas“ bei Debrecen

GPS: N 47° 26' 56.4" E 21° 41' 23.4" **Öffnungszeit:** 15.05.-30.09.

Ausstattung/Lage: Restaurant, Geschäft, reichlich Schatten, 2 Reiterhöfe in der Nähe, zum Zentrum ca. 8 km / außerorts.

Zufahrt: Debrecen auf der 47 verlassen, danach links nach Biharkeresztes abbiegen, noch ca. 6 km.

KARTE TOUR 7

30 km
Budapest
Jászberény
Jászalsószentgyögy
Cegled
M5
Szolnok
Theiß
Törökszentmiklós
Kisújszallás
Karcag
Debrecen
81
WC
82
83
Mikepércs
Derecske
Pocsaj
Berettyóúfalu
Furta
Oradea
RO
Turkeve
Mezötúr
Komádi
Körös
WC
84
Vésztö
Okány
Kecskemét
90
89
Cserkeszölö
Arboretum
88
Szarvas
Mezöberény
Kondoros
Békéscsaba
Doboz
Sarkad
85
86
Gyula
87
WC
N
Jakabszállás
Bugac-Pußta
Bugac
91
WC
M5

Tour 7 (345 km / 5-6 Tage)

Debrecen - Berettyóújfalu - Vésztö - Gyula - Szarvas - Cserkeszölö - Kecskemét - Bugac-Pußta

Freies Übernachten:	Vésztö, Gyula und Gehöftmuseum Gyula, Szarvas, Kecskemét und in der Bugac-Pußta.
Campingplätze:	„Thermal Camping“ in Gyula, „Mark Camping“ in Gyula, „Thermal Camping“ in Cserkeszölö.
Besichtigungen:	Ausgrabungsstätte in Vésztö, Burg von Gyula, Stadtkern von Kecskemét und die Bugac-Pußta.
Reiten:	Reiterhof beim Gehöftmuseum nahe Gyula und natürlich in der Bugac-Pußta.
Baden:	In Gyula, Cserkeszölö und Kecskemét.

Neue Erlebnisse warten auf uns! Der erste Abschnitt dieser Tour verläuft parallel zur rumänischen Grenze und ist touristisch kaum erschlossen. Zumindest die uns bekannten Bücher und Prospekte ignorieren diesen Landstrich fast gänzlich, und wir stellen uns ein wenig auf Langeweile ein. Doch schon bald werden wir angenehm enttäuscht. Auf der **47** gelangen wir zunächst nach MIKEPÉRCS, einer kleinen Siedlung mit einer hübschen Kirche, die mit einem hölzernen Glockenturm beeindruckt. Die Lichtmasten entlang der Straße sind fast allesamt mit Storchennestern bebaut. Die meisten davon sind auch bewohnt, und es steht ein Adebar darauf. Nach der Ortschaft folgen ausgedehnte Getreide- und Maisfelder. Ein Sonnenblumenfeld bringt Farbe ins Bild, tausende goldener Köpfe wiegen sich im Wind. In DERECSKE überraschen uns die auffallend vielen Blumenbeete, die blitzsauberen Häuser werden von zwei Kirchen überragt. Bei einem Zwischenstopp nutzen wir die Gelegenheit, um ein paar Einkäufe zu tätigen - die netten Geschäfte laden dazu regelrecht ein. Dann geht es wieder hinaus in die Steppe. Einzelne Gehöfte tauchen auf, ab und zu durchzieht ein verschilfter Wassergraben das verbrannte Gras oder ein sumpfiger Weiher

Mikepércs, Gotteshaus

glänzt im Sonnenlicht. In BERETTYÓÚJFALU füllt ein Tankwart mit weißem Hemd und Krawatte unser Dieselross auf, und wir sind wieder gewappnet für die Weiten des **Alfölds** (Große Tiefebene).

In FURTA verlassen wir die **47** und biegen links ab in Richtung KOMÁDI. Wir erleben eine braungebrannte Pußtalandschaft, die noch ursprünglich ist. Von Vermarktung keine Spur, da nimmt man gerne in Kauf, dass die bisweilen grasenden Kuhherden keine Graurinder sind, sondern nur aus ganz „normalen" Rindviechern bestehen. Zweimal trippeln Rebhühner über die Straße und verschwinden wieder in den Büschen. Die Fahrt führt über idyllische Dörfer, deren Straßengräben mit rot- und grünlaubigen Bäumen bestanden sind. Bei einem „Fotoshooting" an einem malerischen Dorfteich schrecken wir hunderte von braunen Fröschen auf. Die Tierchen suchen eilends ihr Heil in der Flucht. Jetzt wissen wir auch, warum es in dieser Gegend so viele glückliche Störche gibt.

An einer Kreuzung biegen wir rechts ab, um über ORKÁNY nach VÉSZTÖ zu gelangen. Wir orientieren uns zunächst in Richtung Zentrum, fahren aber nur bis zum Hinweisschild „**Müemlék**", dem wir folgen. Nach weiteren 4,2 km ist links die Einfahrt in ein kleines Naturschutzgebiet. Vorbei an einer urigen Stallung mit einem Ziehbrunnen laufen wir nach etwa 100 m auf einem vorwiegend schattigen Parkplatz ein. Eine gepflegte Wiese mit Feuerstelle lädt zum Faulenzen ein. Sollten Sie am Abend, wie uns ein Leser berichtete, des Parkplatzes verwiesen werden, so können Sie auf das Wiesenfleckchen beim Ziehbrunnen ausweichen. Das sind nur wenige Meter, und dann stehen Sie vor der Parkplatzschranke.

Der Picknickplatz von Vésztö

(084) WOMO-Picknickplatz: Vésztö

GPS: N 46° 56' 22.7" E 21° 12' 51.9" **max. WOMOs:** 4

Ausstattung/Lage: Tische, Bänke, Wasser, Toilette, Mülleimer, Kiosk / außerorts.

Zufahrt: In Vésztö nach der Kirche rechts, nach 4,2 km links, dann noch 100 m.

Wenden wir uns der Kultur zu - man kommt hier auf seine Kosten. Ein schnurgerader Betonweg führt vom Parkplatz zu einem **Museum**. Das in einen Hügel hineingebaute Gewölbe zeigt die Gegenstände der **Ausgrabungen**, die hier stattgefunden haben. In einem weiteren Hügel lässt sich eine Origi-

nal-Ausgrabungsstätte bestaunen. Sehr gut erkennt man dabei, wie vorsichtig Schicht um Schicht abgetragen wurde, um eventuelle Fundstücke möglichst wohlbehalten zu Tage zu fördern. Oberhalb der Hügel befinden sich die Ziegel-Grundmauern eines Klosters oder einer Burg. Es sind nur unsere Vermutungen, eine definitive Aussage können wir nicht machen, denn die Beschreibungen sind ausschließlich auf Ungarisch. Von den Bediensteten etwas zu erfahren, vereitelt die Sprachbarriere. Touristen verirren sich wohl nur selten an diesen Ort. Beim Durchblättern des Gästebuches stoßen wir auf einen einzigen deutschen Namen.
Der Rand eines angrenzenden Feldes ist halbkreisförmig mit auf Steinsockeln ruhenden Büsten versehen. Wahrscheinlich ehrt man an dieser Stelle wackere Helden der ungarischen Geschichte.
Parkgebühr und Museumsbesuch schlagen mit ca. 7 EUR zu Buche, die Tagesetappe beträgt 105 km.
Wir rollen zurück nach VÉSZTŐ und folgen den Hinweisen nach DOBOZ. Waren die Straßenverhältnisse bis hierher größtenteils in Ordnung, so werden wir auf dem kommenden Teilstück doch recht durchgerüttelt. Ein wenig Trost spenden dabei einige schöne, lange Baumalleen.
Nach DOBOZ überqueren wir die **Körös**. Gleich links nach der Brücke führt ein Weg ans Ufer. Es ist ein angenehmer Platz für eine Rast und vielleicht auch zum Angeln. Wir fahren weiter unterhalb des Dammes entlang in Richtung GYULA. Das erste, das wir von der Stadt sehen, sind viele Gewächshäuser. Der Gemüseanbau wird hier groß geschrieben. Vom

Kreisverkehr orientieren wir uns zum Zentrum und fahren noch ca. 1 km bis zur Abzweigung in eine Einbahnstraße (Hinweisschild Erkel Hotel und Thermal-Camping). Am Rand dieses Sträßchens lässt es sich gut parken (gebührenpflichtig). Zur Linken erhebt sich trutzig die **Burg** von GYULA, die in ihrer Ziegelbauweise einzigartig in Europa ist, und auf der rechten Seite empfängt ein schmuckes **Thermalbad** seine Gäste (35 Tageskilometer).

Die Ziegelburg zu Gyula

Das Städtchen bietet seinen Besuchern zwei Campingplätze. Der „Thermal Camping" liegt am Ortsrand, verfügt noch über „Ostcharme", bietet aber reichlich Platz. Viel zentraler, direkt unterhalb der Burg, befindet sich der „Camping Mark". Die wenigen Plätze des hübschen Gartengrundstückes können allerdings schnell belegt sein.

(085) WOMO-Campingplatz-Tipp: „Thermal Camping" in Gyula

GPS: N 46° 38' 43.7" E 21° 17' 54.9" **Öffnungszeit:** Ganzjährig

Ausstattung/Lage: Geschäft, Imbiss, Restaurant, Thermalbad nahebei, zum Zentrum 2 km, teilweise schattig / Ortsrand.

Zufahrt: Im Ort beschildert.

(086) WOMO-Campingplatz-Tipp: „Mark Camping" in Gyula

GPS: N 46° 38' 49.7" E 21° 17' 08.0" **Öffnungszeit:** Ganzjährig

Ausstattung/Lage: Gaststätten, Geschäfte, Burg und Thermalbad nahebei, teils Schatten, zum Zentrum ca. 700 m / im Ort.

Zufahrt: Im Ort beschildert, nahe der Burg.

GYULA ist eine kleine Stadt, aber bietet viel. Die monumentale **Burg** mit ihren 3 m dicken Mauern und Schießscharten ist zu besichtigen, vom Turm aus genießt man einen schönen Rundumblick über das Städtchen. Der Eintritt von ca. 5,5 EUR (Kinder 2,5 EUR) schließt einen Besuch des **Burgmuseums** mit ein (geöffnet täglich von 09.00-17.00 Uhr). Will man fotografieren, legt man nochmals 1,5 EUR drauf!
Im Inneren des Ziegelkolosses werden im Rahmen der **Festspiele** ungarische Dramen aufgeführt. Auf der Freilichtbühne, die in den See vor der Burg hineingebaut ist, gibt es bisweilen musikalische Darbietungen. Das kleine Gewässer dient auch einer der Lieblingsbeschäftigungen der Ungarn, dem Bootfahren. In der schattigen, mit bunten Blumenbeeten versehenen Parkanlage, die an die Burg anschließt, kann man prächtig spazierengehen.
Für ca. 7 EUR Eintritt darf man den ganzen Tag im **Thermalbad** relaxen. Das Heilbad ist von 09.00-19.00 Uhr täglich geöffnet, ab 16.00 Uhr wird der Preis reduziert. Den Besucher erwarten viele Becken mit unterschiedlichen Temperaturen. Der Pflegezustand der Anlage ist top. Unserer Meinung nach ist sie eine der besten des Landes.
Die freundliche Innenstadt mit vielen restaurierten Häusern, wunderschönen Brunnen, Straßencafés und Geschäften vermittelt eine lebhafte Atmosphäre, doch es finden sich auch stille Ecken. Am Ufer des träge dahin fließenden Flüsschens

Begehbarer Brunnen in Gyula

lassen Weiden ihre Zweige bis hinein ins Wasser hängen, und die Blätter spiegeln sich in der vom Sonnenlicht glitzernden Oberfläche. Die Szenerie atmet etwas Besinnliches, Melancholisches.

Ferenc Erkel, Komponist und Sohn dieser Stadt, hat der ungarischen Nationalhymne die Melodie gegeben. Am **Erkel tér** wurde ihm ein Denkmal gesetzt und an eben diesem Erkel tér (Erkel-Platz) steht auch die frisch renovierte „**Hundertjährige Konditorei**", die 1840 gegründet wurde. Der Besuch dieser Konditorei ist ein unbedingtes Muss. Von außen wirkt dieses Gebäude unscheinbar, doch die Salons im Inneren sind im feinsten Biedermeierstil gehalten. Gehen sie hinein, lassen Sie sich auf einem der Biedermeiersofas oder -stühle nieder (Achtung, Sie sinken tief!) und genießen Sie eins der leckeren Torten- oder Kuchenstükke des Hauses in einem Ambiente, das wirklich nicht alltäglich ist. In einem Nebenraum des Cafés ist ein winziges **Backstubenmuseum** untergebracht, die Exponate zeugen von der Kunst des Konditoreiwesens vergangener Zeiten. Übrigens - Sie haben es sicherlich bereits bemerkt und nachgerechnet - die „Hundertjährige Konditorei" zählt mittlerweile schon fast 180 Jahre.

Die „Hundertjährige Konditorei"

Etwa 13,5 km (von der Ziegelburg aus) sind es in Fahrtrichtung KÉTEGYHAZA bis zu einem **Reiterhof** mit einem **Gehöftmuseum**. Eigentlich sollte es nur eine Stippvisite sein, doch das Gebotene gefällt uns so gut, dass wir einen Tag bleiben. Der Reiterhof liegt 3 km abseits der Verbindungsstraße inmitten einer schönen Pußtalandschaft. Neben Reiten und Tennisspielen kann man auch Kutschfahrten unternehmen oder auch nur am Picknickplatz am offenen Feuer sitzen. Eine Csárda sorgt mit einfachen Gerichten für das leibliche Wohl. Ein Schild informiert eilige Touristen, dass es aber schon einer halben Stunde bedarf, bis das Gulasch auf dem Tisch steht. Das vermeintlich kleine Museum erstreckt sich verwinkelt über mehrere Räume, und wir sind erstaunt, wie umfangreich es eigentlich ist. Es zeigt Gegenstände und Geräte des bäuerlichen Lebens ebenso wie eine Sammlung alter Kutschen (geringer Eintritt).

Vor der Csárda erstreckt sich ein großer Stellplatz, nur durch einen Zaun von den Weiten der Pußta abgegrenzt. Schatten darf man jedoch nur wenig erwarten, dafür gibt es aber ein Sanitärhäuschen, das auch mit einer Dusche aufwarten kann. Der Obolus für eine Nacht beträgt ca. 12 EUR.

(087) Offizieller WOMO-Stellplatz: Gehöftmuseum

GPS: N46°35'16.6"E21°10'52.4" **max. WOMOs:** 12

Ausstattung/Lage: Feuerstelle, Wasser, Toilette, Dusche, Gaststätte, Reiterhof / außerorts.

Zufahrt: An der Straße Gyula/Kétegyhaza beschildert.

Steht man nahe genug an der Csárda, bzw. ist im Besitz eines langen Kabels, so kann man am Gebäude Strom abzapfen.
Nach einem angenehmen Aufenthalt geht es wieder auf Tour. Ab GYULA benutzen wir die **44**, die uns letztendlich nach KECSKEMÉT führen wird. Auf der breiten, gut ausgebauten Straße kommen wir schnell voran. Zweispurig und dadurch zügig durchzieht die **44** BÉKÉSCSABA, eine recht nette Stadt, die aber kaum Sehenswertes bietet. Das Landschaftsbild bis Szarvas ist geprägt von endlosen Feldern, einzelnen Bauernhöfen und winzigen Dörfern. SZARVAS selbst gibt sich aber sehr ländlich. Das Zentrum ist aufgelockert durch Gärten und Parkanlagen und als solches eigentlich nicht zu erkennen. Wir fragen eine Frau nach dem Weg in die Innenstadt, und sie erklärt uns lachend, wir ständen schon mitten drin.
Am westlichen Ortsrand führt eine Brücke über die **Körös**. Rechts am Flussufer erhebt sich ein prunkvolles **Schlösschen**. Auf der linken Seite, gleich hinter der Brücke, liegt eine schön ins Grüne eingebettete Halászcsárda (Fischrestaurant). Wir lassen uns einen Karpfen schmecken und genießen dabei den Blick über den Fluss. Das Ufer ist mit Schilf bewachsen, und Bäume mit unten stark verdickten Stämmen stehen im Wasser. Von deren Ästen hängen Rankgewächse bis zur Wasseroberfläche herab. Am trockenen Teil des Flussufers überzieht ein grüner Teppich den Waldboden. Es ist ein für Ungarn unwirkliches Bild und sorgt für eine Stimmung von fast exotischem Reiz. Bei einem Verdauungsspaziergang nach dem Essen erkunden wir das angrenzende Waldgebiet näher. Schattige Fahrradwege laden

Romantische Wasserwelt

auch zu Exkursionen mit dem Drahtesel ein. Zweifellos ließe sich dadurch unser Aktionsradius vergrößern, doch der volle Bauch spricht dagegen.
600 m nach der Brücke zweigt rechts eine Straße zu einem **Arboretum** ab.

(088) WOMO-Stellplatz: Arboretum Szarvas
GPS: N 46° 52' 26.5" E 20° 31' 40.1" **max. WOMOs:** 4
Ausstattung/Lage: Restaurant ca. 250 m / außerorts.
Zufahrt: 600 m nach der Brücke rechts abzweigen, noch 1 km.

Die Bürger der Stadt verdanken diese parkähnliche Anlage ihrem (längst verblichenen) Grafen, der auf diesem Gelände seltene Nadelbäume pflanzen ließ. Neben Zypressen, Eiben und Wacholder sollen ebenso 138 verschiedene Kiefernarten gesetzt worden sein. Das Arboretum ist auf einer Seite durch die Körös begrenzt, man erhält da einen schönen Blick auf das jenseitige Ufer. Hier stehen schmucke Häuschen, fast ein jedes ist mit einem Steg ins Wasser versehen. Wer des Laufens müde ist, kann sich in einem der hölzernen Gartenhäuser ausruhen oder sich zum Picknick auf einer Wiese niederlassen. Rauchen allerdings ist in dem gesamten Areal verpönt. Erschrecken Sie bitte nicht, falls plötzlich aus dem Dickicht ein stolzer Pfau mit langem elegantem Federkleid auf sie zukommt, das Tierchen hat das „Hausrecht" und genießt überall volle Bewegungsfreiheit.
Neben den erwähnten positiven Dingen möchten wir aber auch Kritik anbringen. Der Pflegezustand vieler Bäume ist schlecht, und so manch einer steht nur noch als kahles Gerippe in der Landschaft - und das nicht erst seit gestern. Der Borkenkäfer wird sich freuen. Falls sich also die Bewohner des Städtchens das Erbe ihres Adeligen langfristig erhalten wollen, sollten sie schon mal in die Hände spucken und an die Arbeit gehen. Ein bisschen von dem zwar niedrigen, aber dennoch erhobenen Eintrittsgeld dürfte doch dafür übrig bleiben.
Der weitere Streckenabschnitt präsentiert sich zunächst wie gewohnt: Felder, bäuerliche Anwesen und bisweilen sumpfige Tümpel, in denen Störche waten. In CSERKESZÖLÓ wirbt ein gediegenes **Thermalbad** um Gäste. In gepflegte Wiesenflächen sind mehrere Becken mit unterschiedlichen Wassertemperaturen eingebettet und teils durch Brücken verbunden. Auf Blumenschmuck scheint man viel Wert zu legen. Neben den üblichen Sommerblumen gedeihen hier viele exotische Gewächse. Natürlich gibt es auch ausreichend Kioske und Imbissbuden - hungern und dursten muss man also nicht. Einziges Manko des Bades: Der Innenbereich ist nach unserem Befinden etwas zu klein geraten.

Der angrenzende Campingplatz bietet einen direkten Zugang, der Badeintritt ist in den Campinggebühren enthalten (reichlich 100 Tageskilometer).

(089) WOMO-Campingplatz-Tipp: „Thermalcamping" in Cserkeszölö

GPS: N 46° 51' 51.6" E 20° 12' 08.1" **Öffnungszeit:** Ganzjährig
Ausstattung/Lage: Restaurants, Kioske und Geschäfte in der Nähe, teilweise Schatten / im Ort.
Zufahrt: Im Ort beschildert.

Wir nähern uns dem Theiß-Überschwemmungsgebiet, einer fruchtbaren Gegend. Feuchtwiesen und Sumpfgräben mehren sich. Gräser und Büsche leuchten intensiv grün. Obwohl die letzte Überschwemmung schon etliche Wochen zurückliegt, stehen die Äcker nach wie vor unter Wasser, und so mancher Baum beklagt nasse Füße.
Eine Brücke, die sich Bahn- und Straßenverkehr teilen müssen, überquert die **Theiß**. Allmählich weichen die Feuchtbiotope wieder trockeneren Regionen. Auf den sandigen Böden gedeihen prächtige Weinstöcke und vielerlei Obstbäume. Aus halboffenen Gewächshäusern heraus glänzen leuchtend rote Tomaten.
Es folgt noch ein Streckenabschnitt, der keine Sensationen birgt. Allmählich nimmt der Verkehr zu und wir erreichen die Peripherie von KECSKEMÉT. Wir lassen uns hinein ins Zen-

Im Herzen von Kecskemét

trum spülen, bangend, einen günstigen Parkplatz zu finden. Doch wir werden angenehm überrascht. Es sind deren reichlich vorhanden (natürlich gebührenpflichtig), teilweise liegen sie absolut zentral, ohne allerdings das altehrwürdige Stadtbild zu stören. Kompliment an die Stadtväter!
Die Hauptsehenswürdigkeiten liegen auf mehreren, ineinander übergehenden Plätzen, die mit buntem Blumenschmuck und verschiedenen Skulpturen verziert sind. Die „Stadt des Sultans", wie KECSKEMÉT gern genannt wird, meint es gut mit Touristen - lange Wege bleiben Ihnen erspart. Anhand übersichtlicher Tafeln fällt die Orientierung leicht. In unmittelbarer Nähe zueinander finden sich die **Große Kirche**, die im Zopfstil erbaut wurde, die **Franziskanerkirche** - das älteste Baudenkmal der Stadt - und schließlich die **Reformierte Kirche**, deren Innengestaltung im Rokokostil gehalten ist. Dazwischen erhebt sich das mächtige **Rathaus**, dessen liebliches und melodisches Glockenspiel die Leute zuhören lässt und ihnen ein Lächeln ins Gesicht zaubert. Das Glockenspiel ertönt zu jeder vollen Stunde, um 18.00 Uhr ist die Melodie besonders lang. Ein kleines Stück des Weges weiter stößt man auf das **Theater József Katona**, das nach den Plänen zweier Wiener Architekten um 1900 erbaut wurde. Mittlerweile ist es restauriert und zu einem Schmuckkästchen geworden.

Kecskemét, Katona-Theater

Wir spazieren zurück und gelangen vorbei am **Neuen Kollegium** zum **Cifra-Palast** oder Verzierten Palast. Es ist ein herrlich bunter Bau mit schönen Ornamenten und einem rot-grünen Dach. Auf der gegenüberliegenden Straßenseite steht das

Haus der Wissenschaft und Technik. Aus einer ehemaligen Synagoge im romantischen maurischen Stil wurde hier ein imposantes Kulturzentrum geschaffen.

Der Cifra-Palast in Kecskemét

KECSKEMÉT ist die Produktionsstätte des Barack-Palinka. Die Früchte aus den umliegenden Obstplantagen werden hier verarbeitet. Das Ergebnis ist der unvergleichliche Aprikosengeist, der, aus dieser Region stammend, besonders mild und fruchtig schmeckt. Probieren Sie es aus!

Noch ein Tipp! Falls Sie Gefallen finden an altem Blechspielzeug, frühen Baukästen, Puppen und Kinderbüchern aller Art, dann besuchen Sie das **Spielzeugmuseum**. Gehen Sie dazu ca. 150 m von der Großen Kirche die Straße **52** hinab, so finden Sie es, etwas zurückversetzt, hinter einem kleinen Parkplatz. Das nette Museum ist von 10.00-12.30 Uhr und von 13.00 -17.00 Uhr geöffnet. Montags ist es geschlossen - Sonntag ist der Eintritt frei (ansonsten geringe Gebühr).

Wenn Sie jetzt Lust auf diese ausgesprochen schöne Stadt bekommen haben und gerne etwas länger bleiben wollen, können Sie auf dem relativ zentralen Parkplatz des neugebauten Hallenbades übernachten. Das pompöse Gebäude grenzt an ein Freibad und steht just auf dem Fleckchen, auf dem sich noch vor nicht allzu langer Zeit der einzige Campingplatz der Stadt befand. Die Wasserspiele bringen wohl mehr ein...

(090) WOMO-Badeplatz: Kecskemét

GPS: N 46° 54' 11.3" E 19° 39' 52.5" **max. WOMOs:** 8

Ausstattung/Lage: Beleuchtung, Mülleimer, teils Schatten, Hallenbad (Gaststätte im Bad), Freibad / Ortsrand.

Zufahrt: Auf der 52 in Richtung Dunaföldvár fahren und den Hinweisen zum Bad folgen (Einfahrt nach dem Bad links).

Von einer nahen Haltestelle (600 m) an der **52** bringt Sie der Bus - entweder **Linie 1** oder **11** - ins Zentrum. Abschließend sei noch bemerkt, dass seitlich des Parkplatzes eine Bahnlinie vorbeiführt und auch der Geräuschpegel der Straße **52** zu hören ist.

Unser nächstes Ziel ist die vielgerühmte **Bugac-Pußta**. Wir fahren dazu auf der **54** (Richtung SOLDVADKERT) nach JAKABSZÁLLÁS. Wenige Kilometer nach dem Dörfchen geht es links ab in die **Bugac-Pußta**. Der kurze Streckenabschnitt dahin führt durch Laubwälder und sandige Felder. An einer Kreuzung folgen wir weiterhin dem Hinweis Bugac-Pußta (nicht Bugac!) und gelangen schließlich zur **Karikás-Csárda** am Ende der Stichstraße. Eine schöne Wiese, eingerahmt von Bäumen, liegt hinter der Csárda. Es ist der ideale Übernachtungsplatz, um die Pußta zu erleben. Kostenpunkt: Ca. 12 EUR. Auf der Wiese sprudelt ein Wasserhahn, und in Gebäudenähe gibt es einige wenige Steckdosen. Wer möchte, darf die Toilette und die Dusche in der Csárda benutzen. Man fühlt sich praktisch wie auf dem Campingplatz.

(091) Offizieller WOMO-Stellplatz: Karikás-Csárda/Bugac-Pußta
GPS: N 46° 40' 06.6" E 19° 38' 02.9" **max. WOMOs:** 6
Ausstattung/Lage: Wasser, WC/Dusche in der Gaststätte, evtl. Strom / außerorts.
Zufahrt: Den Hinweisen Bugac-Pußta bis an das Ende der Straße folgen.

Der kurze Anfahrtsweg von nur 45 km verspricht noch einen langen Tag. Die Sandwelt der Pußta ist **Naturschutzgebiet**. Alte ungarische Traditionen werden hier gepflegt und damit

wachgehalten, auch wenn das nur vorwiegend für touristische Zwecke geschieht. Viehherden grasen in der Einöde - nichts anderes spiegelt das Wort „Pußta" wider - und die Hirten tragen ihre Trachten. In einem **Hirtenmuseum** sind die Gebrauchsgegenstände des täglichen Lebens ausgestellt, und man kann sich einen Eindruck über die typischen Lebewesen des großen sandigen Gebiets verschaffen. Bisweilen recken Wacholderbüsche ihre knorrigen Äste in die Höhe, und eine erbarmungslose Sonne brennt herab - zumindest meistens im Sommer! Ein gewisses besonderes Flair ist dem Landstrich jedenfalls nicht abzusprechen. Für gut 2 EUR Eintritt darf man zu Fuß den Naturpark betreten und darin herumschnüffeln. Das volle Programm, das eine **Kutschfahrt** zum Museum und die grandiose **Reiterschau** einschließt, verlangt nach einem etwas tieferen Griff in die Tasche (ca. 12 EUR/Person). Man sollte sich dieses Spektakel keinesfalls entgehen lassen. Irgendwie gehört die Fahrt mit der Pferdekutsche zum echten Pußta-Feeling. Danach weiß man allerdings, wie schön Laufen sein kann. Die Pferdedressurnummer gehört unserer Meinung nach zu den besten des Landes. Selten wird man den Einklang von Pferd und Reiter in einer solchen Perfektion sehen, wie hier geboten. Der Höhepunkt der Vorführung ist der

Reiterakrobatik in der Pußta

sog. „Fünfer". Dabei sind drei nebeneinander galoppierende Rösser vorgespannt, auf den zwei nachgespannten Pferden steht der Czikós (Pferdehirt) mit einem Fuß auf dem linken, mit dem anderen Fuß auf dem rechten Tier. Mit atemberaubender Geschwindigkeit prescht er so über die Steppe und wirbelt kräftig den Staub auf. Es ist ein kunstvolles, nicht ungefährliches Unterfangen und sollte mit kräftigem Beifall honoriert werden.
Die Abfahrten zur Reiterschau sind täglich um 12.15 Uhr und 14.15 Uhr, Kostenpunkt 12 EUR/Person - geht man zu Fuß, zahlt man die Hälfte. Im Einzelfall sind Verschiebungen möglich. Fragen Sie deswegen bei der Information nach. Außerhalb des üblichen Rahmenprogrammes kann man auch individuelle Kutschfahrten vereinbaren. Seien Sie aber auf der Hut! Klären Sie vorher den „Reisepreis" und die Fahrtdauer ab, um unliebsamen Überraschungen vorzubeugen.

KARTE TOUR 8

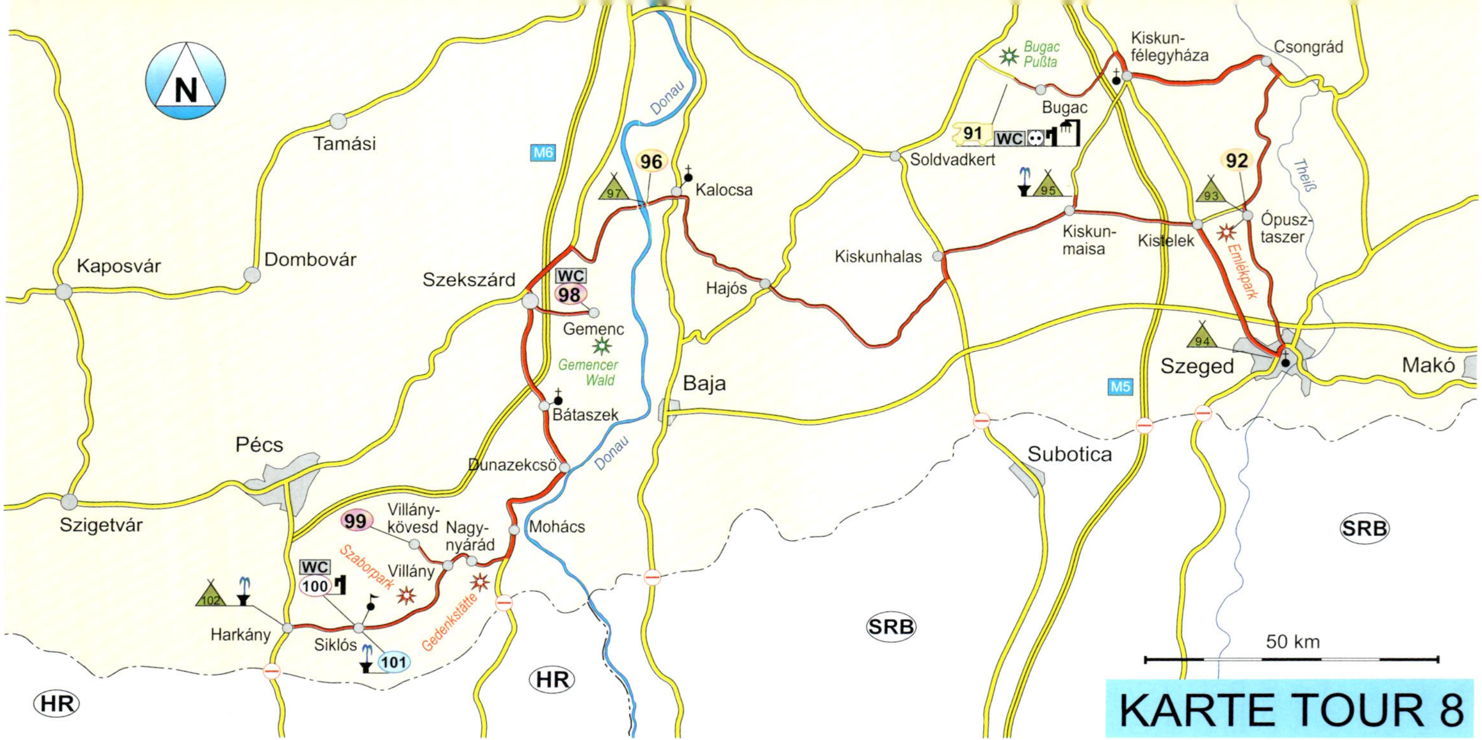

Tamási
Kaposvár
Dombovár
Szigetvár
Pécs
Harkány
Siklós
Villány
Villány-
kövesd
Nagy-
nyárád
Szaborpark
Gedenkstätte
Mohács
Dunazekcsö
Bátaszek
Gemenc
Gemencer
Wald
Szekszárd
M6
Donau
Kalocsa
Hajós
Baja
Kiskunhalas
Soldvadkert
Bugac
Bugac
Pußta
Kiskun-
félegyháza
Csongrád
Kiskun-
maisa
Kistelek
Ópusz-
taszer
Emlékpark
Theiß
Szeged
Makó
M5
Subotica
SRB
HR
50 km
91
92
93
94
95
96
97
98
99
100
101
102
WC

Tour 8 (420 km / 6 Tage)

Bugac-Pußta - Òpusztaszer - Szeged - Kiskunmaisa - Kalocsa - Szekszard - Mohács - Siklós

Freies Übernachten:	Òpusztaszer, Kalocsa, Gemencer Wald, Villánykövesd und Siklós.
Campingplätze:	„Szeri Kemping" bei Òpusztaszer, „Kemping Meszes" bei Kalocsa, „Partfürdö-Camping" in Szeged, „Motel-Camping" in Kiskunmaisa, „Szálloda" in Harkány.
Besichtigen:	Gedenkpark Ópusztaszer, Szeged, Gemencer Wald, Gedenkstätte von Mohács, Weinkeller in Villány und die Burg von Siklós.
Radfahren:	Im Gemencer Wald.
Reiten:	In Kiskunmaisa.
Baden:	In Kiskunmaisa, Siklós und Harkány.

Die Pußta-Erlebnisse liegen hinter uns und neue „Abenteuer" erwarten uns. Über den kleinen Flecken BUGAC streben wir KISKUNFÉLEGYHÁZA zu. Der Weg führt an einer großen Geflügelzucht vorbei. Tausende von Gänsen fristen hier ihr Dasein bis zu ihrem Ende in der Bratpfanne. Wenigstens haben die Tiere freien Auslauf, doch das darf nicht darüber hinwegtäuschen, dass in Ungarn diese armen Vögel gemästet werden. Das heißt im Klartext, eine gewisse Futtermenge, die weit über die freiwillige Nahrungsaufnahme hinausgeht, wird den Tieren mit einem in den Hals gesteckten Rohr gewaltsam eingetrichtert. Vielleicht denken Sie daran, wenn Sie das nächste Mal Gänseleberpastete bestellen.

KISKUNFÉLEGYHÁZA bestricht durch eine imposante **Kirche**, schattige Baumalleen und durch ein **Rathaus** mit wunderschöner Ornamentik. Zumindest ein kurzer Aufenthalt lohnt sich. Durch ländliche Gebiete rollen wir CSONGRÁD entgegen. In der Kleinstadt gibt es 30 gut erhaltene bzw. restaurierte **Fischerhäuser** zu bewundern. Am Ende der Siedlung zweigt rechts die Straße nach

Kiskunfélegyháza, Rathaus

ÓPUSZTASZER ab, und die Fahrt verläuft weiter durch landwirtschaftliche Regionen und durch teilweise sumpfiges Terrain. Wieder einmal flitzen Rebhühner über die Fahrbahn und suchen eilends Schutz im Schilf. Bald ist ÓPUSZTASZER erreicht. Das Dorf erscheint zunächst unbedeutend, doch mit seinem **Nemzéti Emlékpark** gehört es mit Sicherheit zu einer der größten Attraktionen Ungarns. Der Park ist bestens ausgeschildert, und es stellt überhaupt kein Problem dar, zu dem riesigen Parkplatz des Geländes zu finden. Sollten Sie doch einmal einen Hinweis übersehen haben, folgen Sie einfach der Blumenspur! Die in hohle Baumstümpfe oder in eine Vielzahl von Holzkästen gepflanzten Geranien weisen Ihnen den Weg. Knapp 2 EUR verlangt man uns als Parkgebühr ab, und wir sind zuerst ein wenig geschockt über die zahlreichen Busse, die auch diesen Ort angelaufen haben. Es ist ein unwirkliches Bild hier in Gottes freier Natur, aber es ist tatsächlich Platz für alle da - mit ein bisschen Glück sogar im Schatten. Wir übernachten hier, und es ist empfehlenswert, sich für das Gebotene einen ganzen Tag Zeit zu nehmen - es lohnt sich! (80 Tageskilometer).

(092) WOMO-Stellplatz: Emlékpark

GPS: N 46° 29' 15.6" E 20° 05' 34.3"; Arpádliget **max. WOMOs:** 15
Ausstattung/Lage: Museumspark, Kioske, Imbiss, Mülleimer, Gasthaus ca. 500 m / außerorts.
Zufahrt: In Ópusztaszer den Hinweisen Emlékpark folgen.

Ruinengarten mit Glockenturm im Gedenkpark

Ein Stück zuvor - bestimmt haben Sie ihn schon gesehen - liegt rechts im Laubwald ein Campingplatz. Der könnte auch Ihr Nachtquartier werden, falls er denn geöffnet ist. Gleich nebenan lädt eine hübsche Csárda zum Speisen ein und einige Meter die Straße hinauf gibt es ein sehr schönes großes sowie neues Spielgelände für Kinder.

(093) WOMO-Campingplatz-Tipp: „Szeri Kemping" bei Ópusztaszer

GPS: N 46° 29' 07.4" E 20° 05' 17.0"; Felsó Tisza-part **Öffnungszeit:** Nach Bedarf
Ausstattung/Lage: Gaststätte, zum Emlékpark ca. 500 m, Schatten, Kinderspielplatz ca. 200 m / außerorts.
Zufahrt: Zum Emlékpark hin abbiegen, noch ca. 300 m fahren, an der Szeri-Csárda vorbei und dann gleich rechts (500 m vor dem Emlékpark).

Der Platz öffnet normalerweise spät (Ende Mai), dafür schließt er früher (ca. Mitte September) - das richtet sich nach Bedarf und Wetter.

Der **Nationale-Historische-Gedenkpark-Ópusztaszer** - so lautet der hochoffizielle Name auf Deutsch - ist der Ort der Landnahme der Magyaren. Auf diesem Feld fand laut Anonymus, dem Historiker, die entscheidende Schlacht statt. Die Ungarn betiteln es gern heroischer: „Hier wurden die Sachen des Landes erledigt" oder „Hier ist Ungarn geboren". Nun - das liegt schon eine Weile zurück. Heute steht das 55 ha große Areal unter Landschaftsschutz, und das Gebotene kann seinesgleichen in Ungarn suchen. Als erstes erblicken wir nach

Spaziergang durch den Emlékpark

Betreten des Parks das monumentale Denkmal des Stammesfürsten Árpád, danach schließt ein Ruinengarten an. 1970 legte man an dieser Stelle die Überreste des Klosters Szer frei. Es folgen zehn eigentümlich geformte Holzkuppeln, die teilweise

Holzkuppeln mit der Ausstellung „Wald und Mensch“

untereinander verbunden sind. Die Holzbalken im Inneren weisen kunstvolle Schnitzereien auf. Die Kuppeln beherbergen die Ausstellung „Wald und Mensch“, die sehr umfangreich ist und ins Detail geht. Man erfährt viel über Tiere, Pflanzen, aber auch über Werkzeuge und den Holzbau. Etwas exponiert steht die Waldkirche, die Konstruktion ist ähnlich eigenwillig. Wir schlendern ein wenig weiter und gelangen zum Beginn eines Museumsdorfes. Originalgetreu und im besten Zustand präsentieren sich die Gehöfte aus verschiedenen Gegenden ebenso wie die Werkstätten der Wagner, Sattler, Töpfer usw. Einige davon sind sogar in Betrieb. Es scheint nichts vom alten kulturellen Leben Ungarns zu fehlen. Alte Amtsstuben strahlen einen knö-

Werkstatt aus vergangenen Zeiten

chernen Charme aus, und man erwartet eigentlich jeden Moment, einen ehrwürdigen Richter oder Notar eintreten zu sehen. In einem anderen Raum dreht sich alles um das Fernsprechwesen, verschiedene Apparate sind ausgestellt, und es erstaunt, dass alle einmal funktioniert haben sollen. Eine feine Sache sind die in den Zimmern angebrachten Kopfhörer. Per Knopfdruck wird ein Band in Gang gesetzt, und man bekommt ausführlich Auskunft über die gewünschten Dinge - dankenswerterweise auch in Deutsch.
Im Postamt verkauft eine junge Dame Briefmarken. In ihren Jeans und dem bunten T-Shirt steht sie in einem merkwürdigen Kontrast zur schweren Holztheke, den kleinen Scheiben und dem eisernen Kanonenofen hinten im Eck. Gegenüber im Krämerladen kann man allerlei Krimskrams erstehen - u.a. auch Bonbons in herrlich kitschigen Farben, stilecht aus nebeneinander aufgereihten Bonbongläsern.

Emlékpark: „Tante Emma" hätte ihre Freude daran...

Neben zwei kleinen bestaunen wir auch eine große Windmühle. In ihrem Inneren gewinnen wir einen Eindruck über die Funktion der Technik. Mit geringen Hilfsmitteln, aber dem entsprechenden Know-how, wurden da gute Erfolge erzielt.
In einem anderen Teil des Parks besichtigen wir die Maschinenausstellung. Traktoren, Raupen und Ungetüme von Erntemaschinen haben hier nach einem langen Arbeitsleben ihre letzte Ruhestätte gefunden. Auf einem Gleisstück vor einem ländlichen Bahnhof steht eine Dampflok, der einige Waggons

angehängt sind. Ein paar Meter davon entfernt reckt ein Propeller-Flugzeug die graue Nase in den blauen Himmel.

In der Mitte des Geländes erhebt sich ein Aussichtshügel in unmittelbarer Nähe zu einer Freilichtbühne. Ein großes rechteckiges Feld ist den Reiterschauen und Folkloreprogrammen, die regelmäßig abgehalten werden, vorbehalten. Vor allem die Kunststücke der Reiter sind oft spektakulär. Man merkt den wilden Burschen aber auch an, dass sie gerne bewundert werden. Knapp 2 EUR sind für dieses Schauspiel extra zu berappen.

Nicht weit entfernt stehen auf einer Wiese **Nomadenzelte**. Das Innenleben ist der früheren Originaleinrichtung nach empfunden. So spartanisch, wie man vielleicht denkt, präsentiert sich der Wohnraum aber nicht. Nahe dieser auch „**Jurten**" genannten Zelte bietet sich die Gelegenheit das Bogenschießen zu üben - freilich unter Anleitung und gegen einen extra Obolus.

Neu auf dem Gelände sind ein hölzerner **Glockenturm** sowie ein gepflegter Gemüsegarten. Das ebenfalls neu errichtete Gebäude daneben, das sogenannte **Pußtahaus**, dient für diverse „workshops". Man kann hier beispielsweise das Korbflechten oder Sticken - natürlich im Magyarenstil - erlernen! Alles in allem merkt man, dass Naturschutz und Umweltbewusstsein in den Vordergrund treten.

Natürlich gibt es einen Kinderspielplatz, einige Feuerstellen und grüne Wiesen zum Picknicken - für Kurzweil ist auf jeden Fall gesorgt!

In dem großen Rundbau - der Rotunde - hat ein ganz besonderes Schmuckstück seinen Platz gefunden: das sog. **Feszty-Panorama** mit dem Titel „Einzug der Magyaren". Mit diesen Begriffen allein lässt sich kaum etwas anfangen, darum sei uns an dieser Stelle eine genauere Erklärung erlaubt. Das Feszty-Panorama ist ein Rundgemälde von gigantischem Ausmaß. Es erstreckt sich über 120 m Länge und erreicht eine

Emlékpark: Das neue Pußtahaus

Höhe von 15 m. Der vor dem Betrachter geschlossene Kreis hat einen Durchmesser von 38 m. Das Bild zeigt den siegreichen Fürsten Árpád, auf einem Schimmel sitzend, umringt von den Führern der sieben Stämme. Zu seinen Füßen steht Latorc, der Führer der Ureinwohner, gefesselt und umarmt von seiner weinenden Tochter. In der Ferne reiten die siegreichen Truppen. Rechts von Árpád sieht man die Fürstenfrau in einem vierspännigen Wagen kommen. Vor dem linken Gespann erkennt man den zerstörten slawischen Altar und Gefallene. Rechts erblickt man einen brennenden Wachturm, bei dem Frauen als Sklavinnen verschleppt werden. Etwas zurückversetzt erkennt man Menschen, die ihr Vieh vor sich hertreiben und einen Lagerplatz suchen. Auf dem dem Fürsten gegenüber liegenden Hügel sehen wir, wie der Schamane vor dem Altar steht, seine Hände in die Weite reicht und auf ein gutes Omen wartet. In der Zeremonie wird nach heidnischem Glauben ein weißes Pferd geopfert. Rundherum tanzen Mädchen und streuen Zauberkräuter in das Feuer. Die Stimmung wird durch Laute von Trommeln und Pfeifen verstärkt. Die herumstehenden Ungarn erwarten mit Spannung, was ihnen die Zukunft bringt. Der weiße Rauch, der in den Himmel steigt, bedeutet etwas Gutes. Das lange Wandern des ungarischen Volkes hat ein Ende genommen; hier im Karpatenbecken finden sie ihre endgültige Heimat. Und das liegt bereits mehr als 1100 Jahre zurück.

Zugegeben - die Erklärung des Gemäldes ist weitgehend ab-

gekupfert, uns erscheint es notwendig, dieser Sensation nicht unvorbereitet gegenüber zu treten. Aber jetzt wissen Sie, was sie erwartet. Der Gedenkpark ist täglich außer Montag von April bis Oktober von 09.00-18.00 Uhr geöffnet (während der Wintermonate eingeschränkter Betrieb). Für die Besichtigung des Parks zahlt man ca. 8 EUR (Kinder und Rentner die Hälfte), der Besuch aller Museen ist eingeschlossen. Legt man noch etwas darauf, so kommt man auch in den Genuss des Feszty-Panoramas.
Gästen, denen der Fußmarsch durch das Gelände zu anstrengend ist, können sich mit Elektro-Fahrzeugen herumkutschieren lassen.
Wir wenden uns SZEGED zu. Auf dem geraden Weg südwärts passieren wir den **Fehér-tó** - den Weißen See. Man kann ihn mehr erahnen als sehen. Das Gewässer ist mit Schilf bestanden, nur ab und zu blitzt die Wasseroberfläche heraus. Der See wurde zum **Naturschutzpark** erklärt und stellt ein Paradies für Flora und Fauna dar.
Nach nur 32 km haben wir bereits am **Széchenyi tér** in SZEGED einen Parkplatz ergattert. Man gelangt relativ schnell ins Zentrum, die Parkplätze für PKW bzw. Bus sind ausgeschildert. Größere WOMOs sind besser auf dem Bus-Parkplatz aufgehoben, für kleinere und mittlere reicht der PKW-Parkplatz. Die Bezahlung erfolgt per Parkautomat.
In der Stadt pulsiert das Leben, sie wirkt weltoffen auf uns und bietet einen Superlativ: Einwohner wie Gäste können hier die Sonne so lange genießen, wie nirgendwo anders in Ungarn. Mit 2100 Sonnenscheinstunden pro Jahr führt SZEGED die Hitparade an. Natürlich haben auch wir strahlendes Wetter, beste Voraussetzungen also für einen Bummel durch Parkanlagen entlang der Straßen und durch die Fußgängerzone. Gleich beim **Széchenyi tér** steht das sauber herausgeputzte **Rathaus** und gefällt mit kunstvollen Verzierungen und viel Farbe in der Dachkonstruktion. Kaum fünf Minuten gehen wir bis zum **Dom-tér**. Der Platz hat zufällig die gleichen Maße wie der Markusplatz in Venedig, doch er ist von ganz anderer Atmosphäre. Hier erhebt sich die wahrhaft imposante **Votiv-**

„Schwungvolle" Tanzvorführung in Szeged

Kirche, vor deren Eingang den ganzen Sommer über auf einer Freilichtbühne Theaterstücke aufgeführt werden. Das Gotteshaus mit seinem dunklen Mauerwerk strahlt etwas Respekteinflößendes, fast etwas Düsteres aus.

Szeged, Votivkirche

Wir spazieren an das **Theißufer**. Träge fließt das Wasser dahin. Nur schwerlich kann man sich vorstellen, dass 1879 bei einer Flutkatastrophe fast die ganze Stadt vernichtet wurde. Dem „aufsässigen blonden Fluss“, wie er früher genannt wurde, entzog man durch Regulierungen die Kraft, und die Stadt wurde mit internationaler Hilfe wieder aufgebaut.

Ca. 500 m Fußweges bedarf es entlang dem Ufer bis zum **Ferenc Móra Museum**. Das prachtvolle Gebäude beinhaltet vieles. Von 09.00-17.00 Uhr (außer montags) darf man für ca. 3,5 EUR naturwissenschaftliche und naturgeschichtliche Gegenstände ebenso wie eine Pharmazie-Ausstellung betrachten. Auch kann man Exponate der Volkskunst bewundern sowie die Gedenkausstellung des Schriftstellers Ferenc Móra. Beim Gang durch die Straßen fallen uns die vielen restaurierten Gebäude auf. Es gibt reichlich Cafés und Restaurants (empfehlenswert Etterem Bar-Kaveezo, Széchény ter 9). Warum sollte man nicht einmal die berühmte Szegeder Fischsuppe probieren? Sie ist sämig und schmeckt

Kunst in der Fußgängerzone

würzig, denn der rote Paprika ist eine wichtige Zutat. Das feurige ungarische Gewürz verleiht auch der weltberühmten Pick-Salami ihre besondere Note, die hier ihren Ursprung hat.

Ungarische Salami

Wurstwaren sind in Ungarn von größter Beliebtheit und Bedeutung - allen voran wohl die Salami. Die Erfolgsgeschichte dieser Wurst nahm in Szeged ihren Anfang. Pick und Herz sind dabei die bekanntesten Produzenten und sozusagen „in aller Munde".

Die Idee dazu rührt aus den 1850er Jahren. Normales Fleisch war damals sehr billig, Speck und Fett hingegen teuer. Zwei Italiener (Faddini und Piazoni), bis dato Maroniverkäufer mit geringem Einkommen, begannen aus sehr günstigem rohen Fleisch teure Salami zu produzieren. Bald sehr erfolgreich, wie es sich zeigen sollte. Natürlich wurde das Rezept streng gehütet. In der Wurstfabrik der beiden Italiener durften nur Verwandte oder gute Freunde arbeiten. Geholfen hat das freilich nicht viel. Bald versuchten sich Konkurrenten mit der Produktion und das nicht minder erfolgreich!

Es heißt, die ungarische Salami verdanke ihren besonderen Geschmack einer bestimmten Schweinerasse, dem sog. „Schwalbenbäuchigen Mangalitza-Wollschwein". Ende des 19. Jahrhunderts war diese Rasse vom Aussterben bedroht. Die Einstufung zur „Gefährdeten Nutztierrasse" des Jahres 1999 zeigte Wirkung, die Bestände haben sich mittlerweile stabilisiert.

Falls Sie länger das urbane Flair SZEGEDS genießen möchten, bietet sich der große und zentrumsnahe Campingplatz „Partfürdö" an. Er liegt an der Theiß bei der Belvarosi-Brücke, nahe einem Spaßbad mit einem sehr hohen Rutschenturm.

(094) WOMO-Campingplatz-Tipp: „Partfürdö" in Szeged

GPS: N 46° 15' 09.0" E 20° 09' 34.3"; Felsó Tisza-part **Öffnungszeit:** 01.05.-15.10.
Ausstattung/Lage: Gaststätte, Swimmingpool, reichlich Schatten, Spaß- und Thermalbad in der Nähe, ca. 10 Gehminuten zum Zentrum / im Ort.
Zufahrt: In Szeged Richtung Zentrum fahren, beschildert.

Auf der **5/E75** verlassen wir die Stadt und werden bald von einer Polizeikontrolle angehalten. Wegen der Grenznähe fürchtet man illegale Einwanderer, die gerne von Schleusern ins Land gebracht werden. Die Beamten sind freundlich, aber wir müssen ihnen die Sanitärkabine öffnen. Nachdem die Herren festgestellt haben, dass bei uns kein „Illegaler" auf dem Thron sitzt, dürfen wir passieren.

In KISTELEK biegen wir links nach KISKUNMAISA ab. 2,5 km außerhalb der Ortschaft (in Richtung KISKUNFÉLEGYHÁZA) liegt inmitten freier Felder und einer kleinen Siedlung ein hübsches **Thermalbad**.

Wir parken unser WOMO auf dem schattigen Parkplatz des Bades. Gleich fällt uns das Schild auf, welches Wohnmobilen und Wohnwagen die Übernachtung untersagt. Das Schild ist neu, bei unserem letzten Aufenthalt konnten wir noch nach

Belieben verfahren. Aber man will eben die Leute lieber auf dem daneben gelegenen Campingplatz sehen.

(095) WOMO-Campingplatz-Tipp: „Motel-Camping" in Kiskunmaisa

GPS: N 46° 31' 15.9" E 19° 44' 48.2"; Kökút útca **Öffnungszeit:** Ganzjährig
Ausstattung/Lage: Geschäft, Imbiss, Gaststätten nahebei, Thermalbad 200 m, zum Zentrum 4 km, Reiterhof 400 m, reichlich Schatten / außerorts.
Zufahrt: In Kiskunmaisa in Richtung Kiskunfélegyházy abbiegen, beschildert.

Ein Besuch des Heilbades oder auch ein längerer Aufenthalt ist zu empfehlen. Die Anlage verfügt über mehrere Thermal-

Kiskunmaisa, Thermalbad

becken und einen groß-dimensionierten Schwimmsee. Zuletzt kamen ein weiteres Thermalbecken sowie eine Riesenrutsche dazu. Letztere ist natürlich die Favoritin bei der Jugend. Die Liegewiesen sind riesig, und zum Zeitvertreib ist die Möglichkeit des Tennis- oder Minigolfspielens gegeben. Die Therme ist täglich von 09.00-19.00 Uhr geöffnet, Freitag und Samstag sogar zusätzlich von 20.00-24.00 Uhr. Der Eintritt beträgt ca. 8 EUR (Campinggäste erhalten einen kräftigen Nachlass!). Leider wird die Eintrittskarte nach Verlassen des Bades ungültig. Hin- und Herpendeln zwischen Campingplatz und Therme ist also nicht möglich!
Ein Angelteich mit separatem Eingang grenzt an, die Angelkarte und den notwendigen Schlüssel erhält man nebenan im Motel. Nach 50 Tageskilometern gönnen wir uns einen Tag „Kuraufenthalt".

KISKUNHALAS ist der nächste Anlaufpunkt. Der Ort ist berühmt für seine „Halaser Spitzen“ und stolz auf seine **Windmühle**. Weiter über JÁNOSHALMA rollen wir noch einmal durch ausladende Felder (mit etwas „Seegang“ auf der Straße) durch die Weiten der Großen Tiefebene. Waren es bisher vorrangig Mais- und Getreidefelder und oft ein Meer an Sonnenblumen, so bestimmen allmählich gepflegte Weingärten das Bild. Unser Weg verläuft durch grüne Akazienalleen. An manchen Stellen sind die Bäume in den Kronen zusammengewachsen. Wir überqueren die **54** und gelangen nach HAJÓS, wo es eine Vielzahl von Weinkellern gibt. Leider haben nur wenige geöffnet, der Tag ist noch jung und eine Weinverkostung um diese Tageszeit nicht jedermanns Sache. Glaubt man aber den Ausführungen der Weinbauern, so kann man die feurigen und schweren Produkte der Region getrost blind kaufen.

Paprika im Überfluss...

Nächster Programmpunkt ist KALOCSA, die **Stadt des Paprikas**. Rund um den Ort wird intensiv und im großen Stil das für Ungarn so typische Gemüse angebaut. Zur Erntezeit scheint das Städtchen im Paprika zu ersticken. Geschäfte und Stände quellen über, und zu Girlanden aufgefädelt, hängen die Schoten an den Fenstern. Reich an Vitamin C und gesund sollen sie sein. Doch Vorsicht - es gibt da einige bösartige Teufelchen darunter, die barbarisch brennen können! Wer mehr erfahren möchte, sollte sich zum Besuch des **Paprikamuseums** entschließen. Dieses ist mittlerweile umgezogen. Es hat seine neue Heimat gegenüber dem mächtigen Dom (Föszékesegyház) gefunden. Für 3 EUR (Erwachsene) bzw. 2 EUR (Kinder) kann es täglich von 09.00-17.00 Uhr in Augenschein genommen werden.

Paprika - das rote Gold

Eigentlich wird Paprika als etwas Urungarisches angesehen, dabei ist dieses gesunde Gemüse noch gar nicht so furchtbar lange im Land der Magyaren heimisch. Im 17. Jahrhundert sorgten die Türken für die Verbreitung des Heidenpfeffers, wie die Pflanze auch genannt wurde. Vermutlich wurden die Samen über die (damals türkisch besetzte) Iberische Halbinsel eingeführt. Die eigentliche Heimat könnte Mittelamerika oder auch Indien sein. Genaueres darüber ist nicht bekannt.

Anfangs gab es Paprika nur in der scharfen Variante - das war nicht jedermanns Sache. Mit der Zeit gelang es aber den Bauern das „Feuer" zu reduzieren, indem sie vor Gebrauch die scharfen, kapsicumhaltigen Adern entfernten. So konnte schließlich eine breitgefächerte Klientel bedient werden. Später erreichte man durch diverse Kreuzungen und Züchtungen eine Sortenpalette, die allen Ansprüchen gerecht wurde - von ganz mild bis höllisch scharf!

Albert Szent Györgyi, ein Professor aus Szeged, isolierte als Erster die Ascorbinsäure (Vitamin C) aus der Paprika und erhielt dafür 1937 den Nobelpreis. Der Gelehrte äußerte sich diesbezüglich folgendermaßen: „Diese bescheidene Frucht hat mir die Erfüllung manch wissenschaftlichen Traumes ermöglicht. Außerdem ist die Gesundheit eines nicht unwesentlichen Teils meines geliebten Volkes auf diese Pflanze zurückzuführen".

Der barocke **Dom** entstand in seiner jetzigen Form in den Jahren 1735 bis 1754. Verantwortlich für dieses Werk zeichnet sich der berühmte Andreas Mayerhoffer. Das Innere des Gotteshauses schwelgt in Gold und Hellrosa, es wohnt ihm eine gewisse Heiterkeit inne. Irgendwo in den Tiefen der Krypta sollen die Gebeine jenes Bischofs ruhen, der Stefan I die Königskrone überbrachte. Das Prunkstück war ein Geschenk Papst Sylvesters. Neben dem Dom erhebt sich der **Erzbischöfliche Palais**, der auch ein Museum beherbergt.

Der Dom in Kalocsa

Zum Schluss wollen wir KALOCSA noch großes Lob zollen. In den vergangenen Jahren wurde viel renoviert. Das Ergebnis kann sich wirklich sehen lassen!

Nahe KALOCSA versieht (noch) eine **Donaufähre** ihren Dienst. Die Anzahl der Überfahrten hält sich aber - vor allem in der

Kalocsa, Donauüberfahrt

Nebensaison - in Grenzen. Am Ortsende des Städtchens biegt rechts eine Straße (Hinweis GERJEN) dahin ab. Wir rollen einige Kilometer durch eine schöne Pappelallee bis zur Fährstation, wo eine kleine Autofähre zur anderen Donauseite übersetzt. Nahe der Abfahrtsstelle befinden sich eine Gaststätte und ein Kiosk. Zum Übernachten gibt es ein idyllisches Wiesenstück am Donauufer, und wir beschließen hier zu verweilen (95 Tageskilometer).

(096) WOMO-Stellplatz: Donau Fährstation bei Kalocsa

GPS: N 46° 29' 54.7" E 18° 55' 00.4" **max. WOMOs:** 4

Ausstattung/Lage: Gaststätte, Kiosk, Mülleimer / außerorts.

Zufahrt: Den Hinweisen zur Fährstation bzw. Gerjen folgen, vom letzten Abzweig am Ortsende noch 4,9 km.

Falls Sie ein bisschen mehr Service möchten, bietet sich auch ein kleiner privater Campingplatz an. Andrang gibt es wohl selten, so kann man entspannt den Blick auf die Donau mit den vorbeiziehenden Schiffen genießen.

(097) WOMO-Campingplatz-Tipp: „Kemping Meszes" nahe Kalocsa

GPS: N 46° 29' 51.9" E 18° 54' 58.7"

Öffnungszeit: Ganzjährig

Ausstattung/Lage: Kinderspielplatz mit Planschbecken, teilweise schattig, Gasthaus und Kunsthandwerksgeschäft in der Nähe / außerorts.

Zufahrt: Den Hinweisen zur Fährstation bzw. Gerjen folgen und vom letzten Abzweig am Ortsende noch 4,9 km.

Die Vögel zwitschern uns wach, und wir beginnen unser Tagwerk früh. Das Fährschiff hat bereits zwei kleine LKWs vom anderen Donauufer herüber befördert, im Gegenzug sind wir die einzigen. Wir genießen die wenigen Minuten der Passage sehr (bei Niedrigwasser können Fahrzeuge mit großem Überhang bei Befahren der Fähre aufsetzen, u.U. werden sie auch nicht mitgenommen). Die Sonne steht noch tief, es riecht frisch, und die im Morgenlicht silbrig glänzende **Donau** strömt müde dahin, fast so, als wäre sie noch nicht ganz ausgeschlafen. Der erste Offizier (nach dem Kapitän das einzige Besatzungsmitglied) fordert rund 13 EUR bei uns ein, und schon krabbeln wir auf der anderen Seite bei GERJEN wieder an Land.
SZEKSZARD, weiß ein Schild, ist 30 km entfernt. Zunächst führt die Straße an Feldrainen entlang, und das Land ist noch flach. Allmählich aber erheben sich milde Höhenzüge, das Weinbaugebiet von SZEKSZARD kündigt sich an. Je mehr man sich dem Städtchen nähert, um so energischer treten die Hügel hervor - sieben sind es an der Zahl - von denen der Ort umgeben ist. Allesamt sind sie mit Weinfeldern überzogen, in denen einzelne, teils winzige Häuschen stehen. Ähnlich wie zuvor bei HÁJOS sind es feurige, vorwiegend vollmundige Weine, welche die Rebstöcke hier hervorbringen.
Von der Durchgangsstraße in SZEKSZARD zweigen wir links in Richtung GEMENC ab (falls Sie es nicht finden, orientieren Sie sich Richtung ÖCSENY) und landen nach 12 Kilometern am Parkplatz einer **Schmalspur-Eisenbahn** bei der Station Keselyús.

(098) WOMO-Picknickplatz: Keselyús Gemencer-Wald

GPS: N 46° 19' 45.6" E 18° 51' 06.7"
Max. WOMOs: 8
Ausstattung/Lage: Bank/Tischkombination, Mülleimer, Plumpsklo, sehr einfache Csárda nahebei / außerorts.
Zufahrt: In Szekszard von der Durchgangsstraße links nach Gemenc abbiegen, dann noch 12 km.

Dieses Bähnchen durchfährt auf einer Länge von 30 km den **Gemencer-Wald**. Empfehlenswert für einen kleinen „Dschungelausflug" sind die beiden täglichen Abfahrten um 11.00 Uhr bzw. um 14.50 Uhr nach Dunapart. Das Ziel ist etwa nach einer knappen halben Stunde erreicht. Nach einem ungefähr gleichlangen Aufenthalt schlingert man wieder zurück. Natürlich sind auch längere Fahrten möglich.
Das komplette Gebiet wurde 1996 zum **Nationalpark** erklärt.

Das Gemencer-Wald-Bähnchen

Es ist Überschwemmungsland und trägt die Charakterzüge eines Urwalds. Je nach Bedarf zieht eine kleine Diesellok zwei oder drei Waggons durch den dichten grünen Dschungel. Das Strauchwerk scheint schier undurchdringlich, wird aber dennoch überragt von alten Weiden, Pappeln und auch Eichen. Allerdings können sich nicht alle Bäume behaupten, so mancher alte Riese reckt nur noch dürre und trockene Äste zum Himmel. Der Tod muss aber nicht zwangsläufig durch Ersticken eingetreten sein, sondern kann auch durch stetig „nasse Füße" verursacht worden sein. Der Grundwasserspiegel ist hoch, überall trifft man auf idyllische Weiher, Sümpfe und Altwasser. Bäche durcheilen den Forst, und nicht selten quillt das Wasser munter aus dem Waldboden. Kein Wunder also, dass man hier von einem außergewöhnlichen Fischreichtum spricht. Darüber freut sich natürlich auch die Vogelwelt. Fischreiher, Seeadler und andere gefiederte Genossen finden einen reich gedeckten Tisch. 50.000 ha umfasst das gesamte Gebiet, genug um auch stolzen Hirschen sowie borstigen Wildschweinen und allerlei anderen Wildarten einen wunderbaren Lebensraum zu verschaffen. Wir haben das Glück, auf unserer Zugfahrt eine Wildsau mit ihren Frischlingen zu erblicken. Doch das ratternde Ungetüm auf den Schienen scheint den lieben Tierchen nicht ganz geheuer zu sein - sie suchen ihr Heil in der Flucht und sind umgehend im Dickicht verschwunden. Ab und zu öffnet sich das Grün und gibt den Blick frei auf blühende Wald-

Im Gemencer Wald

wiesen, dann nimmt der Urwald wieder unser Züglein gefangen, und nur einzelne Sonnenstrahlen dringen schimmernd zu uns durch. Der gemütliche Ausflug stellt schon ein besonderes Vergnügen dar und bitte denken Sie daran: Blümchenpflücken während der Fahrt ist verboten!
Falls Sie eher den Pedalrittern zuzuordnen sind, so können Sie eine Tour entlang dem Damm, der den **Gemencer Wald** abgrenzt, unternehmen. Der Weg führt auch nach Dunapart bzw. weiter bis ins ca. 20 km entfernte BAJA und bietet den Radlern herrliche Ausblicke. Last but not least besteht die Möglichkeit, auf Schusters Rappen die Gegend zu erforschen. Das verspricht zwar ein kleines Abenteuer, ist aber mit Vorsicht zu genießen. Es sind zwar etliche Wege durch den Forst vorhanden, doch Markierungen für den eifrigen Wanderer gibt es bis dato leider kaum.
Ca. 50 km legen wir zurück, um nach MOHÁCS zu gelangen. Nach den vielen Tagen in der Großen Tiefebene jetzt wieder mal bergigeres und kurvigeres Land zu durchfahren, ist eine nette Abwechslung. Den Begriff „Berg" bewerten Sie aber bitte nicht über. In BÁTASZEK lohnt sich ein kurzer Zwischenaufenthalt, um die imposante Kirche mit ihrem spitz in den blauen Himmel ragenden Turm genauer in Augenschein zu nehmen. Nur wenige Kilometer weiter kuschelt sich die Ortschaft DUNASZEKCSÖ in einen Talkessel. Rot- und grünlaubige Bäume säumen den Straßenrand, und die vielen in den Berg hinein gebauten Weinkeller lassen überhaupt keinen Zweifel darüber aufkommen, dass die Rebstöcke in dieser Region besonders gut gedeihen.
MOHÁCS ist eine für die Ungarn geschichtsträchtige Stätte. In der Schlacht gegen die Türken anno 1526 verloren mehr als 20.000 ungarische Soldaten hier ihr Leben. Die Herrschaft der Türken währte 150 Jahre. Etwas außerhalb der Stadt - man folgt den Hinweisen nach UDVAR und biegt dann rechts in Richtung SÁTORHELY ab - befindet sich eine **Gedenkstätte**, die an die damaligen Ereignisse erinnert. Der Park, der auf dem einsti-

Mohács, Eingang zur Gedenkstätte

Grabhölzer zu Mohács

gen Schlachtfeld entstand, mahnt mit Gedenksteinen, einer kriegsgeschichtlichen Ausstellung und Massengräbern die geschehenen Ungerechtigkeiten an. Dominierend sind aber vor allem die zahlreichen kunstvoll gearbeiteten **Grabhölzer**. Interessierte Besucher können sich darüber täglich von 09.00-17.00 Uhr einen Eindruck verschaffen, der Eintrittspreis beträgt rund 5,5 EUR.

1687 gelang die Vertreibung der Türken durch die ungarische Volksgruppe der Sokacen. Gekleidet in Tierfelle, mit Glocken behangen und mit hölzernen Masken sowie mit Rinds- und Ziegenhörnern ausstaffiert, überfielen sie in einer düsteren Nacht die schlafenden Türken. Schreckerfüllt und in Panik vor den vermeintlich bösen Geistern suchten die Überrumpelten ihr Heil in der Flucht. Neben Gold und Silber - heißt es - ließen sie auch ihre Haremsdamen im Stich. Den „busók", also den verkleideten Männern, wurden Ruhm und Ehre zuteil. Bis heute erinnert ein Umzug am Faschingssonntag, der Buschogang, an die damaligen Vorkommnisse und den glorreichen Sieg.

Von der Gedenkstätte steuern wir zunächst NAGYNYÁRÁD an - ein Tipp unserer Leserin Angelika Riegerbauer aus Edelsbach, Österreich. Das Dorf ist schwäbischen Ursprungs - man spricht deutsch - und es gibt noch einen Blaufärber. Beim Kauf einer Tischdecke darf die Werkstatt gratis besichtigt werden!

Via Bóly fahren wir schließlich in das etwas südlich gelegenere VILLÁNY. Die Ortschaft liegt am Fuße einer Hügelkette und hat sich ganz dem Wein verschrieben. In den vielen urigen

Weinkellern lassen sich die von der südlichen Sonne verwöhnten Tropfen probieren, bei Gefallen flaschen- und sogar fassweise erstehen. Wissenswertes um und über den edlen Rebensaft erfahren wir im **Weinmuseum**. Das Gebäude ist in der kleinen Siedlung leicht zu finden (09.00-17.00 Uhr geöffnet, außer montags, geringe Gebühr).

Gemütliche Weinstube in Villány

Vorbei am Bahnhof fahren wir in den Ortsteil VILLÁNYKÖVESD (dem Hinweis nach ÚJPETRE folgen), der wenige Kilometer außerhalb liegt. An einem Hang reihen sich zahlreiche **Weinkeller** aneinander, dieses Mal sogar in zwei Etagen. Praktisch ist der gegenüber im Grünen gelegene Parkplatz, der auch einen feinen Übernachtungsplatz abgibt. Praktisch deswegen, weil an dieser Stelle der gestresste WOMO-Pilot endlich auch mal ein wenig vom köstlichen Traubensaft nippen darf, ohne mit dem Gesetz in Konflikt zu kommen. Vom Ortsschild am Ortsanfang sind es nur 400 m, bis man links auf dem hübschen Rasenplatz einfahren kann (insgesamt 93 Tageskilometer).

(099) WOMO-Picknickplatz: Villánykövesd

GPS: N 45° 52' 51.7" E 18° 25' 42.2" **max. WOMOs:** 3
Ausstattung/Lage: Tische, Bänke, Feuerstelle, Spielplatz / im Ort.
Zufahrt: Gegenüber den Weinkellern.

Folgt man dem Verlauf der Straße noch etwa 5 km weiter, gelangt man zu einem idyllisch gelegenen, naturbelassenen **See** mit reichem Schilfbestand und einer von Wasserlinsen

überzogenen Oberfläche. Unmengen glücklicher Frösche wohnen hier - zumindest lässt deren fröhliches Konzert darauf schließen, dass sie sich ausgesprochen wohl fühlen. Schon von weitem leuchtet die knallrote Kuppel eines Kirchenschiffes und die dazu gehörende ebenso rote Kirchturmspitze des Dörfchens PALKONYA herüber. Von der Nähe besehen allerdings bröckelt der Glanz ein wenig.
Wir wenden und fahren zurück nach VILLÁNY und anschließend weiter nach NAGYHARSÁNY. Rechts oberhalb der Ortschaft erhebt sich ein Hügel - fast schon ein Berg - der felsigen Charakter erkennen lässt. Ein großer Steinbruch hat eine tiefe Wunde in den Höhenzug gerissen. Ein kurzes Stück nach der Siedlung folgt ein zweiter, deutlich kleinerer Steinbruch - der **Szaborpark**. Fleißige Hände ansässiger Künstler meißelten vorwiegend moderne **Skulpturen** aus dem Stein. Das Ergebnis ist hier zu besichtigen. Ein **Museum** ist dem Ausstellungspark angeschlossen. Der Berg selbst darf wegen seiner seltenen Flora und Fauna nicht erwandert werden, er steht unter Naturschutz.

Skulpturen im Szaborpark

Kurz darauf laufen wir in SIKLÓS ein. Das kleine friedvolle Städtchen gefällt durch mehrere Kirchen und hübsche Häuser, die zumindest teilweise in den letzten Jahren restauriert wurden. Beherrscht wird das Stadtbild von der mittelalterlichen **Burg**, die, etwas erhöht stehend, über die Ortschaft wacht. Wir folgen den Hinweisen **Vár** (Burg) und landen auf dem Parkplatz des alten Gemäuers. Er ist teilweise schattig, bietet etwas Blumenschmuck und ein bisschen grünen Rasen. Auf halbem Weg den Berg hinauf gibt es einen Wasserspender. Etwas unterhalb des Platzes ist ein Kiosk, auf der Wiese dahinter stehen einige Holztische und -bänke. Leider war zuletzt die Zufahrt gesperrt und der Parkplatz nicht nutzbar. Die Burg war also nur zu Fuß erreichbar. Einen weiteren Übernachtungsplatz gibt es aber ganz in der Nähe.

(100) WOMO-Picknickplatz: Burg Siklós

GPS: N 45° 51' 05.6" E 18° 17' 45.0" **max. WOMOs:** 2

Ausstattung/Lage: Tische, Bänke, Toilette, Wasserstelle in der Nähe, Mülleimer / im Ort.

Zufahrt: Der Stichstraße zur Burg (Vár) bis an deren Ende folgen (nur für kleinere WOMOs von ca. 5-6 m Länge).

Die Burg von Siklós

Auf einem Weglein lässt es sich um die Burg herumspazieren und - so man will - gelangt man über eine Zugbrücke ins Innere (09.00-17.00 Uhr geöffnet, Montag geschlossen, geringe Gebühr). SIKLÓS bietet noch einen weiteren Übernachtungsplatz. Dieser liegt zentrumsnah, aber dennoch ruhig beim neuen und schicken **Thermalbad** des Ortes (geöffnet 09.00-20.00 Uhr, Eintritt ca. 9 EUR). Die zahlreichen Laubbäume spenden viel Schatten. Das ist zweifellos an heißen Tagen ein Segen.

(101) WOMO-Badeplatz: Therme Siklós

GPS: N 45° 50' 52.2" E 18° 17' 48.0" **max. WOMOs:** 8

Ausstattung/Lage: Gaststätte und Geschäfte in der Nähe / im Ort.

Zufahrt: Vom Abzweig zur Burg (Vár) noch 300 m dem Straßenverlauf folgen, dann rechts einbiegen.

Unser Besichtigungsprogramm ist bald abgeschlossen, und etwas gestärkt haben wir uns auch. Es ist erst Mittag, und so beschließen wir, ins benachbarte HARKÁNY zu fahren.

Siklós, das farbenfrohe Rathaus

Nur ca. 5 km beträgt die Wegstrecke von Siklós bis dahin. Das **Thermalbad** ist weit über die Grenzen hinaus bekannt und gehört zu den „Großen" des Landes. Vor über 150 Jahren entdeckte man hier im tiefen Süden eine kräftige Schwefelquelle, deren Wasser sich in einer Senke sammelte. Der Volksmund sprach damals vom „Stinkenden See". Schnell erkannte man die Heilwirkung des „duftenden" Wassers, das neben oben genanntem Schwefel zudem alkali- und hydrogenkarbonathaltig ist. Um eine bessere Nutzung zu erzielen, errichtete man bald eine Badeanstalt. Später folgte ein Krankenhaus, in dem vorwiegend die schweren und kritischen Fälle stationär behandelt werden konnten. Die Thermalquelle verspricht Abhilfe bei vielerlei Leiden. Die Palette umfasst Erkrankungen im Skelettbereich (Rehabilitation nach Knochenbrüchen und Gelenkentzündungen, rheumatische Beschwerden) sowie Frauenleiden, Nervenentzündungen und chronische Hautkrankheiten.

Ganz klar, dass etliche medizinische Becken den Kranken oder einfach nur den Erholungssuchenden zur Verfügung stehen. Auf den weitläufigen Wiesenflächen der Anlage wird es wohl kaum eng werden, und wer durstig oder hungrig ist, hat ausgesprochen reichlich Auswahl an Imbissständen oder kleinen Restaurants. Kaum ein anderes Bad in Ungarn dürfte über eine derart ausgeprägte „Fressmeile" (verzeihen Sie uns den Ausdruck) verfügen wie dieses. Der Eintrittspreis des von 09.00-19.00 Uhr geöffneten Bades beträgt ca. 9 EUR/Tag - verzichtet man auf die Nutzung der Heilbecken und beschränkt man sich auf die herkömmlichen Schwimmbassins - reduziert sich der Obolus auf rund 5 EUR. Sonnige, aber auch schattige Parkplätze sind vorhanden (tagsüber gebührenpflichtig sowie bewacht).

HARKÁNY selbst besteht mehr oder weniger aus zwei Straßenreihen, in denen sich Gaststätten, Geschäfte und Stände aneinanderreihen. Bisweilen entdeckt man zwischen den vielen angebotenen Souvenirs auch anspruchsvolle Handarbeiten wie beispielsweise geflochtene Korbwaren, Tischdecken mit Folklorestickereien oder Töpferwaren. So manche Marktfrau wartet auch mit selbsteingelegten Paprika und Marmeladen aus dem heimischen Garten auf.

Malerische Gassen mit stilvollen alten Häusern wird man kaum finden. Der Ort ist „zweckdienlich" um das Bad herumgebaut und auf Massenbetrieb ausgelegt. Es ist lebhaft und laut, und so mancher Halbstarke testet die Leistungsfähigkeit seines Autoradios oder auch die des Wagens. Vielleicht ergeht es Ihnen besser, ansonsten nehmen Sie Reißaus - so wie wir.

Beim **Thermalbad** gibt es in unmittelbarer Nähe einen weitläufigen Campingplatz mit sehr reichhaltigem Busch- und

Harkány, Einfahrt zum Thermalcamping

Baumbestand. Der Platz ist komplett renoviert worden und verfügt jetzt über zahlreiche ebene und gekieste Stellflächen für Wohnmobile.

(102) WOMO-Campingplatz-Tipp: „Termal/Szálloda" in Harkány
GPS: N 45°51'19.7"E18°14'20.8"; Bajcsy Zsilinszky **Öffnungszeit:** 15.04.-15.10.
Ausstattung/Lage: Geschäft, Imbiss, Gaststätte, Thermalbad 200 m, zum Zentrum 300 m, Schatten / im Ort.
Zufahrt: In Harkány den Schildern zum Thermalbad folgen, dann noch ca. 200 m.

Wir entscheiden uns für diese Nacht für SIKLÓS und begeben uns dort am Parkplatz des neuen Thermalbades in „Morpheus Arme".

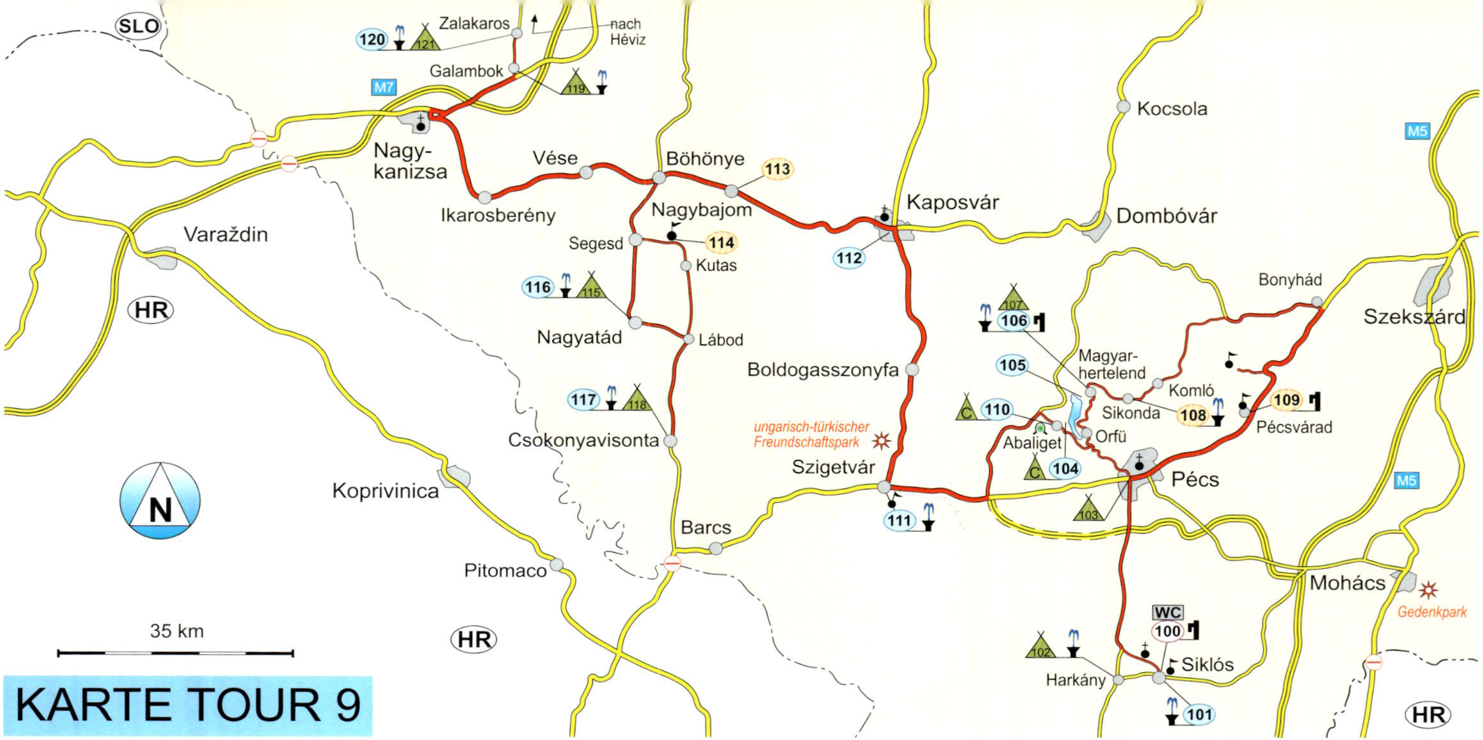
SLO
120
121
Zalakaros
nach Héviz
Galambok
119
M7
Nagy-kanizsa
Vése
Böhönye
113
Ikarosberény
Nagybajom
Varaždin
Segesd
114
Kutas
Kaposvár
112
Kocsola
Dombóvár
M5
116
115
HR
Nagyatád
Lábod
Boldogasszonyfa
107
106
Bonyhád
Szekszárd
Magyar-hertelend
105
Komló
117
118
Csokonyavisonta
ungarisch-türkischer Freundschaftspark
110
Sikonda
108
109
Pécsvárad
Orfü
Abaliget
104
Szigetvár
Pécs
Koprivinica
111
103
M5
Barcs
Pitomaco
Mohács
Gedenkpark
35 km
HR
WC
100
102
Siklós
Harkány
101
HR

KARTE TOUR 9

Tour 9 (550 km / 7 Tage)

Siklós - Pécs - Orfü - Pécsvárad - Szigetvár - Kaposvár - Nagyatád - Csokonyavisonta - Galambok - Zalakaros

Freies Übernachten:	Pécsi-Tó (Pécser See), Magyarhertelend, Sikonda, Pécsvárad, Szigetvár, Kaposvár, Nagybajom, Nagytád, Csonkonyacisonta, Schloss Hertelendy nahe Segesd, Zalakaros.
Campingplätze:	„Familia Kemping és Motel“ in Pécs, „Fórras“ in Magyarhertelend, „Barlang“ in Abaliget, „Castrum“ in Nagyatád, „Thermalcamping“ in Csokonyaisonta, „Castrum“ in Galambok, „Zalatour“ in Zalakaros.
Besichtigen:	Stadtkern Pécs, Burg in Pécsvárad, Höhle in Abaliget, Freundschaftspark in Szigetvár.
Wandern:	Im Mecsek-Gebirge.
Radfahren:	Am Pécsi-tó und rund um Zalakaros.
Reiten:	Bei Sikonda.
Baden:	Im Pécser See und zahlreichen Thermalbädern dieser Tour.

Wir starten wieder durch und besuchen zunächst MÁRIAGYÜD, einen kleinen **Wallfahrtsort**, der auf unserer Route liegt. Ein wenig Buße tun schadet vielleicht nicht, selbst Wohnmobilisten sind nicht frei von Sünden! Durch eine reizvolle hügelige Landschaft, in der Weingärten dominieren, streben wir PÉCS entgegen. Der erste Eindruck, den wir von der Stadt gewinnen, ist zwiespältig. Ist die Lage am Fuße der **Mecsek-Berge** sehr ansprechend, so stören die vielen Wohnblocks an der Peripherie doch erheblich. Doch wie so oft ist das Schöne im Zentrum zu suchen, weswegen wir auch gleich das Herz der Stadt anpeilen und fast auf Anhieb einen Parkplatz finden. Der heutige Sonntag macht sich bemerkbar, der Berufsverkehr fehlt.

Unser Ausgangspunkt ist der **Széchenyi tér** mit dem kunstvoll gearbeiteten **Zsolnay-Brunnen**. Hintergrundkulisse bildet die **Moschee Des Ghasi** mit einer runden grünen Kuppel. Abzweigende Seitengassen sind quasi vollgestopft mit

Bummel durch Pécs

Der Széchenyi ter in Pécs

Restaurants und Straßencafés. Das milde Klima sorgt für viel Leben unter dem freien Himmel. Wir gehen oberhalb des **Széchenyi tér** die **Szepessy utca** hinauf und biegen an deren Ende links in die **Káptalan utca** ein. In dieser Zeile gibt es eine Unmenge von historischen Gebäuden, diverse **Ausstellungen**, verschiedene **Museen** und **Galerien**.

Im Herzen von Pécs

Deswegen unser Tipp: Spazieren sie hinauf und picken Sie sich das Ihrem Geschmack Entsprechende heraus. Zum Pflichtprogramm sollte aber unbedingt die **Basilika** am **Domplatz** gehören. Mit ihren vier stolz emporragenden Türmen ist sie schon von einiger Entfernung zu sehen. Das Gotteshaus gilt als das Meisterstück mittelalterlicher Baukunst in Ungarn. In der fünfschiffigen Unterkirche sind Fresken und Skulpturen ungarischer Künstler zu bewundern, in der Sakristei ruhen kostbare Kunstschätze. Wenige Gehminuten weiter trifft man auf die **Barbakane**, eine Burganlage mit einem Rundturm. Bewegt man sich jetzt südwärts die Straße hinab, gelangt man schließlich zur **Moschee** des **Jakowali Hassan Pascha**, sie gilt als das am besten erhaltene mohammedanische Bauwerk des Landes. Seitlich der **Moschee** steht das **Minarett**. Über 83 Stufen im Inneren des „Streichholzes“ kann man das Plateau in 23 m Höhe erklimmen und bestimmt von oben eine schöne Aussicht genießen. Uns bleibt dieser Genuss allerdings verwehrt, denn aus unerfindlichen Gründen ist das **Minarett** geschlossen. Wir schlendern wieder zum **Széchenyi tér** zurück und versuchen hier, mittels eines Kaffees unsere Lebensgeister wieder zu wekken. „Fünfkirchen“ - wie die deutsche Bezeichnung der Stadt lautet - ist nicht ganz so benutzerfreundlich wie viele andere ungarische Städte, man muss sich die Sehenswürdigkeiten ein wenig „erkämpfen“. Ein Stadtplan (Touristinfo am Széchenyi ter) ist auf jeden Fall empfehlenswert, will man größere Umwege vermeiden.

Am Nordrand der Stadt erhebt sich der **Misina-Berg**. Wer nach dieser Sightseeing-Tour noch Elan besitzt, kann sich durch die hübschen Altstadtgassen auf den Weg zum Gipfel machen. Von der über 500 m hohen Erhebung gibt es als Belohnung für die schweißtreibende Angelegenheit einen wunderschönen Ausblick. Der Weg durch den **Mecsek-Parkwald** ist markiert. Trotz der Schatten spendenden Bäume empfiehlt es sich, bei hochsommerlichen Temperaturen diese Wanderung am besten in den Morgenstunden oder am Spätnachmittag zu unternehmen. Will man sich um den Fußmarsch drücken, so gelangt man mit einem Bus der Linien 34 oder 35 ebenso zum Ziel.

Wohnmobilisten, die längere Zeit in der Stadt mit dem fast mediterranen Flair zubringen möchten, sei die Benutzung des Familia Kemping és Motel empfohlen. Er ist klein, verfügt über einige betonierte Stellflächen und ist der einzige weit und breit.

In gut 200 m Entfernung gibt es eine Bushaltestelle, von der man das Zentrum anfahren kann.

(103) WOMO-Campingplatz-Tipp: „Familia Kemping és Motel" in Pécs

GPS: N 46° 05' 08.6" E 18° 15' 48.1"; Gyöngyösi útca **Öffnungszeit:** 01.05.-15.10.
Ausstattung/Lage: Geschäft in der Nähe, Schatten / im Ort.
Zufahrt: Vom Zentrum ca. 3 km die Straße **6** in Richtung Budapest fahren, bei einer markanten Kirche (rechter Hand) und einem Lidl-Markt (linker Hand) links abbiegen, noch 200 m, dann rechts (gleich nach dem Lidl).

...bei dieser Kirche biegt man links zum „Familia Kemping és Motel" ab

Wir sind neugierig auf das **Mecsek-Gebirge**, das sich nördlich von PÉCS erhebt. Unser erster Anlaufpunkt wird ORFÜ sein, die ersten Hinweise haben wir bereits gesehen. Die waldreichen Hügel mit ihren hübschen Bauerndörfern stellen eine angenehme Ferienregion dar. Der letzte Satz bringt das auf den Punkt, was die Prospekte mit vielen Phrasen, Ausschmückungen und einem bestimmt nicht unterentwickelten Selbstbewusstsein vermitteln wollen. Noch bevor wir die letzten Häuser der Großstadt hinter uns lassen, steigt die Straße (für ungarische Verhältnisse) steil an. Mit reichlich Kurven und sogar einigen Kehren gesegnet, windet sie sich durch weitläufige Mischwälder. Nachdem wir einen Bergkamm erklommen haben, rollen wir talwärts hinab nach ORFÜ. Etwa 20 km beträgt die Fahrstrecke bis zu dieser reizvollen Ortschaft, die als Wasserparadies gilt. Vier **künstliche Seen** wurden hier angelegt, und man darf das Ergebnis als sehr gelungen ansehen. Der erste See, der **Orfü-tó**, liegt gleich am Fuß des Berges, da wo das Gefälle in die Ebene übergeht. Auf den ersten Blick kann man ihn leicht übersehen, denn zur Straße hin ist er mit Bäumen und Sträuchern abgeschottet. Badegäste freuen sich über das kleine **Strandbad**, die Liegeflächen sind allerdings begrenzt. Kurz vor dem schattigen Parkplatz des Bades führt rechts ein Feldweg zum **Mühlenmuseum**. Man kann mit dem WOMO dahin gelangen oder die kurze Strecke in wenigen Minuten zu Fuß zurücklegen. Egal welche Wahl man trifft - tun sollte man es auf jeden Fall. Für einen geringen Eintritt, der sogar eine Führung einschließt, erhält man Einblick in die früheren beschwerlichen Arbeitsweisen. Zu bestaunen gibt es eine Wassermühle, eine Ölmühle und eine Trockenmühle. Letztere ist in Betrieb, sie wird aber nicht wie einst von Pferden, die stumpfsinnig ihre Runden drehen mussten, betrieben, sondern ist jetzt von einem Motor bedient. Neben allerlei Gerätschaften kann man auch eine Müllerwohnung besichtigen. Die junge Dame, die uns diese Schätze zeigt, spricht gut deutsch und ist auch allen Fragen gegenüber äußerst aufgeschlossen. Das Museum ist - außer montags - von 10.00-17.00 Uhr geöffnet.

Der Pécser See (Pécsi-tó)

Wir rollen weiter zum zweiten See, dem **Pécsi-Tó**. An einer Abzweigung muss man sich für die linke oder die rechte Seite des Gewässers entscheiden. Wer mehr „action“ sucht, wird die linke, westliche Seite des Sees bevorzugen. Nach 1,2 km stößt man auf den großen, sonnigen Parkplatz des Strand- bzw. Erlebnisbades mit der entsprechenden Infrastruktur.

(104) WOMO-Badeplatz: Pécsi-Tó Strandbad

GPS: N 46° 08' 52.3" E 18° 08' 16.8" **max. WOMOs:** 8
Ausstattung/Lage: Beleuchtung, Gaststätten, Kioske, Sportartikelverleih / Ortsrand.
Zufahrt: Vor dem Seeanfang links in Richtung Abaliget abbiegen, noch 1,2 km, dann rechts.

Etwas oberhalb der Straße am Berghang liegt der „**Panorama-Camping**“. Der Platz öffnet normalerweise erst gegen Ende Mai und schließt Anfang September schon wieder. Das richtet sich nach Bedarf und Wetter.

Das Gasthaus Muskátli

Wir wählen die östliche rechte Seite, rollen nach ORFÜ hinein und entdecken kurz darauf das urige Gasthaus „Muskátli Vendéglö". Das Dorf ist touristisch gut gerüstet. Am See gibt es einen **Sportpark** mit diversen Trimm-Dich-Geräten. Radwege führen in die Ortschaften der Umgebung. Ein Spazierweg, der stets in Wassernähe verläuft, endet erst an der Staumauer am Seeende.
Im weiteren Straßenverlauf stehen entlang dem Ufer mehrere Parkplätze zur Verfügung. Diese Wiesenflächen sind vorwiegend sonnig und durch Büsche bzw. Bäume von der Seestraße abgetrennt. Der kurze Weg zum kühlenden Nass führt

meistens zwischen einigen Wochenendhäuschen hindurch. Wählt man den Parkplatz „Sektor D" (zusätzlicher Hinweis durch das Schild Tüszrakóhely), so findet man an dessen Ende einen Wiesengrund mit schattenspendenden Bäumen, einer Feuerstelle sowie einen direkten Zugang zum See. So wie an vielen Stellen des Sees führen Stege hinein ins kühle Nass. Vermutlich sind diese Badehilfen in Privatbesitz, doch die Benutzung durch Fremde wird geduldet. Zumindest bekommen wir, und so weit wir das beurteilen können, auch andere keine Schwierigkeiten damit.
Wir teilen uns den hübschen Badeplatz mit zwei ungarischen Familien und pflegen die deutsch-ungarische Freundschaft. Übernachten ist aber nicht möglich!
Am Ende des Sees laden großzügige Wiesenflächen sowie ein geschotterter Platz zum Übernachten ein (leider nur wenig Schatten).

(105) WOMO-Badeplatz: Pécsi-Tó

GPS: N 46° 09' 47.5" E 18° 08' 00.0" **Max. WOMOs:** 5
Ausstattung/Lage: Mülleimer, Kiosk ca. 200 m / außerorts.
Zufahrt: Am Ende vom See links, vor der Brücke bzw. dem Damm.

Beide beschriebenen Seen laden neben Schwimmen, Surfen und Bootfahren auch zum Angeln ein. See Nummer drei, der **Hermann Ottó-tó**, ist ein **Fischreservat**, und der vierte im Bunde, der See mit dem für uns schwierigen Namen **Kovacsszénájay-tó**, bleibt der **Fischzucht** vorbehalten. Natürlich kann man sie aber auch per pedes oder mit dem Fahrrad in Augenschein nehmen.

Sonnenanbeter am Pécser See

Um das **Mecsek-Gebirge** besser kennenzulernen, brechen wir zu einer Rundfahrt auf. Am Ende des **Pécser Sees** zweigt rechts eine Straße ab, die zunächst über die mit Laub- und Kiefernwald bestandenen Hügel nach MAGYARHERTELEND führt. Die halb verfallenen Häuser am Ortsrand, die einen Schandfleck darstellten, sind mittlerweile abgerissen bzw. frisch restauriert. Das Dörfchen zeigt sich recht proper und lässt einen gewissen Wohlstand erkennen, was nicht zuletzt dem einen guten Kilometer außerhalb gelegenen **Thermalbad** zu verdanken ist.

Die Therme ist frisch renoviert und präsentiert sich farbenfroh - der Stil erinnert ein bisschen an Hundertwasser. Sie liegt an einem bewaldeten Berghang und man genießt weite Ausblicke über das Land. Neben den verschiedenen Inhaltsstoffen weist das Thermalwasser auch einen Paraffinanteil auf. Das pflegt die Haut und macht sie samtig weich. Ihr „Oil of Olaz“ können Sie also getrost zu Hause lassen (Eintritt ca. 5 EUR, geöffnet täglich von 09.00-19.00 Uhr).

Im Thermalbad von Magyarhertelend

Der (in der Saison) gebührenpflichtige Parkplatz hinter dem Bad eignet sich für eine schnelle Übernachtung, zumindest abends bzw. nachts ist er wenig frequentiert. Eine nahegelegene Jugendherberge kann eventuell für etwas Unruhe sorgen. Besser aufgehoben ist man auf jeden Fall am nahe gelegenen Campingplatz. Mit seinen verschiedenen Laub- und Nadelbäumen vermittelt er Parkatmosphäre und erweist sich als sehr gepflegt sowie gleichsam günstig. Hier etwas mehr Zeit zu verbringen, ist also zweifellos sehr zu empfehlen.

(106) WOMO-Badeplatz: Therme Magyarhertelend
GPS: N 46° 11' 25.0" E 18° 08' 23.8" **max. WOMOs:** 5
Ausstattung/Lage: Gaststätte, Wasserstelle, Mülleimer / im Ort.
Zufahrt: Links am Badeingang vorbeifahren, danach gleich rechts.

(107) WOMO-Campingplatz-Tipp: „Fórras“ in Magyarhertelend
GPS: N 46° 11' 26.9" E 18° 08' 30.2"; Bokréta útca **Öffnungszeit:** 01.04.-01.09.
Ausstattung/Lage: Kleine Gaststätte am Platz, zum Zentrum 1 km, Schatten, Thermalbad 100 m / Ortsrand.
Zufahrt: Im Ort beschildert, bzw. den Hinweisen zur Therme folgen.

Der Platz befindet sich nach Renovierung und Besitzerwechsel jetzt in holländischer Hand - die Chefin spricht sehr gut Deutsch.
Über MAGYARSZÉK geht es weiter nach SIKONDA. An der Abzweigung mit dem Hinweis nach **Sikondafürdö** liegt rechter Hand eine neue Hotelanlage mit einem schmucken **Rei-**

terhof. Wir durchfahren ein kurzes Waldstück und sehen zwischen den Bäumen Wasserflächen blitzen. Es sind drei hintereinander liegende **Teiche**, die zu einem kleinen Spaziergang oder auch zum Angeln einladen (Angelscheine werden in einem kleinen Kiosk verkauft). Unmittelbar beim Ortsschild SIKONDA ist links die Einfahrt zu einem Parkplatz, auf dem man auch eine Übernachtung in Betracht ziehen kann. Achten Sie aber bitte darauf, dass die rechte Seite dem Linienbus vorbehalten ist und dass dieser wenden kann!

(108) WOMO-Stellplatz: Sikonda

GPS: N 46° 10' 50.6" E 18° 13' 07.7" **max. WOMOs:** 3
Ausstattung/Lage: Bänke, Mülleimer, Angelteich, Gaststätte und Thermalbad ca. 500 m / Ortsrand.
Zufahrt: Links des Ortschildes von Sikonda.

Auf einer Insel im ersten Weiher liegt idyllisch unter Trauerweiden eine Mini-Freilichtbühne. Die Zuschauer sitzen jenseits des Tümpels auf einer neu errichteten, ansehnlichen Tribüne, um die ab und zu stattfindenden Musik- und Theatervorführungen gebührend genießen zu können.

An der Seebühne von Sikonda

Fährt man ein Stück in die Ortschaft hinein, so stößt man links auf ein **Thermalbad** (geöffnet von 09.00-18.00 Uhr, Eintritt ca. 7 EUR), dem ein Hotel angeschlossen ist. Nur etwa 200 m von der Therme entfernt, liegt rechts das neue und gepflegte **Camp „Mediano“**, der aber Mitte Mai noch geschlossen war.
Nächster Anlaufpunkt unserer Rundfahrt ist KOMLÓ. Die Stadt fällt durch zwei Superlative auf. Sie ist zum einen der größte Ort des Gebirges und mit Sicherheit auch der hässlichste. Am Grund eines Tales steht eine Riesen-Fabrik mit qualmenden Schornsteinen und geschwärzten Mauerflächen. Doch kaum, dass wir die Stadt verlassen haben (Richtung SZÁSVÁR), zeigt sich die Landschaft besonders reizvoll. Die Straße führt bergan und windet sich durch sattgrüne Wälder. Ab und zu durcheilt ein Bächlein das Dickicht. Die Gräben sind bedeckt mit den riesigen Blättern der Ligularien. Ein halber Meter Durchmesser und mehr sind keine Seltenheit - die Blätter scheinen in der Größe miteinander zu wetteifern. Allerdings machen ihnen Hitze und Sonneneinstrahlung zu schaffen, die Ränder hängen welk und traurig nach unten.
Bei der **Máré-Csárda** zweigt rechts ein schmaler Weg ab, der

zuerst zu besagter Gastwirtschaft führt, anschließend ein niedliches winziges **Freibad** passiert, um letztendlich nach ungefähr zwei Kilometern rechts in einen Parkplatz zu münden. Zwar endet der Weg hier nicht, aber die Weiterfahrt ist untersagt. Wir stellen unser WOMO in den Schatten der Bäume und kämpfen uns zu Fuß den Pfad zur **Máré Vára** hinauf. Das dauert zwar nur ein Viertelstündchen, ist aber bei 30 Grad eine schweißtreibende Angelegenheit. Die Máré Vára ist eine **fünfeckige Burg**, von der man eine schöne Aussicht über das Land genießt. Im Inneren des Gemäuers, das sowohl römische wie türkische Züge trägt, kann man eine kleine geschichtliche und naturwissenschaftliche Ausstellung bewundern. Von 09.00-17.00 Uhr (außer montags) sind Besucher willkommen, der „Burgherr" ist recht bewandert und spricht auch Deutsch (geringer Eintritt).

Máré Vára - Burg mit toller Aussicht

Neben der Burg liegt ein netter **Picknickplatz** mit Tischen, Bänken und einer Feuerstelle. Wir setzen uns erst einmal und packen die Wasserflaschen aus dem Rucksack, denn unsere Kehlen sind ausgedorrt. Es ist doch erstaunlich, wie gut Wasser manchmal schmecken kann...

Den Ausflug hinauf zur Burg werten wir eher als Spaziergang denn als Wanderung. Wer aber hier ernsthaft wandern möchte, der findet ein riesiges Betätigungsfeld. Am Parkplatz informiert eine **Tafel** über die schier **unzähligen Wanderwege** der gesamten Region. Selbst wenn man die Länge der Pfade, an denen sich auch immer wieder Quellen finden, nur grob überschlägt, addieren sich schnell einige hundert Kilometer. So weit wir sehen können, gibt es auch vernünftige Markierungen. Leider ist die Info-Tafel nur in Ungarisch verfasst, so dass man mit der Deutung der Daten und Zeichen seine lieben Schwierigkeiten bekommt. Eine Alternative zu diesen Pfaden bietet der Forstweg, der am Parkplatz vorbei in die Berge führt. Er verläuft an einem **Arboretum** vorüber bis nach PÉCSVÁRAD. Je nach Kondition darf man für den einfachen Weg drei bis vier Stunden veranschlagen. Natürlich braucht man nicht die ganze Strecke zurückzulegen. Man kann, so man genügend würzige Waldluft getankt hat, an jedem beliebigen Punkt den Rückweg antreten.

In MAGYAREGREGY ist der nächste Zwischenstopp eingeplant, um das **Dorf- und Schlächtermuseum** zu begutachten. Ein Schild weist uns darauf hin, dass das Museum von 09.00-17.00 Uhr geöffnet ist - außer, wie so oft, am Montag. Heute ist eindeutig Sonntag - und trotzdem stehen wir vor verschlossenen Türen.
Wir bummeln gemütlich weiter das Sträßchen entlang. Es verläuft jetzt etwas abseits des Gebirges über NAGYMÁNJOK bis nach BONYHÁD, wo wir rechts auf die **6** abbiegen. Nach einigen Kilometern zweigt rechts eine Stichstraße in das **Òbánya-Tal** ab. Spontan beschließen wir den kleinen Abstecher mitzunehmen. Sensationen erleben wir zwar keine, doch wegen der ausgesprochen lieblichen Landschaft und des hübschen Bauerndorfes ÓBÁNYA lohnt es sich trotzdem. Wer eine Stärkung notwendig hat, kann sich dem „Grünwald"- Restaurant anvertrauen, welches einladend am Wegesrand liegt.

Pécsvárad, im Innenhof der Burg

An den südöstlichen Hängen des **Mecsek-Gebirges** liegt, eingebettet in Wein- und Obstgärten, PÉCSVÁRAD. Das Wahrzeichen der Kleinstadt ist die **Burg** aus dem 13. Jahrhundert. Sie ruht auf den Grundmauern einer Benediktinerabtei, die König Stephan im Jahre 1015 den Äbten des Landes gestiftet hatte. Im 16. Jahrhundert besetzten die Türken die Burg und sie zerfiel. Der bis heute unversehrte Turm erhielt 1730 seine jetzige Form und dient nun als Hotel. Rollt man ein Stückchen an der Burg bzw. an deren Parkplatz vorbei, so kann man links unterhalb des alten Gemäuers ganz gut stehen. In der Regel ist es ruhig, allerdings sind die Plätze teilweise schief.

(109) WOMO-Stellplatz: Pécsvárad

GPS: N 46° 09' 38.5" E 18° 24' 38.7" **max. WOMOs:** 4
Ausstattung/Lage: Burg mit Gaststätte und Museum, Wasserstelle gegenüber dem Burgparkplatz, Geschäfte im Ortszentrum ca. 400 m / im Ort.
Zufahrt: Im Ort zur Kirche/Burg hinauffahren, am Burgparkplatz vorbei, die Straße hinunter, nach 100 m links.

Natürlich fehlt auch das **Burgmuseum** nicht, ebenso wenig wie ein **Gedenkmuseum** mit Werken eines regionalen Bildhauers. Für reichlich Beschäftigung ist also gesorgt. Geöffnet sind die Museen täglich (außer Montag) von 09.00-17.00 Uhr. Erwachsene zahlen ca. 3,5 EUR, Kinder 2,5 EUR. Seitlich der Burg thront auf einer Anhöhe eine **Kirche**, von der aus man den Blick weit über das Land schweifen lassen kann. Interessant ist auch der Kreuzweg, der hinauf zu dem Gotteshaus führt. Die einzelnen Stationen sind kunstvoll mit Mosaiksteinen ausgearbeitet.

Kreuzweg in Pécsvárad

Deutsche Siedler in Pécsvárad

Nach den Türkenkriegen waren in Ungarn ganze Landstriche, vor allem die zwischen Donau und Drau, fast menschenleer. Einem Zuzug aus anderen Gebieten stand die Leibeigenschaft vieler Bauern entgegen. Die Gutsherren waren freilich nicht gewillt, diese billigen Arbeitskräfte ziehen zu lassen. Dem Wiener Hof war das keineswegs ein Dorn im Auge - im Gegenteil! Er nutzte die Gelegenheit, österreichische und deutsche Siedler ins Land zu holen, um dadurch seine Macht zu stärken. Die größte Einwanderungswelle erfolgte zwischen 1722 und 1726. In Pécsvárad siedelten sich in dieser Zeit rund 1500 Deutsche an. Die Lebensbedingungen waren schlecht, nur Wenige machten ihr Glück. Die Neubürger wurden allgemein als Schwaben bezeichnet - auch jene, die anderer Herkunft waren. Man brachte es auf einen einfachen Nenner: Deutsch = Schwabe! Bis heute begegnet man hier Namen wie etwa Meier, Weber oder Schmidt. Einige von ihnen sprechen noch einen eigenartigen deutschen Dialekt, in den ungarische Ausdrücke eingeflossen sind.
Neuerdings besinnt man sich wieder alter Werte. In Schulen und Kindergärten wird Deutsch gelehrt, auch so mancher Brauch aus vergangenen Zeiten erfährt eine Wiederbelebung.

Um unsere Runde zu beenden, rollen wir schließlich nach PÉCS und biegen hier rechts in Richtung KAPOSVÁR ab. In gerader Linie zieht die Straße den Berg hinauf und verläuft nach dem Stadtende wieder durch ein Waldgebiet. Ungefähr 2 km nach dem Stadtende zweigt links eine Nebenstraße ab, auf der man durch ein landschaftlich sehr reizvolles Gebiet wieder nach ÓRFÜ gelangt. Passen Sie auf! Die Abzweigung ist nicht ausgeschildert und daher leicht zu übersehen!

Es ist Abend geworden, und zum zweiten Mal haben wir unseren Übernachtungsplatz am **Pécsi-tó** eingenommen. 150 Kilometer mehr stehen auf unserem Tacho, und wir sind rechtschaffen müde. Falls Sie diese schöne Fahrt in voller Länge nachvollziehen wollen, setzen Sie lieber zwei Tage dafür an oder kürzen Sie sie ab, indem Sie sich Ihre privaten Highlights herauspicken. Denn Stress im Urlaub ist bestimmt das Letzte, was man sich wünscht.

Nicht alle, aber zwei Wege führen nach ABALIGET. Mit 5 bzw. 8 km sind beide nur ein Katzensprung. Das nette Dörfchen bietet einige Attraktionen. Von der Durchgangsstraße zweigt links eine Stichstraße zu zwei idyllisch im Grünen gelegenen **Weihern** ab. Auf den schmalen Wiesenstreifen entlang diesen Teichen kann man seine Decke ausbreiten und nach Herzenslust baden. Wem das nicht genügt, der schnappt sich beim Verleih ein Tret- oder Ruderboot und spielt für eine Weile Freizeitkapitän. An einer Minigolf-Anlage lässt sich ebenfalls angenehm die Zeit vertreiben.

Eine besondere Sehenswürdigkeit stellt eine 1,3 km lange **Höhle** dar. Der Eingang befindet sich nahe dem Ufer eines

Abaliget, Weiher beim Höhleneingang

der beiden Teiche. 500 m weit in den Berg hinein führt der begehbare Teil. Man sollte sich die knappe Stunde Zeit nehmen, die dieses Unterfangen dauert - und zwar aus verschiedenen Gründen! Zum einen ist der Fußmarsch durch die Höhle recht interessant. Auf den ersten Metern im Eingangsbereich ist besondere Vorsicht geboten, wer nicht demütig den Kopf einzieht, wird schnell mit einer Beule bestraft. Doch bald weitet sich der Gang, und wir können erhobenen Hauptes dem Weg entlang einem kleinen Bachlauf folgen. Der Führer, der seine Erklärungen auch in Deutsch abgibt, weist auf etliche Figuren hin, die im Laufe der Jahrtausende den Launen der Natur entsprungen sind. Wir lernen die Niagara-Fälle und die Ruinen von Karthago kennen, blicken in einen Höllenschlund und machen die Bekanntschaft Schneewittchens samt ihren sieben Zwergen, die in einem geräumigen Saal stehen und auf die Besucher warten. Außer dem Vergnügen, das der Höhlenaufenthalt verschafft, ist auch noch der gesundheitliche Aspekt von Bedeutung. Die Luft ist staubfrei und kalziumhaltig und an den Wänden wachsen Penizillin erzeugende Pilze. Asthmatiker erhalten dadurch Linderung, manchmal sogar Heilung. Auf dafür vorgesehenen Bänken nehmen die Patienten täglich für eine Stunde Platz, und schon nach wenigen Tagen tritt die positive Wirkung ein. Weit gefehlt, wenn man nun meint, das wäre alles gewesen, denn man kann sogar auf Wunder hoffen. Trinken Sie das Wasser, das dem **Szent Florians-Brünnlein** in der Höhle entspringt! Junge Leute werden sich daraufhin unweigerlich verlieben, sollte man die vierzig bereits überschritten haben, so wird man nach dem Genuss des frischen Quellwassers zehn Jahre jünger. Das Schöne daran ist, das Ergebnis ist binnen sechs Stunden zu erwarten - heißt es zumindest...
Übernachten kann man auf einem gebührenpflichtigen Parkplatz bei den zwei Weihern.

(110) WOMO-Badeplatz: Abaliget

GPS: N 46° 08' 17.9" E 18° 06' 56.5"; Üdülöterület **max. WOMOs:** 4
Ausstattung/Lage: Gaststätten, Kiosk, Bänke, Mülleimer, Höhle nahebei / im Ort.
Zufahrt: Den Hinweisen zur Höhle bzw. den blauen Parkplatzhinweisen folgen.

Am Ufer des linken Weihers liegt der einfache **Campingplatz „Barlang“**, der allerdings nur in der Hochsaison geöffnet ist (GPS: N 46° 08' 17.8" E 18° 07' 02.8"; Üdülöterület).
Wir sind der Meinung, drei Schlucke vom Floriansbrunnen müssen reichen und reisen weiter. Ein kurzes Stück nach ABALIGET zweigen wir links ab und rollen nach HETVEHELY. In dieser Ortschaft hat man die Möglichkeit, entweder in gerader Linie auf dieser Straße weiterzufahren, um auf die **6** zu gelan-

gen, oder links abzubiegen in Richtung KÖVÁGÓTÖTTÖS. Die zweite Möglichkeit bedeutet einen kleinen Umweg. Man kann dabei aber noch einmal so richtig schön auf dem kurvigen Bergsträßlein die ganze Palette der Grünvariationen des dichten Laubwaldes genießen, bevor man dem **Mecsek-Gebirge** den Rücken kehrt.

Bald ist die **6** erreicht, und die Berge liegen hinter uns. Das Land ist flach, die Straße passiert einige kleine Nester. Kurz gesagt, der Streckenabschnitt bis SZIGETVÁR verläuft recht eintönig.

Die Kleinstadt wirkt freundlich. Es gibt alte hübsche Häuserfassaden, Restaurants und Straßencafés sowie ein „Türkisches Haus" in einer eigenartig geschwungenen Form. Nicht weit vom Zentrum wartet auch ein kleines **Thermalbad** auf seine Badegäste.

(111) WOMO-Badeplatz: Szigetvár

GPS: N 46° 03' 04.3" E 17° 47' 56.1" **max. WOMOs:** 4

Ausstattung/Lage: Thermalbad, Mülleimer, Burg, zum Zentrum nur wenige Gehminuten / im Ort.

Zufahrt: Am Ortsende links abbiegen, noch 1,1 km (beschildert).

Von der **Burg** des Ortes blieb außer einem Turm und einigen Mauern nur wenig erhalten. Die geschichtliche Bedeutung allerdings ist eminent. Als anno 1566 hier das türkische Heer mit weit über 90.000 Mann anrückte, verteidigte sich der tapfere Hauptmann Miklós Zrinyi mit nur 2.500 ungarischen Soldaten. 33 Tage lang konnte er dem übermächtigen türkischen Heer erbitternden Widerstand leisten. Schließlich geschah das Unvermeidliche - die Burg fiel. Den Kopf des wackeren Miklós spießte man auf eine Stange und steckte diese vor dem Zelt des Sultans in den Boden. So bezahlte er seine heldenhaften Taten mit dem Leben. Ganz vergebens war sein Tod jedoch nicht, denn auch die Türken mussten herbe Niederlagen hinnehmen, was den geplanten Vormarsch auf Wien verhinderte. Sultan Suleimann II verstarb schwer krank in SZIGETVÁR.

Hauptmann Miklós Zrinyi

Sultan Suleimann II

Heute wird aus der früheren Feindschaft zunehmende Freundschaft. Ca. 4 km außerhalb von SZIGETVÁR - in Fahrtrichtung KAPOSVÁR - ließ der ungarische Staat 1994 einen **Ungarisch-Türkischen-Freundschaftspark** anlegen. Zum 500. Geburtstag des Sultans wurde ihm ein Standbild errichtet. Die Türken reagierten darauf mit einer schönen Geste und setzten zwei Jahre später ein Standbild des Hauptmanns Miklós Zrinyi daneben - und nun sind schließlich die beiden Erzfeinde einträchtig auf einem Sockel vereint.
Die Strecke nach KAPOSVÁR ist landschaftlich wieder reizvoller. Auf den milden Höhenzügen erstrecken sich weite Felder, die oft von Hecken eingefasst sind. Ein See, dessen Ufer verschilft sind, taucht auf. Die Erntezeit hat längst begonnen. Mit riesigen Mähdreschern, die sich wie gefräßige Monster ausnehmen, rückt man dem Getreide zu Leibe.
In BOLDOGASSZONYFA entdecken wir an einem kleinen Gewässer drei Zelte. Wir fahren hinunter, und uns wird erst jetzt gewahr, dass es sich um einen Mini-Campingplatz handelt. Nach 85 Tageskilometern haben wir ein nettes Domizil in ruhiger Umgebung gefunden.
Mit neuem Elan geht es KAPOSVÁR entgegen, Zentrum des Komitats Somogy. Ein Prospekt lobt sie als Blumen- und Künstlerstadt. Das Reklameblättchen hält nicht, was es verspricht. Sicher - es gibt gepflegte Anlagen, bunte Blumenbeete und auch verschiedene Skulpturen, aber den bisher kennengelernten durchschnittlichen Rahmen sprengt diese Ortschaft nicht. Eine Ausnahme dabei bildet die Fußgängerzone.

Kutscher in Kaposvár

Sie ist hell und freundlich, es gibt interessante Kunstwerke, und die Geranien an den Laternen sind eine Pracht.
Sehr schön und gepflegt präsentiert sich auch das neue **Erlebnisbad**. Es nennt sich „**Virág-Fürdö**“, zu Deutsch: Blumenbad (geöffnet von 09.00-17.00 Uhr). Vor und nach dieser Anlage gibt es reichlich Parkplätze, die zumeist sonnig sind. Durch die Bahnhofsnähe muss allerdings mit einem erhöhten Geräuschpegel gerechnet werden.

(112) WOMO-Badeplatz: Virág-Fürdö Kaposvár
GPS: N 46° 21' 03.4" E 17° 47' 58.9" **max. WOMOs:** 10
Ausstattung/Lage: Gastronomie im Bad, zum Zentrum über eine Fußgängerbrücke in ca. 10 bis 15 Gehminuten / im Ort.
Zufahrt: Am Ortsanfang den Hinweisen Virág-Fürdö bzw. den Schwimmbadsymbolen folgen.

Unsere Route auf der **61** verläuft jetzt westlich. Nach KAPOSVÁR passieren wir einige Straßendörfer, die uns schier endlos vorkommen. Die Gemeinde NAGYBAJOM nimmt den Titel „**Storchendorf**“ für sich in Anspruch. Seit allerdings viele Strommasten mit Straßenlaternen aufgestockt wurden, ging Meister Adebar teilweise der Lebensraum verloren. Schade!

Im Zentrum erhebt sich ein hübsches Kirchlein, es gibt ein paar Geschäfte und Restaurants. Linker Hand des Kreisverkehrs findet man einen praktischen Parkplatz. Möchte man übernachten, empfiehlt sich das Umfeld einer Turnhalle. Hier steht man relativ zentrumsnah und - wenn nicht gerade eine Großveranstaltung läuft - auch recht ruhig.

(113) WOMO-Stellplatz: Nagybajom
GPS: N 46° 23' 37.7" E 17° 30' 24.3" **max. WOMOs:** 4
Ausstattung/Lage: Mülleimer, Spielplatz, Imbiss, Geschäfte und Restaurants nahebei / im Ort.
Zufahrt: Knapp 200 m nach dem Kreisverkehr rechts abbiegen, noch 200 m fahren, dann links (zwischen Fernsehturm und Turnhalle).

Kurz nach NAGYBAJOM (knapp 500 m nach dem Ortsschild am Ortsende) führt rechts ein Weg nach etwa 700 m zur „Boronka Therme“. Das relativ neue Bad hat allerdings seinen Betrieb schon wieder eingestellt und gammelt vor sich hin. Eine Neueröffnung scheint fraglich. Für eine schnelle Übernachtung gibt es aber noch einige Parkplätze im Umfeld (GPS: N 46° 24' 07.0" E 17° 29' 46.6").
Bald folgt wieder der fast schon gewohnte Wechsel zwischen

Nagybajom, Kirche im Grünen

Wäldern und Feldern. Es ist Hochsommer, doch die Landschaft wirkt für uns manchmal etwas herbstlich, denn Stoppelfelder sind in unseren Breiten um diese Zeit eher die Ausnahme. Eine Besonderheit ist auch der **Ziehbrunnen**, der kurz vor BÖHÖNYE auf der linken Seite in der Wiese steht, denn Brunnen dieser Art haben in Westungarn Seltenheitswert.

Biegt man nach BÖHÖNYE links ab, so gelangt man auf der **E 661** zügig und geradlinig in die Ortschaft SEGESD. Am Ortsanfang erstreckt sich rechter Hand eine Parkanlage mit altem Baumbestand, hinter dem sich wohl ein „Dornröschenschloss“ verbirgt. Doch „fremde Reiter“ sind verpönt, das Anwesen ist in privater Hand. Sollten Sie aber trotzdem gern ein edles Gemäuer (das **Hertelendy Kastèly**) in Augenschein nehmen wollen, so biegen Sie an der nächsten Kreuzung links in Richtung FELSÖBOGÁTPUSZTA ab. Das etwas holprige Sträßchen ist auf 3,5 t zulässiges Gesamtgewicht begrenzt.

Schlosshotel Hertelendy Kastèly

Fast wähnt man sich in irischen Gefilden. Die Vielfalt der Grüntöne in dieser Gegend erstaunt. Nach rund 7 km wächst das

Die Parkanlage beim Schlosshotel Hertelendy Kastèly

Erstaunen nochmals deutlich, denn das angekündigte alte Schloss entpuppt sich als top renoviertes 5-Sterne-Hotel. Dieses liegt in einem gepflegten Park mit einem schönen Teich und Springbrunnen. Spazierwege laden zum Flanieren ein. Möchte man allerdings im Restaurant speisen oder zieht man sogar eine Hotelübernachtung in Betracht, so muss man tief in die Tasche greifen. Auf unsere Frage, ob man auch mit dem WOMO übernachten könne, antwortet die freundliche Dame an der Rezeption: „Auch das haben wir schon gestattet, doch nur auf Anfrage, denn bisweilen haben wir geschlossene Gesellschaften oder anderweitige Gründe sprechen dagegen." Unsere Empfehlung für diesen Platz gibt es daher nur unter Vorbehalt! Doch auch wenn man nicht aufgenommen wird, einen kleinen Abstecher ist die Nobelherberge allemal wert.

(114) WOMO-Stellplatz: Hertelendy Kastèly

GPS: N 46° 22' 12.5" E 17° 25' 27.1" **max. WOMOs:** 3

Ausstattung/Lage: Restaurant, Café, Möglichkeiten Tennis zu spielen, Reiten und Bogenschießen, Wellnessangebote im Hotel / außerorts.

Zufahrt: In Segesd links in Richtung Felsöbogátpuszta abbiegen, dem Straßenverlauf 6,9 km folgen, dann links (Übernachtung nur auf Anfrage!).

Folgen Sie nun weiter dem Sträßchen über die Ortschaften KUTAS, SZABÁS und NAGYKORPÁD, so stoßen Sie nach rund 15 km bei LABOD auf unseren Tourenverlauf. Wir fahren jetzt aber zurück nach SEGESD und orientieren uns links nach NAGYTÁD. Das nette Städtchen ist stolz auf sein gepflegtes Thermalbad (06.00-19.00 Uhr, ca. 5 EUR), dem ein tadellos geführter, schöner Campingplatz angeschlossen ist. Für Campinggäste geht die Benutzung des Bades inklusive. Um Essen zu gehen muss man sich ins Zentrum begeben (20-minütiger Fußmarsch, ca. 1,5 Kilometer).

(115) WOMO-Campingplatz-Tipp: „Castrum" in Nagytád

GPS: N 46° 14' 20.9" E 17° 21' 50.7"; Zrinyi útca **Öffnungszeit:** 15.04.-15.10.
Ausstattung/Lage: Imbiss, kleines Geschäft, zum Zentrum gut 1 km, wenig Schatten / Ortsrand.
Zufahrt: Am Ortsanfang linker Hand, gut beschildert.

Für eine schnelle Übernachtung sei Ihnen der kostenfreie Besucherparkplatz der Therme empfohlen.

(116) WOMO-Badeplatz: Therme Nagytád

GPS: N 46° 14' 18.5" E 17° 21' 50.8"; Zrinyi útca **max. WOMOs:** 6
Ausstattung/Lage: Geschäft in der Nähe, Mülltonnen / Ortsrand.
Zufahrt: Den Schildern zur Therme bzw. Campingplatz folgen.

Nach ca. 20 km (Richtung BARCS/Kroatische Grenze) folgt in CSOKONYAVISONTA schon das nächste Thermalbad. Es liegt schön im Grünen. Das Wasser ist u.a. ölhaltig. Der Geruch erinnert ein bisschen an Diesel. „Gstandne" Männer werden es lieben!

Im Thermalbad von Csokonyavisonta

Der Außenbereich der weitläufigen Anlage erweist sich als gepflegt. Die Becken sind weitgehend renoviert. Eine große Wasserrutsche erfreut die Kinderherzen. Die Erwachsenen

Csokonyavisonta: Plausch im warmen Wasser

wiederum sind dankbar über die nur zeitweise Öffnung besagter Rutsche - das mindert den Lärmpegel. Die Becken im Innenbereich strahlen noch den alten „Ostcharme“ aus, eine Überholung könnte da nicht schaden. Duschen und Toiletten sind aber bereits erneuert!

(117) WOMO-Badeplatz: Csokonyavisonta

GPS: N 46° 06' 23.5" E 17° 26' 12.0"; Fürdötelep **max. WOMOs:** 4
Ausstattung/Lage: Geschäft, Gaststätten / im Ort.
Zufahrt: Von der Hauptstraße rechts zum Thermalbad abbiegen, vor dem Bad links oder rechts am Waldrand.

(118) WOMO-Campingplatz-Tipp: „Thermal“ in Csokonyavisonta

GPS: N 46° 06' 19.5" E 17° 26' 08.4"; Fürdötelep **Öffnungszeit:** Ganzjährig
Ausstattung/Lage: Geschäft und Restaurants in der Nähe, teils Schatten / im Ort.
Zufahrt: Von der Hauptstraße rechts zum Thermalbad abbiegen, beschildert.

Der Campingplatz ist direkt mit dem Bad verbunden, das sorgt für kurze Wege. Im Gegensatz zu den meisten Thermalbädern ist dieser Platz weniger frequentiert. Im nahen Umfeld wartet ein **Fischteich** auf Angler. Gehört man nicht zu den Petrijüngern, so kann man hier auch nur auf einem Bänkchen sitzen und die Natur genießen. Ganz in der Nähe gibt es zwei

Die Fischteiche von Csokonyavisonta

Gaststätten (wir mögen das „Delta Etterem“) und einen Tante-Emma-Laden. Mehr ist da nicht! Wenn das nicht eine wunderbare Basis für gaaanz entspanntes Faulenzen ist...
Unser nächstes Ziel ist ZALAKAROS. Wirft man nun einen Blick in die Karte, so ist man versucht, in BÖHÖNYE die **61** zu verlassen und in direkter Linie auf den kleinen Straßen das **Thermalbad** anzusteuern. Die Ausschilderung ist aber miserabel, und der Fahrbahnbelag grottenschlecht. Einfacher und bequemer hat man es, wenn man weiter bis NAGYKANIZSA fährt und hier auf die **7** wechselt. Die Stadt verfügt über ein recht ansehnliches Zentrum, nennenswerte Sehenswürdigkeiten gibt es aber eigentlich keine.
Vom Ortsende NAGYKANIZSA sind es rund 10 km bis zur Abzweigung links nach ZALAKAROS. Zunächst gelangen wir aber erst in das nette Dörfchen GALAMBOK. Etliche ansprechende Gaststätten, Pensionen und reichlich bunte Blumen verleihen der Ortschaft ein „freundliches Gesicht“. Am Ortsende links befindet sich ein **Hallenthermalbad**, das über keine Außenbecken verfügt. Die Therme weist über 500 qm Wasserfläche auf. Die Becken decken einen Temperaturbereich von ca. 28° bis 38° ab (geöffnet täglich von 09.00-20.00 Uhr, Eintritt ca. 3 EUR). Dem Bad ist ein gepflegter Campingplatz angeschlossen. Für Campinggäste ist der Eintritt zur Therme inbegriffen.
Nach Zalakaros besteht von hier aus eine Minibusverbindung.

(119) WOMO-Campingplatz-Tipp: „Kurcamping Castrum" in Galambok

GPS: N 46° 31' 53.6" E 17° 07' 27.4"; Banya volgye ú. **Öffnungszeit:**15.04-15.10.
Ausstattung/Lage: Restaurant, Thermalbad, zum Zentrum von Galambok 1 km (Zalakaros 2 km), vorwiegend Schatten / Ortsrand.
Zufahrt: Am Ortsende von Galambok (in Fahrtrichtung Zalakaros) links abbiegen, dann noch 300 m.

Kurcamping Castrum, das Bad

Der relativ große und bekannte Kurort ZALAKAROS empfängt uns mit einer Tankstelle zur Rechten, einer breiten Einfallstraße und zahlreichen Hotelburgen. Gleich nach dem Hotel Freya, das auf der linken Seite steht, führt eine Straße hinauf zu einem neu angelegten, ziemlich sonnigen Parkplatz, an dessen oberem Ende ein ABC-Geschäft liegt.

(120) WOMO-Badeplatz: Zalakaros

GPS: N 46° 32' 54.2" E 17° 07' 22.6" **max. WOMOs:** 4
Ausstattung/Lage: Thermalbad, Gaststätten und Geschäfte in der Nähe / im Ort.
Zufahrt: Nach dem Hotel Freya links, noch 100 m.

Neuerdings werden hier, wie auch auf diversen anderen Parkplätzen in ZALAKAROS, keine Gebühren mehr erhoben. Prima! Man muss auch einräumen, dass letztgenannter Stellplatz eher eine Notlösung darstellt. Er mag für ein paar Stunden Schlaf taugen, zu mehr aber auch nicht. Besucher, die dieses Heilbad anvisieren, bleiben in aller Regel zumindest mehrere Tage und peilen den Campingplatz an. Das ist auch sicherer, denn wo viele Touristen sind, hoffen auch die Langfinger auf das eine oder andere Schnäppchen.

(121) WOMO-Campingplatz-Tipp: „Thermalcamping“ in Zalakaros
GPS: N 46° 33' 09.3" E 17° 07' 33.1"; Gyógyfürdö ter **Öffnungszeit:** 01.04.-31.10.
Ausstattung/Lage: Restaurant sowie Geschäft am Platz, Thermalbad und Markt in der Nähe, zum Zentrum 200 m, reichlich Schatten / im Ort.
Zufahrt: Von der Hauptstraße aus beschildert.

ZALAKAROS hat in den letzten Jahren einen regelrechten Boom erlebt. Um das Bad herum wuchsen immer mehr Häuser und Pensionen aus dem Boden, Gasthäuser und Imbissstände erfuhren eine wundersame Vermehrung. Verkaufsbuden und Geschäfte entstanden in Hülle und Fülle. Von einigen Spitzenzeiten einmal abgesehen, scheint das **Thermalbad** dem Ansturm aber gewachsen. Die Liegeflächen waren von jeher schon großzügig, und die Anzahl der medizinischen Becken wurde vergrößert, sogar eine neue Halle wurde gebaut. Selbst der Wunsch nach einem Spaß- und Erlebnisbad wurde inzwischen erfüllt. Geöffnet ist die Anlage täglich von 08.30-18.30 Uhr (Eintritt in die Therme ab ca. 4 EUR, Spaßbad rund 7 EUR). Freilich wird auch eine ganze Palette medizinischer Leistungen, wie Massagen, Packungen, spezielle Bäder und noch einiges mehr angeboten.
Das stark schwefelhaltige Thermalwasser lindert vor allem Beschwerden im Skelettbereich, bei Rheuma, Frauenerkrankungen und Nervenleiden. Den Duft nach faulen Eiern, der über den Becken schwebt, nimmt man dafür doch gerne in Kauf?!
Steht Ihnen der Sinn nach etwas Bewegung? Dann unternehmen Sie einen Spaziergang auf den **Berghang** in ZALAKA-

„Touristenmeile“ in Zalakaros

ROS. Das mag wohl etwas anstrengend sein, wird aber am „Gipfel“ mit einer herrlichen Aussicht belohnt. Falls es nicht zu diesig ist, schweift der Blick weit über das Land bis hin zum Kleinen Plattensee. Erklimmt man die Stufen des hölzernen **Aussichtsturmes** hinauf bis zur letzten Etage, so genießt man einen noch besseren Rundblick!
Sollte man unterwegs Durst verspüren, so kann man diesen in einer der zahlreichen Weinstuben stillen und vielleicht sogar auch ein typisch ungarisches Gericht probieren.
Zählen Sie zu den Kühnen im Lande und fürchten weder Tod noch Teufel? Dann haben wir noch einen Tipp für Sie. Machen Sie einen **Rundflug** über das Gebiet! Aber vielleicht sollten Sie sich die knatternden fliegenden Kisten vorher genau anschauen und eventuell auch Ihren Nachlass regeln.
Schließlich fahren wir nach HÉVIZ. Ca. 35 km auf welliger Landstraße beträgt die Entfernung dahin. Rechter Hand passieren wir das weitläufige Gebiet des **Kis-Balaton** - des Kleinen Plattensees. Großartige Eindrücke darf man sich allerdings nicht erwarten. Zum einen liegt dieses Schutzgebiet etwas abseits der Straße, und zum anderen gibt das Gebüsch am Wegesrand nur wenige Blicke frei.
Biegt man allerdings ein Stück des Weges nach der Ortschaft ZALASZABAR rechts in Richtung ZALAVÁR ab, gelangt man bald zu einem langen Damm, der durch den See führt. Von hier aus erhält man wirklich herrliche Blicke über diese einzigartige Wasserwelt.
Was Sie in HÉVIZ erwartet und welche Übernachtungsmöglichkeiten zur Verfügung stehen - darüber informiert gründlich die nächste Tour. Blättern Sie bitte weiter!

In der Parkanlage von Hevis

Vorwort: Rund um den Plattensee in drei Touren

Der **Balaton**, so nennen die Ungarn den Plattensee, ist ein gewaltiges Gewässer. Seine Länge beträgt etwa 77 km, die breiteste Stelle misst immerhin 14 km. Dabei weist er nur eine durchschnittliche Tiefe von 3,5 m auf. Die tiefste Stelle findet man mit 12,5 m bei der **Halbinsel Tihany**. Besonders das Nordufer ist von ausgeprägter landschaftlicher Schönheit, das flachere Südufer ideal zum Baden - es ist vor allem für Kinder geradezu prädestiniert. Im Frühjahr erwärmt sich das Wasser des „Ungarischen Meeres“ schnell auf 20° C, in den Sommermonaten sind fast badewannentaugliche 27° C keine Seltenheit. Mögen die Preise, gemessen am ungarischen Standard, zwar hoch sein, so sind sie im europäischen Durchschnitt doch eher moderat. Das Klima ist ausgeglichen, beständige Schönwetterperioden sind die Regel. Der See ist für seinen Fischreichtum mit seiner großen Artenvielfalt berühmt, und für das leibliche Wohl ist allerorten gesorgt.

Diese eben aufgezählten Eckdaten finden Sie prima. Wir auch! Leider stehen wir mit dieser Meinung nicht allein da. Jahr für Jahr fallen Heerscharen von Touristen ein in der Absicht, die genannten Vorzüge zu nutzen. Strände, Campingplätze und Sehenswürdigkeiten sind, besonders in der Hauptsaison, hoffnungslos übervölkert. Natürlich hat die Tourismus-Branche darauf reagiert. Hässliche Betonburgen wuchsen aus dem Boden, Ufer wurden verbaut, und so mancher Ort hat dadurch viel von seinem ursprünglichen Charme verloren. Das sind Dinge, die Sie vor einer Tour um den **Plattensee** unbedingt wissen sollten. Wir haben uns bemüht, ansprechende und nach Möglichkeit ruhige **Übernachtungsplätze** für Sie zu finden. Einige dieser Plätze liegen daher im weniger frequentierten Hinterland, trotzdem werden Sie aber immer schnell den See erreichen - sei es mit dem **Wohnmobil** oder vielleicht auch mal mit dem Fahrrad. Auch ansonsten wird Ihnen der Drahtesel eine große Hilfe sein. Schöne Radwege führen entlang dem Ufer, doch eine gesamte Umrundung des Sees dürfte auch in Zukunft - schon aus baulichen Gründen - in Frage gestellt sein. Die Bestrebungen, das Netz zu komplettieren, sind aber im Gange - jedes Jahr kommen neue Abschnitte hinzu.

Um ein ständiges Wiederkäuen im folgenden Text zu vermeiden, zählen wir Ihnen einige Dinge von allgemeiner Gültigkeit auf. Sie werden fast allerorten die Möglichkeit finden, zu paddeln, surfen, segeln und zu angeln. Fehlt Ihnen die eigene Aus-

rüstung, gibt es zumindest so gut wie überall einen Bootsverleih. Jedes Städtchen wirbt mit „Promenadenfahrten“, das sind zumeist einstündige Schiffsrundfahrten. Wir erwähnen sie nur gesondert, wenn sie in landschaftlich außerordentlich reizvolle Regionen führen. Auf Schritt und Tritt werden Sie Verkaufs- und Imbissständen begegnen (Probieren Sie mal einen Lángos - einen in Fett herausgebackenen Fladen - für den kleinen Hunger!). Und - last but not least - an Tennisplätzen und Minigolf-Anlagen werden Sie auch keinen Mangel erfahren. Die meisten Orte sind nach dem gleichen Schema aufgebaut. Man stößt auf gepflegte Strandbäder (Eintritt ca. 2 EUR), Parkplätze, zumindest einen **Campingplatz** (rund um den Plattensee gibt es ca. 50 davon) und zahlreiche Geschäfte und Restaurants.
Erwarten Sie stetig tolle Ausblicke auf den See? Leider müssen wir Sie da enttäuschen! Die Straße verläuft oft ein Stück landeinwärts, oder der Schilfbewuchs des Ufers ist so hoch, dass die begehrte Aussicht verwehrt wird. Das gilt im besonderen Maße für das Südufer.
Für die komplette **Balaton-Rundfahrt**, die auch den nordöstlich gelegenen **Velence-See** und alle anderen beschriebenen Abstecher einschließt, müssen Sie knapp 500 km veranschlagen. Für die verkürzte Version, also bis zur **Halbinsel Tihany** und dann mit der Fähre ans Südufer, kalkulieren Sie bitte die Hälfte davon ein.
Jetzt wissen Sie schon einiges mehr und sind gewappnet für die **Balaton-Exkursion**. Freuen Sie sich an den angenehmen Seiten der folgenden drei Touren, aber ärgern Sie sich nicht über die Unzulänglichkeiten. Und versäumen Sie bitte eines nicht: Genießen Sie eine (oder mehrere) der köstlichen Zandervariationen, die rund um den See angeboten werden.
Zur Beachtung: Orte, die von vielen Menschen frequentiert werden, locken auch Diebe an. Treffen Sie die entsprechenden Vorsichtsmaßnahmen, um den Langfingern das Geschäft zu vermiesen. Im Informationsteil „Tipps von A-Z“ finden Sie viele wertvolle Hinweise zu diesem Thema (siehe Diebstahl)!

KARTE TOUR 10-12
25 km
Tour 10
Tour 11
Tour 12
Donau
Dunaújváros
Dunaföldvár
Velence
Velencesee
Gárdony
Agárd
Pákozd
Bory vár
Aboretum
Székesfehérvár
Várpalota
Sárkeresztúr
Sárbogárd
Cece
Vajta
Mezöszilas
Simontornya
Pincehely
Enying
Siófok
Balaton-
kenese
Balatonfüztö
Plattensee
Balatonfüred
Balaton-
almádi
Veszprém
Tihany
Herzenfriedhof
Balaton-
udvari
Balaton-
akali
Nagyvázsony
Mencshely
Zánka
Salföld
Ábrahámhegy
Balaton
Naturschutzhof
Tapolca
Seegrotte
Szigliget
Balatongyörök
Sümeg
Jánosháza
Devecser
Keszthely
Hévíz
Alsópáhok
Sármellék
Balatonmagyaród
Kisbalaton
Balatonberény
Balaton-
máriafürdö
Fonyód
Lengyetóti
Balatonboglár
Balatonlelle
Balatonszemes
Balatonföldvár
Ságvár
Tab
Andocs
Tamási
C
WC
122
123
124
125
126
127
128
129
130
131
132
133
134
135
136
137
138
139
140
141
142
143
144
145
146
147
148
149
150
151
152
153
154
155
156
157
158
159
160
161

Tour 10 (185 km / 5-6 Tage)

Héviz - Keszthely - Sümeg - Szigliget - Zanka - Balatonudvari - Tihany

Freies Übernachten:	Héviz, Keszthely, Szepkilátó, Sümeg, Szigliget, Salföld, Tihany.
Campingplätze:	„Castrum" in Héviz, „Zalatour" in Keszthely, „Strand Holiday Camping" in Balatonakali.
Besichtigen:	Heilbad Héviz, Schloss Festétics, Seegrotte in Tapolca, Burg Sümeg, Naturschutzhof in Salföld, Burg Nagyvazsony, Friedhof der Herzen, Benediktinerabtei Tihany.
Wandern:	In den Wäldern oberhalb des Szepkilátó.
Radfahren:	Entlang dem See ab Keszthely, Radwege nicht lückenlos.
Reiten:	Naturschutzhof in Salföld.
Baden:	Thermalsee Héviz, Strandbad in fast jeder Ortschaft.

Wir wählen die Straße über ALSÓPÁHOK um nach HÉVIZ zu gelangen. Das bedeutet für uns zwar einen geringfügigen Umweg, die drei Übernachtungsplätze, die wir in der **Kurstadt** ausgekundschaftet haben, sind aber so bestens erreichbar. Auf dem kurzen Stück zwischen ALSÓPÁHOK und HÉVIZ entdecken wir zunächst einige gepflegte Stellmöglichkeiten bei einem Privathaus. Die Anlage ist relativ neu und wird liebevoll geführt. Das Betreiberehepaar erweist sich als sehr hilfsbereit. Die Übernachtungsgebühr beträgt 13 EUR pro Wohnmobil inklusiv zweier Personen sowie Strom (Vergünstigung ab dem vierten Tag). Die Kurtaxe wird extra berechnet.

(122) WOMO-Stellplatz: Fiesta, Héviz

GPS: N 46° 46' 33.7" E 17° 10' 24.6"; Ady Endre útca **max. WOMOs:** 15
Ausstattung/Lage: Gaststätte und Geschäft in der Nähe, Ver- und Entsorgung, Toilette, Dusche / Ortsrand.
Zufahrt: In Alsópáhok links nach Héviz abbiegen, dann nach weiteren 150 m nochmals links.

Ca. 200 m weiter liegt ebenfalls links die **Hüvösvölgyi Csárda**, deren (angeblich) bewachter, sonniger Parkplatz einen brauchbaren Übernachtungsplatz abgibt. Es lässt sich hier recht ordentlich speisen und Folklore-Abende sorgen für Kurzweil - ein bisschen Rummel sollte man aber schon vertragen. Bevor Sie sich niederlassen, sprechen Sie aber unbedingt mit dem Wirt. Die Gaststätte befand sich im Umbau und war - zumindest vorübergehend - nicht nutzbar.

(123) WOMO-Stellplatz: Hüvösvölgyi Csárda, Héviz

GPS: N 46° 46' 40.7" E 17° 10' 47.4"; Ady Endre útca **max. WOMOs:** 4
Ausstattung/Lage: Gaststätte, Geschäft 500 m / Ortsrand.
Zufahrt: Zwischen Alsópáhok und Héviz links.

Schräg gegenüber diesem Gasthaus wirbt der „**Solar Camping**" um die Gunst der Besucher. Das Areal ist großzügig bemessen und verfügt über weite Grünflächen. Die Ausstattung ist leider nicht mehr ganz auf der Höhe der Zeit. Als praktisch erweist sich der Shuttle-Bus, der mehrmals täglich das Zentrum und den Thermalsee von HÉVIZ anfährt. Zu Fuß bedarf es dahin eines fast halbstündigen Fußmarsches, unangenehmerweise größtenteils entlang der Straße. Rollt man vom Ortschild HÉVIZ noch 1,2 km weiter und biegt dann rechts in eine Stichstraße ein, so gelangt man kurz darauf zum Camping „Castrum".

(124) WOMO-Campingplatz-Tipp: „Castrum" in Héviz

GPS: N 46° 47' 01.7" E 17° 11' 44.2"; Tópart **Öffnungszeit:** Ganzjährig
Ausstattung/Lage: Geschäft, Gaststätte, Thermalsee nahebei, zum Zentrum 1 km, Schatten / Ortsrand.
Zufahrt: Beim Thermalsee rechts abbiegen, noch 200 m.

Der schöne und schattige Parkplatz (Verkaufsstände, Toilette) vor dem Campingplatz darf leider mittlerweile nur noch von Tagesgästen (08.00-18.00, gebührenpflichtig) aufgesucht werden - Übernachtungen sind nicht mehr erwünscht!

Die Badeanstalt im Thermalsee von Héviz

Europas größter **Warmwassersee** liegt uns jetzt zu Füßen. Um an einen der insgesamt drei Eingänge zu gelangen, sind nur wenige Schritte vonnöten. Für drei Stunden müssen ungefähr 9 EUR entrichtet werden, für 4 Std. ca. 10 EUR, die Tageskarte kostet etwa 14 EUR pro Nase. Jetzt werden wir vor die Alternative gestellt, entweder im Inneren des prächtigen hölzernen Badehauses, das in den See hineingebaut ist (1750 errichtet und in den vergangenen Jahren endlich erweitert), das ca. 32° C warme Wasser zu genießen, oder aber „frei" im See zu schwimmen. Wir entscheiden uns für die zweite Variante, suchen uns ein Plätzchen auf der Liegewiese und staunen über ein Meer roter Seerosen, die in dem schwefligen und leicht radioaktiven Wasser sichtlich prächtig gedeihen. Viele der Badegäste lassen sich mit einem Gummischlauch unter den Armen über den See treiben. Was zunächst vielleicht zum Schmunzeln anregt, hat aber seinen tieferen Sinn. Selbst im Uferbereich ist es kaum möglich zu stehen - Schwimmen aber bei diesen badewannentauglichen Temperaturen führt sehr schnell zur Ermüdung. Die Rettung aus dieser Misere bieten die besagten Gummischläuche. Mit dieser Schwimmhilfe „bewaffnet", kann man sich ganz ohne Anstrengung dem wohligen warmen Nass hingeben, seinen Gedanken und Träumen nachhängen oder auch einfach nur die herrlichen Seerosen in aller Ruhe bewundern. Den Schlüssel zu diesem kleinen Glück gibt es in der Badeanstalt, hier sind diese Gummiringe für wenig Geld zu leihen.

Héviz, Badefreuden im Seeablauf

Im Kurpark von Héviz

Bei allem Vergnügen, das dieser rund 4,5 Hektar große See bereitet, darf man aber nicht vergessen, dass man in einem **Heilbad** weilt. Eventuell empfiehlt es sich, eine ärztliche Untersuchung einem Besuch voranzustellen. Ein Kuraufenthalt verspricht Linderung bei Rheumaleiden sowie bei Erkrankungen im Skelettbereich. Laut Auskunft des zuständigen Bademeisters sollten aber Kinder unter 16 Jahren von der Benutzung des Bades absehen.

Héviz, quirliges Kurstädtchen

An den See schließt der Kurpark an, der mit gepflegten Blumenbeeten und einigen Skulpturen aufwarten kann. Flaniert man durch ihn hindurch, erreicht man das Zentrum von HÉVIZ. Es ist ganz auf den Tourismus ausgelegt. Neben den üblichen Souvenirs werden aber auch ansprechende Stickarbeiten angeboten und natürlich Paprika in allen Variationen. Im **Café Sissy**, nahe dem Busbahnhof, genehmigen wir uns einen Cappuccino und einen leckeren Eisbecher. Solchermaßen gestärkt, streben wir einen Marktbummel an. Kaum 200 m weiter finden wir uns auf dem riesigen **Marktplatz** wieder. Obst und Gemüse gibt es hier in Hülle und Fülle ebenso wie Kleidung, wenn auch nicht immer in der besten Qualität. Raucher können sich zu günstigen Konditionen mit Zigaretten eindecken, Durst und Hunger lassen sich in zahlreichen Restaurants und an Imbissständen stillen. Haute cuisine darf man freilich nicht erwarten. Wer einen zentralen Übernachtungsplatz sucht, ist mit dem großen Parkplatz seitlich des Marktes recht gut bedient. Empfehlenswert ist vor allem der ruhige hintere Bereich. Einige Bäume

Leih-E-Bikes am Badeingang in Héviz

bieten etwas Schatten, ein Toilettenhaus ist vorhanden. Falls Sie hier übernachten wollen, fahren Sie am „Camping Castrum“ vorbei, folgen dem Straßenverlauf ca. 700 m und biegen dann links zum Cityparkplatz ab (gebührenpflichtig, nachts frei).

(125) WOMO-Stellplatz: Héviz-Zentrum

GPS: N 46° 47' 32.2" E 17° 11' 27.5" **max. WOMOs:** 10
Ausstattung/Lage: Gaststätten, Geschäfte, Wasserstelle, Toilette, zum Thermalbad 250 m / im Ort.
Zufahrt: Von der Durchgangsstraße links zum Cityparkplatz abbiegen, noch 700 m.

Ein lohnender Spaziergang führt Sie von diesem Platz den Berg hinauf zu der weithin sichtbaren **Kirche** - einem interessanten Bauwerk mit einem gediegenen hölzernen Altar und hübschen bunten Mosaikfenstern. Es werden auch Messen in deutscher Sprache gelesen. Gegenüber steht das moderne **Rathaus**, das zu jeder vollen Stunde mit einem wahrlich lieblichen Glockenspiel erfreut.
Etwas außerhalb von HÉVIZ erhebt sich auf einer Anhöhe ein stattlicher hölzerner **Aussichtsturm**, von dem man einen herrlichen Blick auf den Plattensee und die Umgebung genießt (Eintritt knapp 2,5 EUR).
Unsere Mini-Kur in HÉVIZ ist beendet. Wir brechen auf in Richtung KESZTHELY und wenden uns dort dem Balaton zu. Nahe dem Hotel Hullan entdecken wir einen schattigen gebührenpflichtigen Parkplatz (08.00-18.00 Uhr, nachts frei). Natürlich

Stelldichein am Plattensee

sind auch wieder die unvermeidlichen Verkaufsstände und Imbissbuden in der Nähe. Ein neugebautes Toilettenhäuschen steht am oberen Platzende zur Verfügung. Die Ver- und Entsorgung ist also gewährleistet. Nicht weit von diesem Platz entfernt erfreut ein Mini-Rummelplatz die Kinder. Es ist u.U. nicht gerade leise und die nahe Bahnlinie trägt noch ihres dazu bei - darauf sollte man sich einstellen.

(126) WOMO-Badeplatz: Keszthely

GPS: N 46° 45' 35.1" E 17° 15' 04.7"
max. WOMOs: 6
Ausstattung/Lage: Gaststätten, Toilette, Wasser, Strandbad, Schiffsanleger, Spielplatz, Bänke und Tische nahebei, Mülleimer / Ortsrand.
Zufahrt: Am Kreisverkehr am Ortsanfang dem Hinweis „Centrum“ folgen, noch ca. 900 m bis zu einer Ampel fahren, hier geradeaus und dann weiter über das Bahngleis. Beim Hotel Helikon rechts das Ufersträßchen entlangfahren, nach insgesamt 1,3 km (von der Ampel an gerechnet) links.

Nur ein paar Schritte sind es bis zum Seeufer. Die Promenade präsentiert sich modern und adrett. Schöne Spazierwege führen zum See bzw. am See entlang. Bunte Blumenrabatten ergehen sich in einem prächtigen Farbenrausch. Verschiedenartige Rosenblüten strahlen miteinander um die Wette. Wer

möchte, kann durch eine Pergola schreiten, die von dieser „Königin der Blumen“ überwuchert ist. Der Ausblick auf den See, als auch auf die altehrwürdigen Gebäude am Strand, ist wirklich wunderbar - natürlich vor allem wenn die Sonne so freundlich lacht wie heute.

Der heutige, sehr kurze Anfahrtsweg verspricht noch einen langen Tag. Es schlägt gerade zwölf Uhr, als wir das **Strandbad** betreten. Eigentlich ist es jetzt - Mitte September - bereits geschlossen, das heißt aber nicht, dass sämtliche Pforten versperrt sind. Die Stadtväter haben ein Herz für späte Badegäste und Sonnenanbeter und gewähren zu dieser Zeit Eintritt zum Nulltarif. Seitlich des Bades reicht ein Damm ein Stück in den See hinein. An seinem Ende ist ein **Schiffsanleger** - mehrmals täglich besteht die Möglichkeit einstündige **Rundfahrten**, sog. Promenadenfahrten, zu belegen u.a. auch eine „Sonnenuntergangstour“. Die Preise belaufen sich auf ca. 6 bis 9 EUR, Kinder zahlen knapp die Hälfte. Das kleine Gebäude am Pier verfügt über eine Toilette und eine Dusche (Benutzung gegen eine geringe Gebühr). Wir sehen von einer Schifffahrt ab und frönen bei noch hochsommerlichen Temperaturen uneingeschränkten Badefreuden. Am Spätnachmittag spazieren wir durch die große Parkanlage in die Innenstadt

Die Pforte zum Schloss Festetics

und schlendern durch die relativ kurze Fußgängerzone. Ein Schild weist den Weg (300 m) zum **Volkspuppenmuseum** (09.00-17.00 Uhr, Montag geschlossen, geringer Eintritt). Der Besuch lohnt sich, wir sind durch die kunstvollen Arbeiten beeindruckt.

Am Ende der Fußgängerzone ragt **Schloss Festétics** in den blauen Himmel, umgeben vom Schlosspark, der durch seine reichen Blumenbeete besticht. Das prachtvolle Gebäude wurde 1745 im Barockstil errichtet und beherbergt eine Bibliothek mit 52.000 Bänden. In den Sommermonaten werden im Hof des Schlosses Konzerte gegeben. Der Eintritt beträgt für Erwachsene ca. 8,5 EUR, für Kinder etwa 4 EUR (unter 6 Jah-

ren frei). Wer auf eine umfassende Führung Wert legt, zahlt rund 25 EUR. Geöffnet ist der prunkvolle Bau täglich (außer Montag) von 09.00-18.00 Uhr, in der Nebensaison von 10.00-17.00 Uhr. Nach dem Kulturgenuss sollten Sie sich unbedingt noch einen lukullischen gönnen. Lassen Sie sich in dem wundervollen **Schlosscafé** mit erlesenen Leckereien verwöhnen - ein Augenschmaus ist es obendrein.

Zu guter Letzt: Suchen Sie einen Campingplatz, so sei Ihnen folgender empfohlen:

(127) WOMO-Campingplatz-Tipp: „Balatontourist Zala“ in Keszthely

GPS: N 46°44'46.5"E17°14'37.8"; Entz Géza sétány **Öffnungszeit:** 15.04.-15.10.
Ausstattung/Lage: Geschäft, Restaurant und Swimmingpool in der Hauptsaison, Seelage (Zugang über Stege/Treppen), zum Zentrum 3 km, Schatten / Ortsrand.
Zufahrt: Von der Hauptstraße (71) aus beschildert.

Wir setzen unsere **Balaton-Rundfahrt** fort. Die Straße **71** verläuft durch die Orte GYENESDIÁS und VONYARZVASHEGY, die beide mit einem reichhaltigen, gepflegten Gastronomieangebot aufwarten und schier im Paprika zu ersticken scheinen. Kurz danach berührt die Straße das Dörfchen BALATONGYÖRÖK. Ein kleiner Hügel auf der rechten Seite, der **Szepkilátó**, bietet einen herrlichen Ausblick auf die erloschenen Vulkane des Oberlandes vom **Balaton**. Wir parken unser WOMO gebührenfrei auf der Kuppe. Zahlreiche Bänke und Tische laden den Besucher zur Rast ein. Es gefällt uns hier so gut, dass wir spontan beschließen, für eine Nacht zu bleiben, auch wenn erst 9,8 km auf dem Tageszähler stehen.

(128) WOMO-Picknickplatz: Szepkilátó

GPS: N 46° 46' 11.4" E 17° 21' 40.4" **Max. WOMOs:** 4
Ausstattung/Lage: Tische, Bänke, Beleuchtung, Mülleimer, Gaststätte, Toilette nahebei / Ortsrand.
Zufahrt: Am Dorfende auf einer Anhöhe.

Das Plätzchen ist frisch herausgeputzt und sehr gepflegt. Ein Campingverbotsschild (eines der ganz wenigen in Ungarn) hat man auch nicht vergessen. Tische und Stühle bleiben also drin! Die nahe Durchgangsstraße sorgt allerdings - auch nachts - für Lärmbelästigung. Eine Toilette und - natürlich - Imbissstände finden sich jenseits der Straße.

Der Parkplatz am Szepkilátó

Oberhalb des **Szepkilátó** erhebt sich ein Gebirge - zumindest bezeichnen es die Ungarn als solches. Wir würden es eher als waldreichen Höhenzug definieren. Dieser verspricht aber angenehme Spaziergänge und Wanderungen, die schattenspendenden Bäume schützen vor allzu großer Sommerhitze. Im Gespräch mit einem WOMO-Kollegen erfahren wir von

seiner Vorliebe für Radwanderungen in diesem Gebiet - ein vernünftiges Mountainbike sei allerdings Bedingung. Wir bleiben aber bei Schusters Rappen und belassen es bei einem einstündigen Erkundungsmarsch.
Nach einer deftigen Brotzeit schnallen wir unsere Fahrräder vom WOMO und lassen uns hinunter in das winzige Zentrum des Ortes rollen (2 km). Am Bahnhof, der über genau einen Bahnsteig mit exakt einem Gleis verfügt, liegt ein schattiger Parkplatz, der auch als Übernachtungsplatz dienen kann (gebührenpflichtig in der Saison). Eine Toilette ist vorhanden, und eine Wasserstelle versteckt sich hinter den Koniferen am Zaun.

(129) WOMO-Badeplatz: Balatongyörök

GPS: N 46° 45' 06.8" E 17° 21' 21.0" **max. WOMOs:** 2
Ausstattung/Lage: Gaststätte/Strandbad nahebei, Wasserstelle, Toilette / im Ort.
Zufahrt: In Balatongyörök von der Hauptstraße rechts zum Strandbad/Bahnhof abzweigen (ca. 2 km).

Entlang dem Schilfgürtel am See verläuft ein geteerter Radweg in Richtung KESZTHELY. Will man jedoch dorthin radeln, so muss man ein Stück des Weges auf die viel befahrene Hauptstraße ausweichen. Wir ziehen einen Besuch des hübschen **Strandbades** vor, das zwar auch schon offiziell geschlossen ist, doch trotzdem seine Türen für Wasserratten offen hält.
Ein empfehlenswerter Campingplatz am Ort (in direkter Seelage) ist der **Camping Castrum.**
Von unserem Übernachtungsplatz am **Szepkilátó** setzen wir unsere Rundfahrt fort. Kurz darauf, nach einem winzigen Flughafen (Plattenseerundflüge), zweigt rechts eine Stichstraße zu einem netten Campingplatz bzw. zu einem Strandbad ab.

„Der Fischer und seine Frau“

(130) WOMO-Badeplatz: Balatonederics

GPS: N 46° 47' 19.6" E 17° 23' 08.1" **max. WOMOs:** 8
Ausstattung/Lage: Strandbad mit entsprechender Gastronomie / außerorts.
Zufahrt: Nach dem Flughafen rechts zum Delta-Camping abbiegen und weiter bis zum Strandbad fahren (ca. 600 m vom Abzweig).

(Noch) Ruhe im Strandbad Balatonederics

Natürlich führt auch hier die unvermeidliche Bahnlinie vorbei. Ein kurzes Wegstück weiter folgt eine Gabelung, und wir entscheiden uns für einen Abstecher nach TAPOLCA und anschließend nach SÜMEG (Straße **84**, Großrichtung SÁRVÁR). Schon rund 5 km nach dem Abzweig führt rechts eine Straße nach TAPOLCA, das nach weiteren 5 km erreicht ist. In Zentrumsnähe gibt es eine außergewöhnliche Sehenswürdigkeit, die **Tavasbarlang** bzw. die **Seegrotte** (**GPS:** N 46° 53' 02.8" E 17° 26' 35.4"). Im 19. Jahrhundert wurde hier Bauxit abgebaut, dadurch entstand ein unterirdisches Höhlensystem. Es geriet in Vergessenheit, bis es 1902 durch einen Maurer, der einen Brunnen graben wollte, wieder entdeckt wurde. In etwa 18 m Tiefe - es führen 72 Stufen hinab - lässt sich ein verwinkeltes und eindrucksvoll illuminiertes Grottenlabyrinth bestaunen. Der Clou ist aber, dass ein Teil der Karsthöhle geflutet ist. So entstand ein Bachlauf mit Miniseen. Mit Metallbooten und Paddel bewaffnet dürfen

Bootsfahrt durch die Seegrotte in Tapolca

nun die Besucher selbst die Unterwelt erforschen. In ca. 10 bis 15 Minuten lässt sich die vorgegebene Runde absolvieren. Das macht unheimlich Spaß - und keine Angst - verloren kann man nicht gehen! In der Grotte herrscht eine angenehme Temperatur. Das Wasser misst stets 25°C und die Luftfeuchtigkeit liegt konstant bei 95%.
Von Juni bis August ist die Seegrotte von 09.00-20.00 Uhr, in der restlichen Zeit von 10.00-17.00 Uhr geöffnet. Erwachsene zahlen 7 EUR, Kinder 5 EUR (Kinder bis 3 Jahre frei).
Wir rollen jetzt wieder die 5 km zurück auf die **84** und peilen SÜMEG an. Schon von weitem ist die gewaltige **Burg** sichtbar, die erhaben auf einem Hügel liegt. Auch hier gibt es pro-

Die Burg Sümeg wacht über das Land

blemlos Übernachtungsmöglichkeiten. 1 km nach dem Ortsschild ist rechts ein großer, allerdings sehr sonniger und (noch?) gebührenfreier Parkplatz mit Dusche und WC. Leider wird diese Fläche zeitweise als Go-Kart-Bahn genutzt oder durch andere Einrichtungen in Beschlag genommen. Links der Straße finden wir einen teilweise schattigen Platz unterhalb der **Burg,** der mit 2 EUR/Tag zu Buche schlägt (falls der Kassierer auch da ist).

(131) WOMO-Stellplatz: Sümeg

GPS: N 46° 58' 58.9" E 17° 17' 09.7" **max. WOMOs:** 3
Ausstattung/Lage: Toilette, Dusche, Mülleimer, Gaststätte und Geschäfte in der Nähe / Ortsrand.
Zufahrt: Von der Hauptstraße, unterhalb der Burg.

Der Aufstieg zur **Burg** dauert nur einige Minuten und kann wahlweise auch im Taxi absolviert werden. Der Blick von oben bei schönem Wetter ist traumhaft (Erwachsene ca. 5 EUR, Kinder knapp 2 EUR, täglich von 08.00-20.00 Uhr). Täglich finden **Ritterspiele** mit wechselnden Themen statt (11.00, 14.30 und 17.00 Uhr). Ein Ereignis, das besonders bei Kindern beliebt ist - wo kann man denn sonst schon „echte" Ritter kämpfen und mit Pfeil und Bogen schießen sehen? Im Anschluss an diesen Event (Originalton eines Bediensteten) kann man am „**Mittelalterlichen Abendmahl**" im Reitsaal-Restaurant teilnehmen. Danach ist man froh, den Burgberg nur noch hinunter und nicht mehr hinauf steigen zu müssen. Die Csárda am Fuß des Berges halten wir übrigens nicht für empfehlenswert. Hier wird das volle Touristenprogramm abgezogen mit sog. Folklore-Tanz, Zigeunermusik und „powerman" (was immer das auch sein mag). Ungarische Ursprünglichkeit sucht man hier vergebens!
Zurückgekehrt an den **Balaton**, streben wir als nächstes Ziel SZIGLIGET an. Der Ferienort liegt auf einer kleinen Halbinsel, bietet viel Grün und stilvolle reetgedeckte Häuser. Auf einer denkbar miesen Straße lässt sich diese Halbinsel umrunden, und man stößt dann wieder auf die **71**, von der man zuvor abgezweigt ist. Nach 3 km auf diesem Rundkurs treffen wir auf ein **Strandbad**, dessen schattiger Parkplatz auch als Übernachtungsplatz geeignet ist. Gegenüber empfängt ein nettes Weinlokal seine Gäste.

(132) WOMO-Badeplatz: Szigliget

GPS: N 46° 47' 07.5" E 17° 26' 06.6" **max. WOMOs:** 3
Ausstattung/Lage: Strandbad, Gaststätte, kleiner Kiosk / Ortsrand.
Zufahrt: Beim Strandbad.

Besonders ins Auge fällt - ein Stück des Weges weiter - der **Avasi Torony**. Man erkennt die Grundfesten einer **Kapelle**, der Kirchturm hingegen ist gut erhalten bzw. restauriert. Wegen seines Baustils wähnt man ihn aber eher in Irland denn in Ungarn. Das Sträßlein steigt jetzt an, und man hat die Möglichkeit, eine Anhöhe zu einer Burgruine zu erklimmen. Die Ruine lohnt die Mühe kaum, wohl aber die herrliche Aussicht.

Der Avasi Torony in Szigliget

Auf der Hauptstraße geht es weiter. Unser Blick schweift über den **Badascony**, einen 436 m hohen, erloschenen Vulkan. Wegen seiner Basaltorgeln ist er besonders für Geologen von Interesse, Weinkenner schätzen aber die edlen Tröpfchen dieser Gegend. Den „Badasconyer Grauer Mönch" kelterten schon die Pauliner. Wir durchfahren BADASCONYTOMAJ und gelangen auf landschaftlich schöner Strecke nach ABRAHÁMHEGY. **Campingplätze** sind in dem gesamten Abschnitt wahrhaftig keine Seltenheit. Leider bleiben aber oft den Reisenden die begehrten Blicke auf den **Balaton** verwehrt, zum einen wegen des kräftig verschilften Ufers und zum anderen wegen der landeinwärts gerichteten Straßenführung. In ABRAHÁMHEGY möchten wir Ihnen den kurzen Abstecher nach SALFÖLD besonders ans Herz legen. Es ist eine Tatsache, dass der **Plattensee** dem Hinterland den Rang abgelaufen hat. Er ist eben der Anziehungsmagnet schlechthin. Tatsache ist aber auch, dass das Oberland keinesfalls ohne Attraktionen ist, und die Bestrebungen, sich hier ein Stück vom touristischen Kuchen abzuschneiden, sind unserer Meinung nach unverkennbar. Am **Balaton** selbst spürt man die langjährige Routine, etwas abseits allerdings wird noch mehr mit Gefühl und Liebe gekocht. SALFÖLD ist so ein Beispiel dafür. Das freundliche Dörfchen ist schnell erreicht, es sind nur 3,5 km. Saubere Straßen, gepflegte Häuser und dezenter Blumenschmuck ergeben ein angenehmes Bild. Im Dorfladen werden wir auch außerhalb der Geschäftszeiten freundlich bedient. Am Ende des Ortes, nahe der Kirche, finden wir eine Attraktion, die nicht nur

Der Naturschutzhof in Salföld

bei Kindern leuchtende Augen hervorruft: den **Naturschutzhof**. Es ist ein weitläufiger Bauernhof, auf dem man sich die Aufgabe gestellt hat, vom Aussterben bedrohte ungarische Tierrassen zu erhalten bzw. weiter zu züchten. In geräumigen Gehegen kann man Zackelschafe ebenso bestaunen wie Graurinder und seltene schwarzhäutige Schweinerassen. Auch der

Zucht rarer ungarischer Hirtenhunde wird große Beachtung geschenkt. Zahlreiche Schilder sparen nicht mit ausführlichen Erklärungen. Dass dies auch auf Deutsch geschieht, dürfte vielen Besuchern entgegenkommen. Natürlich darf auch ein Pferdegestüt nicht fehlen. Die Tiere stehen für Ausritte zur Verfügung, Kutschfahrten stehen ebenso auf dem Programm. Geboten werden auch künstlerische Reitervorführungen, ein ungarischer Ziehbrunnen liefert das notwendige Flair dazu. Der Eintritt zum **Naturschutzhof** kostet eine kleine Gebühr - die offerierten Leistungen müssen natürlich extra bezahlt werden. Unterhalb des Hofes gibt es einen Parkplatz im Grünen, der für eine ruhige Übernachtungsmöglichkeit sorgt (Wasserstellen im Dorf). Tierliebhaber werden hier nochmals auf ihre Kosten kommen, die Vertreter der Gattung Stubenfliege sind stark präsent...

(133) WOMO-Stellplatz: Salföld

GPS: N 46° 50' 13.0" E 17° 33' 05.4" **max. WOMOs:** 5
Ausstattung/Lage: Restaurant (im Naturschutzhof) / Ortsrand.
Zufahrt: Unterhalb des Naturschutzhofes.

Die Weiterfahrt auf der **71** nach ZÁNKA führt durch weitere Badeorte, die, wie schon eingangs genannt, nach dem bewährten Strickmuster aufgebaut sind - Strandbad, Parkplatz, Campingplatz, Geschäfte und Restaurants. Abwechslung verschafft ein Ausflug ins 15 km entfernte NAGYVAZSONY, das uns eine stattliche **Burg** aus dem 15. Jahrhundert verspricht. Auf welliger Straße nähern wir uns dem Städtchen und suchen erhobenen Hauptes nach dem alten Gemäuer, doch es ist nichts zu sehen. Irritiert stellen wir unser fahrendes Domizil erst mal gegenüber des Coop-Geschäftes nahe der Kirche ab und befragen einen Einheimischen. Dieser erklärt uns, dass wir bereits goldrichtig liegen. Er deutet den Berg hinunter und wir entdecken die Turmspitze. In diesem Fall wird eben nur fündig, wer gesenkten Hauptes sucht. Grund für den Bau im

Tal war der akute Wassermangel in der Höhe. Die stattliche **Burg** wird von einer breiten Mauer eingefriedet und vom fünfstöckigen sog. Wohnturm überragt. Die Besichtigung ist täglich von 08.00-17.00 Uhr möglich, Erwachsene zahlen ca. 2 EUR, Kinder ca. 1 EUR. Wem der Sinn nach mehr Kultur steht, der kann in einem Zug auch gleich das **Postmuseum** gegenüber mit besuchen (10.00-18.00 Uhr, außer Montag).

Erwähnenswert ist auch das **Schloss Zichy**, in dessen geschützter Parkanlage bisweilen **Reiterspiele** stattfinden. Nähere Auskünfte hierfür ziehen Sie bitte vor Ort ein.

Auf der Rückfahrt bleiben wir bis MENCSHELY auf derselben Straße wie bei der Herfahrt, danach wählen wir den gleichfalls buckligen Weg über DÖRGICSE. Die insgesamt 12 km lange Fahrt bis BALATONAKALI erweist sich als landschaftlich reizvoll und gibt immer wieder Blicke auf den See frei. Von der Sonne verwöhnte Weingärten steigern die Vorfreude auf einen guten abendlichen Tropfen. BALATONAKALI verfügt über mehrere Campingplätze. Ganz gut beraten ist man mit dem:

(134) WOMO Campingplatz-Tipp:
„Strand Holiday" in Balatonakali

GPS: N 46° 52' 51.7" E 17° 45' 14.8"; Vasúti sor **Öffnungszeit:** 15.05.-15.09.
Ausstattung/Lage: Geschäft, Imbiss, Restaurant, Seelage, zum Zentrum 1 km, vorwiegend Schatten / Ortsrand.
Zufahrt: Von der Straße 71 über die Bahnlinie zum See abbiegen, beschildert.

In BALATONUDVARI halten wir am **Friedhof der Herzen** (links am Ortsende). Gönnen Sie sich die Stippvisite und streifen Sie ein wenig über das anheimelnde Wiesengelände. Es ist ein Ruhepol am sonst so lebhaften Balaton.

Der Friedhof der Herzen

Weit über 100 Jahre ist es her, dass hier einem Steinmetz ein großes Leid widerfuhr. Seine Herzallerliebste wurde bei einem schweren Unwetter in den See gespült und ertrank gar jämmerlich. Der gramgebeutelte Jüngling erwies ihr eine letzte Ehre und meißelte einen herzförmigen Stein für ihre Ruhestätte. Die folgenden Jahre taten es ihm viele nach, und so entstand der heute denkmalgeschützte **Friedhof der Herzen**. In den letzten Jahrzehnten fand aber dieser Liebesbeweis keine Nachahmer mehr, so dass der neue Teil des Gottesackers nur von „normalen" Grabsteinen geprägt ist.

Ein weiterer Zwischenstopp lohnt kurz darauf in ÖRVÉNYES. Unterhalb einer Kapelle gibt es ein Wasserrad zu bewundern. Die **Mühle**, die auf eine tausendjährige Geschichte zurückblickt, arbeitete bis 1985. Heute dreht sich das Rad nur noch für Touristen. Das schilfgedeckte Häuschen ist vollgestopft mit alten Gerätschaften, Werkzeugen und Utensilien aller Art. Für wenige Forint kann man sich einen Eindruck über das Leben in längst vergangenen Zeiten verschaffen. Ein freundlicher älterer Herr beantwortet gerne redselig unsere Fragen und lässt sich ergeben im Müllerstübchen fotografieren. Manchmal, flüstert er uns zu, schläft er auch hier, aber nur, wenn eine schöne Frau das Lager mit ihm teilt, und das verschmitzte Lächeln lässt den Wahrheitsgehalt seiner Worte stark anzweifeln.

Tihany, Benediktinerabtei

Die **Halbinsel Tihany** ragt ca. 5 km tief in den See hinein und unterteilt ihn in zwei Becken. Das 12 qkm große Refugium wurde zum ersten **Naturschutzgebiet** Ungarns erklärt und zählt mit seinen zwei eingelagerten Seen, den vielen Geysirkegeln und diversen Hügeln vulkanischen Ursprungs zu den schönsten Gegenden Ungarns. Die im 11. Jahrhundert von Andreas dem Ersten gegründete **Benediktinerabtei** wacht erhaben über das begnadete Fleckchen Erde. In der Krypta der romanischen Kirche befinden sich künstlerische Holzschnitzarbeiten und Fresken. Der Eintritt beträgt ca. 3 EUR, Kinder zahlen die Hälfte. Die gelösten Karten gelten auch für die **Galerie** und das **Lapidarium** (Öffnungszeiten jeweils 09.00-17.00 Uhr). Der Geheimtipp, als den man uns die Halbinsel in einer Touristeninformation verkaufen wollte, ist es aber sicherlich nicht. Die Ortschaft TIHANY ist überbevölkert, selbst in der Nachsaison spucken Reisebusse Massen von Touristen aus, die sich dann von einer Sehenswürdigkeit zur anderen wälzen. Wir lassen es uns trotzdem nicht vermiesen und freuen uns an den reetgedeckten Häusern und den vielfältigen, teilweise gediegenen Töpferarbeiten. Hübsch anzuschauen ist das **Paprikahaus** an der Hauptstraße, dessen Fassade fast gänzlich mit getrocknetem und frischem Paprika zugehängt ist. Natürlich fehlen auch ungarische Salami, Palinka und Knoblauchzöpfe nicht.

Klären wir die Übernachtungsfrage! Der erste Parkplatz, zentral im Ort gelegen, ist sehr stark frequentiert und laut. Für eine Stippvisite mag er geeignet sein, zum Übernachten aber nicht. Ein zweiter Parkplatz findet sich etwas außerhalb. Das Plätzchen erweist sich als ruhig und sonnig, doch trotzdem nicht allzu weit vom pulsierenden Leben des Ortes entfernt.

(135) WOMO-Stellplatz: Tihany Angelsee

GPS: N 46° 54' 31.0" E 17° 53' 16.8" **max. WOMOs:** 2
Ausstattung/Lage: Gaststätte in der Nähe, Mülleimer / Ortsrand.
Zufahrt: Vom Ortsschild am Ortsanfang 1,5 km weit fahren, dann rechts abbiegen. Jetzt 200 m hügelabwärts fahren und hier nochmals rechts zum Ruder- bzw. Angelsee abzweigen (noch ca. 100 m).

Eine weitere Übernachtungsmöglichkeit bietet sich bei der **Fährstation**. Man benutzt hierzu den 200 m linker Hand gelegenen Parkplatz am verschilften Ufer (gebührenpflichtig, Abrechnung stundenweise).

(136) WOMO-Stellplatz: Tihany Fährstation

GPS: N 46° 53' 27.0" E 17° 53' 35.6" **max. WOMOs:** 5
Ausstattung/Lage: Gaststätte, Mülleimer / Ortsrand.
Zufahrt: Bei der Fährstation.

Sie müssen jetzt eine Entscheidung fällen! Entweder Sie begleiten uns weiter auf unserer Tour, oder Sie entscheiden sich für die **kleine Plattenseerunde,** fahren mit der Fähre hinüber ans Südufer und klinken sich da in **Tour 12** ein. Ein Schild weist die Preise aus: Ein WOMO mit 2 Personen kostet rund 16 EUR. Na, haben Sie Ihre Entscheidung schon getroffen?

Tour 11 (140 km / 7 Tage)

Balatonfüred - Balatonalmadi - Veszprem - Székesfehérvár - Pákozd - Velence - Agárd

Freies Übernachten:	Balatonfüred, Balatonalmadi, Balatonfüztö, Veszprem, bei Pákozd, Velence, Gárdony und Gárdony Agárd.
Campingplätze:	„Füred“ in Balatonfüred, „Erdei Camping“ in Veszprem, „Panorama“ in Velence, „Termal Camping“ in Gárdony Agárd.
Besichtigen:	Stadtkern Balatonfüred, Veszprem und Székesfehérvár, Arboretum in Pákozd.
Wandern:	Im Velence-Gebirge.
Radfahren:	Entlang dem Plattensee und am Velence-See.
Reiten:	Reiterhöfe in Veszprem und nahe Pákozd.
Baden:	Balatonfüred, Balatonalmadi, Balatonfüztö, Velence, Agárd.

Wir fahren mit unserem „Häuschen“ weiter die Uferstraße entlang. Ab und zu weicht das Schilf und gibt winzige Badeplätzchen frei. Das Parkplatzangebot ist dürftig. Allerdings kann man vom **Übernachtungsplatz** an der Fährstation zu Fuß oder besser mit dem Fahrrad die Ministrände erreichen. Der Blick über den See ist herrlich, sehr dekorativ wirken die einzeln im Wasser stehenden Schilfhorste. Etliche Angler versuchen ihr Glück in der Nähe eines kleinen Yachthafens. Der Fischreichtum des **Balaton** scheint nicht nur in der Sage zu bestehen - die Ausbeute der Petrijünger bestätigt das. Bald stoßen wir wieder auf die **71** - rechts ab geht es nach BALATONFÜRED, das wir kurz darauf erreichen. Direkt am Ortsschild liegt rechter Hand ein großer Parkplatz, dahinter ein riesiger Campingplatz. Beides erreicht man über eine eigene Zubringerspur.

Während der größtenteils sonnige und gebührenpflichtige Parkplatz, an dessen Ende ein Heilbrünnlein plätschert, eher für einen kurzen Aufenthalt geeignet scheint, so lässt es sich im (relativ teuren) „Füred“ Camp durchaus länger aushalten.

(137) WOMO-Badeplatz: Balatonfüred

GPS: N 46° 56` 43.2" E 17° 52` 25.0"; Széchenyi útca **max. WOMOs:** 6
Ausstattung/Lage: Strandbad, Wasser, Geschäft / Ortsrand.
Zufahrt: Über den Kreisverkehr am westlichen Ortsanfang beim Campingplatz.

(138) WOMO-Campingplatz-Tipp: „Füred“ in Balatonfüred

GPS: N 46° 56` 44.4" E 17° 52` 37.8"; Széchenyi ú. **Öffnungszeit:** 15.04.-15.10.
Ausstattung/Lage: Gute Infrastruktur, Seelage, zum Zentrum ca. 2 km, reichlich Schatten / Ortsrand.
Zufahrt: Am Ortsanfang rechts, eigene Zufahrtsspur.

Um ins Zentrum zu gelangen, greift man entweder auf den im Stundentakt fahrenden Bus oder auf das im halbstündigen Turnus zuckelnde Kurbähnchen zurück. Wer auf Schusters Rappen zum Sightseeing gehen möchte, benötigt dafür eine knappe halbe Stunde.

BALATONFÜRED gehört zu den bekanntesten Badeorten am **Balaton**, und man spürt einen leicht mondänen Anflug. Die Uferpromenade glänzt mit einem geradezu verschwenderischen Blumenschmuck, der sich im angrenzenden Kurpark fortsetzt. Rund 1300 Bäume spenden Schatten. Schöne Spazierwege und zahlreiche Bänke sorgen für erholsame Stunden. Im oberen Teil des Kurparks neben dem Herzsanatorium steht ein **Trinkpavillon**, dessen Brünnlein kohlensäurehaltiges Wasser spendet. Neben der heilsamen Wirkung bei allerlei Krankheiten soll es als Jungbrunnen wahre Wunder vollbringen. Eine Ungarin klärt uns darüber auf, dass Männer, die sich das Wasser einverleiben, wieder zwanzig werden. Bei Frauen schlägt die Wirkung noch intensiver an, das Rad der Zeit dreht sich bis zum achtzehnten Lebensjahr zurück. Die freundliche Frau scheint allerdings den Genuss des kostbaren Nasses verschmäht zu haben, sie ist jedenfalls jenseits besagter achtzehn Jahre einzuschätzen. Wir aber sprechen natürlich dem Wunderwasser kräftig zu. Falls Sie also in der Fortsetzung dieses Buches einmal einen Fehler feststellen sollten, so begegnen Sie diesem bitte mit

Wohlwollen und schreiben ihn der extremen Jugend der Autoren zu.
Hinter dem Trinkpavillon steht, etwas erhöht und von einem **Rosarium** umgeben, ein prachtvolles Gebäude. Seit 180 Jahren findet darin der sog. Annenball statt, bei dem alljährlich eine Schönheitskönigin gewählt wird. Blickt man nach links, so sieht man am Ende einer Seitenstraße eine klassizistische **Rundkirche**. Etwa in der Hälfte dieser Gasse beherbergt ein Haus mit hübscher Fassade das **Café Kedves** mit seiner gediegenen Einrichtung. Ein Besuch ist zu empfehlen.
Natürlich wirbt man auch hier am **Schiffsanleger** mit den fast in jeder Ortschaft durchgeführten Promenadenfahrten. Es sei an dieser Stelle trotzdem gesondert erwähnt, da diese Fahrt vor allem wegen der Nähe der **Halbinsel Tihany** landschaftlich besonders reizvoll ist.

Balatonfüred mit Halbinsel Tihany

Wir lassen BALATONFÜRED zurück und nähern uns langsam dem Ende des „Ungarischen Meeres". Entweder man wählt den direkten Weg nach BALATONALMÁDI oder man nimmt den kleinen Umweg von ALSÓÖRS über FELSÓÖR. In beiden Orten wird man einige aus rotem Sandstein gebaute Häuser entdecken, in FELSÓÖR ist auch eine Kirche aus diesem Material gefertigt. Und - wie so oft - wenn das Sträßlein etwas ansteigt, gibt es obendrein einen schönen Blick auf den See als Zuschlag.
BALATONALMÁDI wurde bereits 1877 als Badeort ausgebaut, die Holzhäuser aus dieser Zeit stehen noch heute. Das Städtchen verfügt über den längsten Strandabschnitt des Nordufers - wir haben ihn aber nicht nachgemessen - und ist umrahmt von Weinbergen.
Einen gut auffindbaren Übernachtungsplatz (Wasserstelle an der Einfahrt) mit reichlich Schatten gibt es auch, und zwar für ca. 3 EUR (falls kassiert wird). Wir fahren dazu 1,3 km vom Ortsschild am Ortsanfang stadteinwärts, überqueren rechts die Bahnlinie, sofort danach nochmals rechts und schon stehen wir am Parkplatz eines **Strandbades**.

(139) WOMO-Badeplatz: Balatonalmádi

GPS: N 47° 01` 33.8" E 18° 00` 39.4" **max. WOMOs:** 6
Ausstattung/Lage: Strandbad, Wasser, Toilette beim Kiosk, Mülleimer / Ortsrand.
Zufahrt: Über die Bahnlinie zum Strandbad.

Zusätzlich zum Badespaß bietet sich die Örtlichkeit für Exkursionen mit dem Drahtesel an. Der vorbeiführende **Radweg** bringt Sie entweder nach TIHANY oder ins am Nordufer gelegene BALATONKENESE. Möchten Sie mit dem WOMO einen Abstecher in dieses Städtchen unternehmen, so finden Sie zuvor am Ortsende von BALATONFÜZTÖ ein sehr hübsches und gepflegtes Strandbad (Eintritt ca. 2 EUR). Der Parkplatz eignet sich nur für WOMOs bis ca. 6 m Länge. Leider liegt er - wie so oft - neben der Bahnlinie und an der Durchgangsstraße. Mit Lärmbelästigung muss man also rechnen!

(140) WOMO-Badeplatz: Fövenyfürdö

GPS: N 47° 03` 06.1" E 18° 03` 14.1" **max. WOMOs:** 5
Ausstattung/Lage: Strandbad, Toilette, Gaststätte, Imbiss, Spielplatz, Mülleimer / im Ort.
Zufahrt: 1 km nach dem Sirály vendeglö rechts abbiegen, kleines orangefarbenes Hinweisschild Föveny-Strand (500 m vor dem Ortsende).

Zurück nach BALATONALMÁDI! Wir verlassen die **71** und zweigen links in Richtung VESZPREM ab. Zunächst steigt die Straße an, um dann über ein Hochplateau zu führen. Bald gelangen wir an die Ringstraße, die die Stadt umgibt. Wir halten uns links und bleiben 2,7 km auf dem Ring. Jetzt biegen wir rechts ab (als Anhaltspunkt dient auch der rechts unten am Stadtrand liegende Friedhof) und fahren 1,1 km (vorbei am Busbahnhof) weiter, um hier rechts bei den Tennisplätzen in die Straße einzubiegen, die zum **Sportstadion** führt (300 m). Der Parkplatz der Sportanlage ist sonnig und von Wohnblöcken umgeben. Er ist zwar zweckmäßig - aber zugegeben - nicht unbedingt berauschend.

Das Föveny Strandbad

(141) WOMO-Stellplatz: Veszprem Stadion

GPS: N 47° 05` 06.7" E 17° 54` 13.8" **max. WOMOs:** 5
Ausstattung/Lage: Zoo in der Nähe / im Ort.
Zufahrt: Von der Ringstraße zum Sportstadion orientieren.

Gut zwanzig Minuten benötigt man, um von hier ins Zentrum zu gelangen. Ungefähr die gleiche Zeit muss man aufwenden, um vom gänzlich neu gestalteten **Zoo** in die Innenstadt zu gehen.
Leider gibt es den Campingplatz, der direkt neben dem Tier-

park angesiedelt war, nicht mehr. Das komplette Gelände wurde bei der Neugestaltung integriert. Im Gegenzug wurde ein großes Parkareal geschaffen, das auch übernachtungstauglich ist. Wenn die Besucher abends abgezogen sind, kann es hier u.U. recht einsam werden.

(142) WOMO-Stellplatz: Veszprem Zoo

GPS: N 47° 05` 22.9" E 17° 53` 34.0" **max. WOMOs:** 15

Ausstattung/Lage: Zoo, Mülleimer, Imbiss (innen!) im Zoo, praktisch kein Schatten / außerorts.

Zufahrt: An der Ringstraße bestens ausgeschildert.

Der Eintrittspreis in den Tierpark beträgt für Erwachsene knapp 10 EUR, Kinder zahlen 6,5 EUR. Seltsam mutet die Praxis an für Kleinkinder bis zu 3 Jahren etwa 30 Cent zu berechnen. Geöffnet ist der Zoo täglich von 09.00-17.00 Uhr.

Nachdem wir uns ein wenig gestärkt haben, stapfen wir los in Richtung Zentrum. Schließlich passieren wir den **Feuerturm**, der das Wahrzeichen der Stadt darstellt und schreiten durch das **Heldentor** ins **Burgviertel**. Im Heldentor sind die „**Ortsgeschichtliche Sammlung**" und das **Lapidarium** untergebracht. Gegen eine geringe Gebühr kann beides von 09.00-17.00 Uhr besucht werden. Die beherrschenden Bauwerke des Burgviertels sind das **Palais des Großprobstes**, die ehemalige **Piaristenkirche** und die **St. Michaels-Kathedrale**. Die **Gizella-Kapelle** ist das älteste Bauwerk der Stadt. 1030 wurde sie von der aus Bayern stammenden Königin Gisela, der Gemahlin Stephans des Heiligen, gestiftet. Im Inneren des Kleinods befinden sich wertvolle byzantinische Fresken. Eigentümlich mutet uns allerdings der geforderte Obolus an, um dieses Gotteshaus betreten zu dürfen - auch wenn er kaum der Rede wert ist. Am Ende der **Tolbuhin útca**, der übrigens einzigen Gasse des Burgviertels, gelangen wir zu einer **Aussichtsterrasse**.

Hier stehen die imposanten Statuen Stephans des Heiligen und seiner angetrauten Königin Gisela, außerdem bietet sich ein wunderschöner Blick auf einen Felsrücken und die Stadt. Wir schlendern zurück, und uns steht der Sinn nach einem Kaffee. Ein unerwartet schwieriges Unterfangen - brauchbare Konditoreien sind rar. Sollten Sie aber ein Bankinstitut benötigen, so sind Sie hier richtig. Zentral gelegen, werden Sie annähernd zehn finden.

Noch ein Tipp zum Abschluss: Versuchen Sie nicht, mit dem WOMO in die Stadtmitte zu fahren. Selbst in der Nachsaison herrscht lebhafter Verkehr, und die Aussicht auf einen der wenigen begehrten Parkplätze ist gering - zudem ist der Spaß auch nicht ganz billig.

Die Aussichtsterrasse in Veszprem

Nach etlichen ziemlich kurzen Tagesetappen steht heute eine etwas längere auf dem Programm. Wir rollen hinauf zur **Ringstraße** und ordnen uns nach SZÉKESFEHÉRVÁR ein. Die Hälfte der Strecke ist zweispurig ausgebaut, und es bereitet Spaß, durch die weite Landschaft mit ihren milden Höhenzügen zu gleiten. Der zweite Streckenabschnitt hinter VÁRPAROLTA gestaltet sich langweiliger, selbst der erste Eindruck der ältesten **Königsstadt** Ungarns ist eher negativ. Der Stadtrand ist geprägt von Firmen, Fabriken und Autohäusern. Zu diesem Bild fällt uns der Ausdruck „zersiedelt" ein. Positiv zu vermerken aber sind die zahlreich vorhandenen Parkplätze rund um das Zentrum. Ein Plätzchen entlang einer Straße zu ergattern, klappt problemlos. Genauso positiv fällt ein anderer Umstand ins Gewicht. Die Bauherren der vergangenen Jahrhunderte zeigten Weitblick. Sie dachten damals anscheinend schon an möglicherweise faule Touristen der Neuzeit und feilten ihre Pläne dergestalt aus, dass die vielen Sehenswürdigkeiten alle auf einem Fleck zu begutachten sind. Bevor wir, von Norden kommend, zum Zentrum vorstoßen, gelangen wir zunächst zu einer kunstvoll gestalteten **Blumenuhr**, deren

Székesfehérvár, Stilepochen...

Im Zentrum von Székesfehérvár

Zifferblatt aus jahreszeitlich wechselnden Pflanzen besteht. Ein Stück des Weges weiter erhebt sich die **Zisterzienser Kirche**, in deren Sakristei herrliche Holzschnitzereien zu bewundern sind. Dann geht es Schlag auf Schlag. Das **Ordenshaus** der **Franziskaner**, das **Bischofpalais**, das **Rathaus**, die **Annenkapelle** und die **Stephanskirche** - alles ist auf kurzen Wegen erreichbar und zu bestaunen. Interessant ist auch das **Györhaus**, das aus dem 19. Jahrhundert stammt. Es beherbergt die städtische **Gemäldegalerie**, und es werden vorwiegend Exponate einheimischer Künstler ausgestellt. Gelegentlich werden in der Saison Konzerte abgehalten. Selbst das Ruinenfeld, auch **Ruinengarten** genannt, liegt ganz zentral. Man erkennt die Reste einer Basilika, in der insgesamt 38 Könige gekrönt wurden. Achtzehn davon sind auch hier begraben (geringer Eintritt, geöffnet von 09.00-18.00 Uhr, außer Montag). Die ganze malerische Altstadt ist geprägt von schönen Bürgerhäusern im Zopfstil, die meisten davon stehen unter Denkmalschutz. Das Wort „feher" übrigens, das einen Teil des Stadtnamens bildet, heißt ins Deutsche übersetzt „weiß". Weiß stellt die Farbe der Könige dar.

Zum Schluss unserer Stadtbesichtigung haben wir noch ein „Zuckerl" für Sie parat, die **Bory vár**! Die Sehenswürdigkeit liegt im Nordosten der Stadt (am Bory tér), man muss also ein Stückchen fahren. Mit braunen Hinweisschildern (Bory vár) wurde nicht gespart, man findet aus jeder Richtung gut dort hin. Irgendwann taucht dann recht unerwartet in einer Nebenstraße ein faszinierendes **Märchenschloss** auf. Parkplätze sind vorhanden, wenn auch nicht gerade im Überfluss.

Jenö Bory, Architekt, Bildhauer und Sohn der Stadt hat diesen merkwürdigen Bau geschaffen. Vierzig Jahre seines Lebens brachte er damit zu, dieses Kunstwerk zu bauen. Dabei bediente er sich nur der Hilfe weniger Mitarbeiter. Das meiste war seine Eigenleistung - es ist kaum zu glauben! Das Ergebnis ist ein verspielter Komplex mit vielen Türmen, unzähligen Figuren, Wandelgängen, wunderschönen Gärten, in denen kunstvolle Skulpturen „wohnen". Selbst eine Kapelle fehlt nicht. Über verschiedene Treppen erreicht man immer wieder neue Überraschungen, bis man schließlich hoch droben auf dem Aussichtsturm steht. Fast fühlt man sich wie ein Schlossherr, der den Blick über seine Stadt schweifen lässt. Besuchen Sie diesen kleinen Traum, Sie werden es nicht bereuen. Das Schlosstor öffnet sich täglich von 09.00-17.00 Uhr. Die Eintrittspreise betragen von 6 bis 26 Jahren knapp 2 EUR, von 27 bis 62 ca. 3,5 EUR.

Bory vár, Dichter und Denker

Die Bory vár in Székesfehérvár

Ab 70 Jahren geht man frei. Wieviel die 63 bis 69jährighen bezahlen müssen, entzieht sich unserer Kenntnis. Man scheint in dieser Stadt ein Faible für eine eigenwillige Preisgestaltung zu haben...
Mit der Suche eines Übernachtungsplatzes halten wir uns nicht auf, denn wir wissen, der **Velence-See** ist nah und der verspricht Besseres, als die Stadt bieten kann. Wir halten uns Großrichtung BUDAPEST (Straße Nr. **7**). Es dauert ein Weilchen, bis wir die Außenbezirke hinter uns lassen. Kurz nach dem Ortsende SZÉKESFEHÉRVÁR zweigt ein Sträßlein nach PÁKOZD ab. Von dessen Ortsende (gemessen am Ortsschild) fahren wir noch 1,4 km und biegen jetzt rechts ein (zuvor linker Hand schöner Reiterhof). Noch 700 m trennen uns von einem Waldparkplatz. Die Einfahrt liegt links unterhalb einer modernen, ungewöhnlich gestalteten **Kapelle**. Wer einen abgeschiedenen Übernachtungsplatz schätzt, hat ihn hier gefunden. Unter Umständen - je nach Windrichtung - wird man aber der Geräuschkulisse der nicht allzuweit entfernten Autobahn gewahr.

„New-Style“-Kapelle

(143) WOMO-Stellplatz: Kapelle (Arboretum Pákozd)
GPS: N 47° 13` 28.1" E 18° 34` 43.7" **max. WOMOs:** 5
Ausstattung/Lage: Mülleimer / außerorts.
Zufahrt: 1,4 km nach dem Ortsende Pákozd rechts ab, dann noch weitere 700 m.

Ein paar angenehme Stunden lassen sich im **Arboretum** verbringen. Schattig gelegene Picknicktische laden zum Verweilen ein, ein kleines **Landschaftsmuseum** zeigt Wissenswertes aus der Region und ein hölzerner **Aussichtsturm** verschafft einen Überblick auf den See und seine Umgebung. Ein auf einem Hügel stehender **Gedenk-Obelisk** sticht besonders ins Auge. Um in den Genuss des gesamten Programmes zu kommen, sind nur wenige Forint fällig.
Folgt man dem Straßenverlauf noch gut 1 km, so bietet sich links, direkt am See, ein hübsches Plätzchen an. Zum Baden ist es allerdings nicht geeignet.

(144) WOMO-Stellplatz: Anglerglück

GPS: N 47° 12` 47.2" E 18° 34` 34.0" **max. WOMOs:** 2
Ausstattung/Lage: Gaststätte in der Nähe / außerorts.
Zufahrt: Ca. 1 km nach der Kapelle links.

Bei unserem letzten Besuch herrschte hier rege Bautätigkeit. Es wird sich zeigen, ob das nette Plätzchen erhalten bleibt. Nur noch ein kurzes Wegstück trennt uns vom Ende der Stichstraße und schon ist die idyllisch gelegene **Halászcsárda**, ein Fischrestaurant, das neben köstlichen Fischgerichten auch diverse andere Speisen bereithält, erreicht.

(145) WOMO-Stellplatz: Halászcsárda

GPS: N 47° 12` 38.6" E 18° 34` 41.5" **max. WOMOs:** 3
Ausstattung/Lage: Gaststätte / außerorts.
Zufahrt: 1,4 km nach dem Ortsende Pákozd rechts ab, dann bis zum Ende der Stichstraße.

Minihafen bei der Halászcsárda

Obwohl das Lokal auf einer kleinen, in den See ragenden Halbinsel liegt, werden Badefreudige enttäuscht sein. Das Ufer ist - wieder einmal - größtenteils verschilft. Nur an einer Stelle hat man das Röhricht gerodet und einen Ministrand geschaffen. Doch keine Angst, Wassersportler und Badenixen kommen auch auf ihre Kosten. Das **Velence-Areal** ist vielseitig. Nach einem gemütlichen Frühstück ziehen wir um nach VELENCE. Das Städtchen liegt am Nordufer und hat dem See den Namen verliehen. Es ist von dörflichem Charakter, wirkt sehr aufgeräumt, und so manch gut betuchter Budapester hat sich hier ein ansehnliches Feriendomizil errichtet. Trotzdem gibt es noch viel „Luft" am weitläufigen Seeufer.

(146) WOMO-Badeplatz: Velencesee Naturstrand

GPS: N 47° 14` 07.5" E 18° 37` 38.6" **max. WOMOs:** 8
Ausstattung/Lage: Keine / außerorts.
Zufahrt: Nach der Autobahnunterführung rechts abbiegen, dem Straßenverlauf ca. 600 m folgen, dann links abzweigen, noch 300 m.

Wollen Sie sich auf einem Campingplatz häuslich niederlassen, so dürfte der recht ordentliche „Panorama" nicht die schlechteste Wahl sein.

(147) WOMO-Campingplatz-Tipp: „Panorama Camping" in Velence

GPS: N 47° 14` 18.1" E 18° 38` 33.7"; Kemping útca **Öffnungszeit:** 15.04.-15.10.
Ausstattung/Lage: Geschäft, Imbiss, Restaurant, Seelage, zum Zentrum 0,3 km, teilweise schattig / im Ort.
Zufahrt: Am westlichen Ortsrand, beschildert.

Eine weitere, großzügige Stellplatzalternative stellt der Parkplatz (gebührenpflichtig, ca. 6 EUR am Tag) des Freibades Szabadstrand dar, der auch mit einigen Schattenplätzchen aufwarten kann.

(148) WOMO-Badeplatz: Velencesee Szabadstrand

GPS: N 47° 14` 12.9" E 18° 39` 06.5"; Strand útca **max. WOMOs:** 12
Ausstattung/Lage: Gaststätte in der Nähe / Ortsrand.
Zufahrt: Von der Hauptstraße zunächst den Hinweisen zum Panorama Camping folgen, nach ca. 1 km zum See/Szabadstrand abbiegen, beschildert.

Nördlich des Sees erhebt sich das **Velence-Gebirge**, das von über 50 km **Wanderwegen** durchzogen wird. Sollte man also einmal des Schwimmens müde oder das Wetter nicht ganz so strahlend sein, kann man diese herrliche Gegend erkunden. Von VELENCE aus ist der **Bence Berg** ein lohnendes Ziel, von PÁKOZD erreicht man rasch die **„schwankenden Steine"**, ein Kuriosum der Natur. Tonnenschwere Felsbrocken sind so miteinander verkeilt - quasi eingehängt - dass sie mit nur wenig Kraftaufwand bewegt werden können.

Wir setzen die Umrundung des ausgesprochen hübsch liegenden Sees fort und gelangen so bald nach GÁRDONY, das am südöstlichen Ufer liegt.

(149) WOMO-Badeplatz: Gárdony

GPS: N 47° 13` 11.0" E 18° 38` 49.9"; Ladik útca **max. WOMOs:** 4
Ausstattung/Lage: Strandbad / ortsnah.
Zufahrt: Kurz vor dem Ortsendeschild von der Hauptstraße rechts abbiegen, weiter über die Bahnlinie und danach rechts abzweigen, noch ca. 200 m.

Das Hafenbecken in Gárdony Agárd

Nach GÁRDONY folgt GÁRDONY AGÁRD; der Übergang der Ortschaften ist fließend. 400 m nach dem Ortsschild GÁRDONY AGÁRD zweigt rechts eine Straße zu einem idyllischen kleinen **Hafen** ab. 300 m sind es noch bis dahin.

Rechts davon finden wir einen großen, schattigen Parkplatz (gebührenpflichtig) ohne Ver- und Entsorgung.

(150) WOMO-Badeplatz: Gárdony Agárd

GPS: N 47° 12` 02.2" E 18° 36` 33.5" **max. WOMOs:** 8
Ausstattung/Lage: Strandbad, Mülleimer / außerorts.
Zufahrt: In Gárdony Agárd von der Hauptstraße rechts zum Hafen abbiegen.

Der Zugang zur riesigen Liegewiese ist frei. Jenseits des netten Hafens liegt der sog. **Pop-Strand**. In den Hauptmonaten Juli und August werden hier häufig Pop-Konzerte abgehalten und andere Veranstaltungen durchgeführt. Wenn man diesen Platz belegen möchte, sollte man sich im Klaren darüber sein, dass es etwas lauter als bei der Wandlung in der Kirche sein kann. Außerhalb der genannten Zeit ist es aber ruhiger, wenn auch die nahe Bahn immer ein Störfaktor sein wird.
Falls Sie den Besuch eines **Thermalbades** einem Popkonzert vorziehen, so werden Sie in AGÁRD auch nicht schlecht bedient. Das Bad liegt oberhalb am Rand der Siedlung (ausgeschildert). Im Gegensatz zu den meisten Thermalbädern Ungarns wurde diese Therme erst nach der Wende errichtet und bietet dadurch ein angenehmes Ambiente. Nach einer Überholung mit einher gehender Vergrößerung zeigt sie sich jetzt noch schöner und attraktiver! In dem weitläufigen Gebäude kann man saunieren, unter Anleitung Krankengymnastik machen, sich massieren lassen - also schlicht das ganze

Agárd, Thermalbad

Wellness-Programm abarbeiten.
Direkt im Anschluss gibt es einen hübschen Campingplatz, der jetzt mit neuen Sanitäreinrichtungen glänzt. Gäste dieses Platzes erhalten einen erheblichen Nachlass auf den Badeintritt. Angenehm ist auch, dass man zwischen Bad und Campingplatz so oft hin und her pendeln kann, wie man möchte.

(151) WOMO-Campingplatz-Tipp: „Termal Camping" in Gárdony Agárd

GPS: N 47° 11` 22.2" E 18° 37` 31.0"; Határ útca
Öffnungszeit: Ganzjährig
Ausstattung/Lage: Geschäft und Restaurant ca. 0,8 km, zum Zentrum 1 km, Schatten / Ortsrand.
Zufahrt: Den Schildern zum Thermalbad folgen.

Leider fehlt ein Speiselokal in unmittelbarer Badnähe. Möchte man Essen gehen, muss man also erstmal einen kleinen Spaziergang in den Ort unternehmen. Empfehlenswert ist eine Pizzeria am Ortsrand (ca. 15 Minuten Fußmarsch), die neben Pizzen auch Fisch- und Fleischspeisen anbietet.
Nach so vielen Detail-Informationen möchten wir aber noch ein wenig allgemein Wissenswertes anhängen. Die Länge des Sees beträgt 10 km, die Breite bis zu 4 km, der Betrachter schätzt die Ausmaße aber deutlich geringer ein. Grund dafür ist der großflächige Schilfbestand des Gewässers. Der Westteil ist als **Naturreservat** ausgewiesen, hier brüten allerlei seltene Vogelarten. Die Wassertiefe unterbietet die des Balaton deutlich, es sind durchschnittlich nur 1,6 m. Eine schnelle Erwärmung bereits im Frühjahr ist also gesichert. Dem Wasser und vor allem dem Schlamm werden Heilwirkung zugesprochen. Sollten Sie also beim Surfen unfreiwillig Wasserkontakt pflegen, oder beim Paddeln kentern, ärgern Sie sich bitte nicht, sondern freuen Sie sich über den medizinischen Nebeneffekt!
Fischer werden diesen See lieben. Er ist reich an Zander, Karpfen und anderen Fischarten. Denken Sie aber an den Angelschein, ab und zu wird auch kontrolliert. Der Schein ist - wie üblich - in Reisebüros, Angelgeschäften und auf Campingplätzen erhältlich. Der Preis richtet sich nach der gewünschten Zeitdauer (ab ca. 5 EUR). Petri Heil!

Tour 12 (220 km / 5 Tage)

Siófok - Ságvár - Tab - Balatonföldvár - Boglárlelle - Fonyód - Balatonberény - Kis-Balaton - Heviz

Freies Übernachten:	Ságvár, Reiterhof Kentaur, Balatonmáriafürdö, Balatonberény, Kis-Balaton, Büffelreservat.
Campingplätze:	Vier Campingplätze in Siófok, „Vadvirág“ in Balatonszemes, „Naturista Camping“ in Balatonberény.
Besichtigen:	Hafen Siófok, Szántódpuszta, Reiterhof, Kányavári-Insel, Büffelreservat.
Wandern:	Fonyód.
Radfahren:	Im Hinterland und am Kis-Balaton.
Baden:	Strandbad in fast jeder Ortschaft am See.

Hat man bereits eine Matrica (Autobahnvignette), so gelangt man schnell und bequem über die Autobahn ans Balatonsüdufer. Doch nur für diesen Abschnitt die dafür notwendigen rund 19 EUR auszugeben, lohnt wohl eher nicht. Wir entscheiden uns für die Landstraße und die damit verbundene nochmalige Ortsdurchfahrt durch SZÉKESFEHÉRVÁR. Die Strecke bis SIÓFOK beträgt etwa 60 km - nicht so tragisch also!
Für diese Tour ist einiges vorauszuschicken. Entlang des Südufers sind viele Ortschaften angesiedelt, die natürlich alle dem Tourismus ergeben sind. Das kennen wir bereits vom Nordufer. Dem Süden allerdings fehlt die Großzügigkeit. Die Verbindungsstraße, die Bahnlinie, Häuser, Grünanlagen und den Strand - also das übliche Schema - finden wir auch hier vor, nur sind die einzelnen Elemente näher zusammengerückt. Daraus resultiert ein höherer Geräuschpegel. Beim Spaziergang durch den Park oder beim Sonnen im Strandbad lassen einen die Lautsprecher-Durchsagen des jeweiligen Bahnhofes nicht im Unklaren darüber, wie die Zugverbindungen aussehen (vorausgesetzt man ist des Ungarischen mächtig!). Sollte man am Strand ein Nickerchen anstreben, ist es ratsamer, die Achsen der vorbeidonnernden Züge als Schäfchen zu zählen - man kommt dann nicht so leicht durcheinander. Ein weiterer Wermutstropfen für uns Wohnmobilisten ist die durch die Enge verursachte Parkplatznot. Man kann es auf einen einfachen Nenner bringen: Das Angebot ist gering, die Nachfrage groß. Hat man vielleicht doch eines der wenigen Plätzchen ergattert, darf man sich glücklich schätzen. Auf Grund der geschilderten Umstände ist aber in vielen Fällen

Parkplatz nicht mit Übernachtungsplatz gleichzusetzen. Im Klartext heißt das, in etlichen Ortschaften gibt es **keinen** vernünftigen **Übernachtungsplatz**. Eine Tragödie wiederum ist das nicht. Zum einen besteht die Möglichkeit, auf das Hinterland auszuweichen, zum anderen muss man eventuell eine etwas längere Anfahrt in Kauf nehmen - schließlich handelt sich es nicht um Riesenentfernungen bei dieser Tour.

Wir beginnen also in SIÓFOK, der Metropole am **Balaton**. Viele Orte sind hier zusammengewachsen, die Gesamtausdehnung erstreckt sich mittlerweile auf 15 km. Lange Strände dominieren, östlich der Mitte spricht man vom Goldufer, den Westteil bezeichnet man als Silberufer. Sämtliche **Schiffslinien** des **Plattensees** legen hier an, auch der von den Römern erbaute **Sió-Kanal** mündet beim Hafen. Wer SIÓFOK nicht mit dem WOMO anfahren will, dem eröffnet sich die Möglichkeit, dies von einem beliebigen anderen Hafen aus per Schiff zu tun, denn alle auf dem See verkehrenden Linienschiffe laufen diese Stadt an. Wir sind aber dennoch mit unserem fahrbaren Haus eingelaufen, im September lässt sich das deutlich leichter als in der Saison bewerkstelligen. Wir parken in Hafennähe. Es erweist sich als günstiger Ausgangspunkt für Spaziergänge durch den gepflegten Park mit seinen farbenfrohen Rosenbeeten, einen Besuch in einem anschließenden Strandbad und

Siófok, Parkanlage am Strand

natürlich, um den regen Bootsverkehr zu beobachten. Sehenswert ist auch die skurrile **Sonnenuhr** von Lajos Bartha. Zu erwähnen, dass es in der Stadt eine reichhaltige Gastronomie - speziell Fischrestaurants - gibt, dürfte fast überflüssig sein.

In der **Kálmán imre sétány 5** steht das **Geburtshaus Emmerich Kálmáns**. Der Operettenkomponist erlangte Weltruhm. Bekannt wurde er vor allem durch die Operetten „Csárdásfürstin" und „Gräfin Mariza". In dem Haus ist heute ein **Gedenkmuseum** eingerichtet (Eintritt 10.00-18.00 Uhr, täglich außer Montag).

SIÓFOK besitzt insgesamt vier **Campingplätze**, die alle über eine gute Infrastruktur verfügen, direkten Zugang zum See gewähren und recht lebhaft sind. Die jeweiligen Zufahrten sind an der **E 71** beschildert.

Uns steht jetzt der Sinn nach mehr Ruhe, und wir brechen auf zu einer Rundfahrt in das noch richtig ländliche Hinterland. Dafür rollen wir zunächst ins ca. 10 km entfernte SÁGVÁR, und zwar auf der Straße **65**. Wir halten nach einem Übernachtungsplätzchen Ausschau und finden es 1,2 km (nach dem Ortsschild am Ortsanfang) später, rechts unterhalb einer Kirche. Es ist ein kleiner, schmucker Parkplatz mit einer Wasserstelle, umgeben von ein paar Häuschen und zwei oder drei winzigen Läden, zwei Restaurants sind auch in Reichweite. Der Platz ist allerdings nur für kleinere WOMOs von 5-6 m Länge geeignet.

(152) WOMO-Stellplatz: Ságvár

GPS: N 46° 50' 03.6" E 18° 06' 08.8" **max. WOMOs:** 3

Ausstattung/Lage: Wasserstelle, Gaststätten, Geschäfte / im Ort.

Zufahrt: 1,2 km nach dem Ortsanfang rechts, unterhalb der auf einer kleinen Anhöhe stehenden Kirche.

Nach einer angenehmen Nacht geht es wieder auf Achse. Die Straße ist wellig, doch die Aussicht über das hübsche Hügelland lädt so und so nur zu beschaulicher Fahrt ein. Kleine Nester liegen auf dem Weg, typisch ungarische Straßendörfer mit der üblichen Kombination: Straße, ein zu jedem Haus führendes Brücklein über einen Graben, anschließend der Gehweg und schließlich das Haus mit Garten. Vielfach ziert die Gräben eine üppige Sommerblumenpracht. Auffällig sind auch die bunt gestrichenen Zäune. An einer Gabelung orientieren wir uns rechts in Richtung TAB, um einige Kilometer weiter nochmals rechts abzubiegen, das Sträßchen führt jetzt wieder in direkter Linie zum See. Bei einem Bauernhof springt uns ein Huhn vor den Kühler, anscheinend in Suizid-Absicht. Eine beherzte Bremsung vereitelt den Versuch, und etwas verstört läuft das Tier zum Gehöft zurück. Etwa 500 m nach KEREKI wartet zur Linken, talwärts gelegen, ein **Reiterhof** auf Besucher. Es ist ein schmucker staatlicher Betrieb mit einem Restaurant. Die Bitte, hier übernachten zu dürfen, wird - wenngleich sehr höflich - abgeschlagen.

An einer Kreuzung in BALATONFÖLDVÁR treffen wir wieder auf die entlang dem See verlaufende Straße **7/71**. Fährt man geradeaus, gelangt man zur **Fährstation**, die die Verbindung zur **Insel Tihany** aufrecht erhält. Von hier werden diejenigen der WOMO-Kollegen heraufkommen, die uns am Ende der Tour 10 schmählich verlassen haben. Bevor wir nun an dieser Kreuzung links abzweigen, um unsere Fahrt fortzusetzen, empfiehlt sich ein kleiner Abstecher von 1 km rechts die Straße entlang. Der Interessierte findet an dieser Stelle das **Kulturzentrum** von **Szántódpuszta** - freilich mit einem gebührenpflichtigen Parkplatz. Der Eintritt in das weitläufige, viel vom ungarischen Leben vermittelnde Areal schlägt mit ca. 4 EUR zu Buche. Neben diversen Kunstausstellungen erfreuen auch ein Herrenhaus, ein Backhaus und eine ehrwürdige Kapelle den Betrachter. Selbstverständlich stehen die in Stallungen gehaltenen Pferde auch für Ausritte bereit. Eine Csárda sorgt für das leibliche Wohl.

Zurück nach BALATONFÖLDVÁR! Der elegante Badeort besticht durch wunderschöne Baumalleen und einen ansprechend gestalteten Yachthafen. Der Blick auf die Insel ist wirk-

lich phantastisch. Einen besonders guten Ausblick erhält man von einem **Aussichtsturm**, der ehemals Teil einer keltischen Befestigungsanlage war. Ansonsten widerfährt einem das übliche Dilemma: wenige Parkplätze für viel Geld. Demjenigen, der stationär verweilen möchte, sei angeraten, sich auf einem der **Campingplätze** einzunisten. Man wird kaum mehr zu zahlen haben und sich doch besser ausbreiten können.
Für die folgenden Orte bis BOGLÁRLELLE bietet sich das gleiche Bild. Wir möchten uns nur ungern wiederholen, deswegen verzichten wir auf eine eingehende Beschreibung. Das soll aber keinesfalls eine Herabwürdigung sein, man findet überall gepflegte Bäder und Grünanlagen sowie Lokale mit gutem Standard - nur eben keine Übernachtungsplätze nach unseren Vorstellungen. Wir hoffen, auch niemanden verärgert zu haben, der diesen Landstrich zu seinem Lieblingsziel erkoren hat, vielleicht hat hierzu auch noch der eine oder andere Reisende einen „Geheimtipp" parat. Ein offenes Ohr ist ihm jedenfalls stets gewiss.
Briefmarkensammlern sei ein Besuch im **Postmuseum** von BALATONSZEMES empfohlen, geöffnet ist es von Mai bis September, jeweils von 10.00-18.00 Uhr, außer montags. Schöne Sonderstempel lohnen eine Visite. Das Museum liegt direkt an der Hauptstraße, eine davor postierte alte Kutsche weist den Weg dahin.
Nach BALATONSZEMES empfängt der weitläufige „Vadvirág" Campingplatz seine Besucher - nahe einem kleinen Hafen und einer Ferienhaussiedlung.

(153) WOMO-Campingplatz-Tipp: „Vadvirág" in Balatonszemes
GPS: N 46° 48' 03.3" E 17° 44' 24.7"; Arany János ú. **Öffnungszeit:** 25.05.-10.09.
Ausstattung/Lage: Geschäft, Imbiss, Restaurant, Seelage, zum Zentrum 5 km, reichlich Schatten / außerorts.
Zufahrt: Von der Straße 71 über die Bahnlinie zum See hin abbiegen (bei Kilometer 134), danach noch ca. 300 m.

Nach BOGLÁRLELLE folgt BALATONBOGLÁR. Wir biegen hier links ab in Richtung LENGYELTÓTI. Nach 2,6 km auf dieser Strecke geht es rechts ab und nach 200 m erreichen wir einen empfehlenswerten **Reiterhof** (Lovaglás, Kentaur Üdülöfalu). Die Stallungen sind aber zur Zeit verwaist. Das heißt, Reitmöglichkeiten gibt es im Moment

Kentaur-Hof: Das Restaurant

keine - überhaupt läuft der ganze Betrieb sehr eingeschränkt und empfängt seine Gäste auch nur von Juni bis September. Das sollte man erstmal wissen.

(154) WOMO-Stellplatz: Kentaur-Reiterhof

GPS: N 46° 45' 29.2" E 17° 39' 46.6"
max. WOMOs: 10
Ausstattung/Lage: Gaststätte / außerorts.
Zufahrt: Von Balatonboglár in Richtung Lengyeltóti abbiegen, noch 2,8 km.

Das gepflegte Anwesen mit seinen schilfgedeckten Häusern war und ist natürlich ein touristischer Anziehungspunkt. Bis vor einiger Zeit gab es hier ein umfassendes Folkloreprogramm mit Kesselgulaschessen, Pferdedressuren, Tanzvorführungen und vielem mehr. Nach diversen Schwierigkeiten erfolgte eine vorübergehende Schließung des Areals. Im Juni 2017 waren zumindest Teilbereiche geöffnet. Die Zimmervermietung läuft wieder, das Restaurant steht zur Verfügung und Wohnmobilisten können für einen Obolus übernachten. Wie der Chef ausdrücklich betonte, gibt es aber keinen Camperservice.
Na - das lässt sich doch verschmerzen.
Wir hoffen sehr, dass der Laden bald wieder brummt. Man fühlt sich hier prima aufgehoben, und zum Plattensee ist es nur ein Katzensprung. Ein kleiner Wermutstropfen: Die Autobahn verläuft nahebei. Man sieht sie nicht, aber man hört sie.
Wir legen wieder ein paar Kilometer auf der Straße **7** zurück und ärgern uns - wie schon oft - über die nur seltenen spärlichen Ausblicke auf den See. FONYÓD begrüßt uns mit dem zweigeteilten Gipfel seines Hausberges.

Schöne Ausblicke in Fonyód

Auf dem **Sándor** oder **Vár** genannten Gipfel erheben sich die Schanzanlagen einer Wallburg. Wanderer, die sich hier hinauf bemühen - einer guten Stunde bedarf es schon - werden mit einem wunderbaren Fernblick belohnt.

Doch auch vom Hafen bietet sich uns eine schöne Sicht auf den am Nordufer gelegenen **Badacsony**. Es ist ein mächtiger

Fonyód, im Hintergrund der Berg Badacsony

Basaltbrocken, der, von hier aus gesehen, die Form eines Sarges vermittelt. Zwischen dem Hafen und dem Strandbad steht die Skulptur des „Nackten Liebespaares“. Mit diesem hat es etwas Besonderes auf sich: Halten sich zwei Liebende an den Händen und berühren dabei auch noch das „Nackte Liebespaar“, so wird ihnen ewige Liebe zuteil. Zumindest behaupten das einige Leute...

Die weitere Fahrt bis BALATONKÉRESZTÚR bringt keine Sensationen. Flaches Land, teils mit grasenden Rindern zur Linken und keine Sicht auf den **Balaton** zur Rechten. An der Kirche in BALATONKÉRESZTÚR biegen wir rechts ab in Richtung BALATONBERÉNY. Wir überqueren zwei Bahnübergänge, und nach 900 m (ab Kirche) biegen wir rechts zum Schiffshafen ab. Wir fahren weitere 800 m, um gleich nach einer Brücke links in den kleinen Hafenparkplatz abzuzweigen, der zu der Gemeinde BALATONMÁRIAFÜRDŐ gehört. Im Schatten alter Bäume finden sich sogar mehrere freie Plätze, die auch zum Übernachten gut geeignet sind, denn eine kleine Liegewiese mit Zugang zum See schließt an.

(155) WOMO-Badeplatz: Szabad-Strand

GPS: N 46° 42' 19.9" E 17° 22' 54.5" **max. WOMOs:** 3
Ausstattung/Lage: Strandbad, Wasserstelle, Gaststätte, Toilette nahebei / im Ort.
Zufahrt: Am Hafen von Balatonmáriafürdö.

Das winzige Bad, **Szabad-Strand** genannt, verfügt über Wasserstelle und WC sowie über einen Sportartikel-Verleih. Gebühren werden weder für Parkplatz noch Bad erhoben. Nach dem bisher Erlebten gleicht dies einem Wunder. Wir kühlen uns ein wenig in den Fluten ab und rollen dennoch weiter bis nach BALATONBERÉNY. Die Siedlung ist nett im Grünen gelegen. 400 m nach dem Ortsschild biegen wir rechts in die Liliom útca ein und erreichen so nach rund 200 m eine weitläufige Wiesenfläche, die reichlich Platz für Sonnenhungrige und Badefreudige bietet. Ordentliche Plätzchen fürs Wohnmobil gibt es auf dem Seitenstreifen der Liegewiese entlang einem Feldweg.

(156) WOMO-Badeplatz: Balatonberény 1

GPS: N 46° 42' 56.2" E 17° 19' 42.9"
max. WOMOs: 8
Ausstattung/Lage: Toilette, Wasser, Gaststätte nahebei / Ortsrand.
Zufahrt: 400 m nach dem Ortschild am Ortsanfang rechts abbiegen, noch 200 m.

Positiv zu vermerken ist auch das neu errichtete Toilettenhäuschen, das sich als sehr gepflegt erweist.
Eine weitere Übernachtungsmöglichkeit gibt es noch 1,1 km nach dem Ortsschild. Rechter Hand liegt ein eher sonniger Parkplatz (bisweilen gebührenpflichtig), der geteert ist und über eine Toilette verfügt. Zugang zum See ist gewährleistet.

(157) WOMO-Badeplatz: Balatonberény 2

GPS: N 46° 42' 54.2" E 17° 19' 21.4" **max. WOMOs:** 3
Ausstattung/Lage: Strandbad, Toilette, Gaststätten / im Ort.
Zufahrt: 1,1 km nach dem Ortsschild Balatonberény rechts abbiegen.

Ein WOMO-Verbotsschild (ein Leser berichtete davon) haben wir bei unserer letzten Recherche (Mai 2017) nicht entdeckt - vielleicht wird dieses nur in der Hochsaison aufgestellt. Zumindest gibt es aber Ausweichmöglichkeiten in der Nähe.

Balatonberény, Strandbad

Einen Campingplatz bietet BALATONBERÉNY auch, allerdings ist dieser ausschließlich FKK-Anhängern vorbehalten.

(158) WOMO-Campingplatz-Tipp: „Naturista Camping" in Balatonberény

GPS: N 46° 42' 48.4" E 17° 18' 37.9"; Hétvezér ú. **Öffnungszeit:** 15.05.-15.09.
Ausstattung/Lage: Imbiss, Geschäft und Restaurant nur in der Hauptsaison, Seelage, zum Zentrum 0,5 km, Schatten / Ortsrand.
Zufahrt: Am westlichen Ortsrand, von der Hauptstraße aus beschildert.

Am Kis-Balaton: „Schichtdienst" beendet

Unsere **Balaton-Rundfahrt** neigt sich langsam dem Ende zu, aber ohne ein kleines Highlight wollen wir sie nicht ausklingen lassen. Der Besuch des **Kis-Balatons**, des **Kleinen Plattensees**, steht noch an. Wir entfernen uns dazu ein Stück vom „großen Bruder" und nehmen die Straße **76** bis SÁRMELLÉK. Nun geht es links ab in Richtung BALATONMAGYARÓD. Wir passieren ZALAVÁR und fahren noch ein Stück weiter bis wir die Zala auf einer markanten, blaugestrichenen Brücke (Balatonhidvég) überqueren. Kurz darauf zweigt rechts eine geteerte Stichstraße zu einem idyllisch gelegenen Parkplatz ab. Von hier aus lässt sich zu Fuß oder mit dem Fahrrad auf guten Wegen der **Kis-Balaton** erforschen. Naturliebhaber kommen garantiert auf ihre Kosten!

(159) Womo-Stellplatz: Kis-Balaton

GPS: N 46° 37' 56.6" E 17° 10' 34.2" **max. WOMOs:** 5
Ausstattung/Lage: Mülleimer / außerorts.
Zufahrt: 200 m nach der Zalabrücke rechts abbiegen, noch 700 m.

Unser nächster Anlaufpunkt, die **Kányavári-Insel**, lässt nicht lang auf sich warten. Noch vor BALATONMAGYARÓD geht es rechts ab. Links liegt ein großer Bauernhof/Reiterhof. Dies sei ein Orientierungshinweis, denn die Ausschilderung ist miserabel. Falls Sie - so wie wir - die Abfahrt trotzdem verpassen, wenden Sie in BALATONMAGYARÓD und fahren vom Ortsschild aus 1 km zurück, um dann, in dem Fall links, abzubiegen. Jetzt sind es noch 800 m, und es ist vollbracht. Wir stehen auf einem Parkplatz in landschaftlich schöner Lage. Es ist ein feines Plätzchen zum Übernachten. Das alte Plumps-

Brücke zur Kányavári-Insel

klo ist mittlerweile einem soliden und gepflegten Toilettenhäuschen gewichen. An dessen Außenwand befinden sich zwei Spülbecken und eine Wasserzapfstelle.

(160) WOMO-Picknickplatz: Kányavári

GPS: N 46° 36' 56.4" E 17° 10' 08.6" **max. WOMOs:** 5

Ausstattung/Lage: Toilette, Wasserstelle, Tische, Bänke, Feuerstellen, Mülleimer / außerorts.

Zufahrt: 6,0 km nach Zalavár (Ortsendeschild) rechts abfahren, noch 800 m.

Gemütliche Inselfähre

Doch kommen wir zum **Kis-Balaton**. Dieses einzigartige **Naturschutzgebiet** umfasst eine 3500 qkm große Sumpflandschaft, die Brutstätte für zahlreiche Fisch- und Vogelarten ist. Besonders stolz verweist man auf das Vorkommen des in Europa so selten gewordenen Silberreihers, auch viele Kormorane und Bienenfresser nisten hier in ungestörter Ruhe. Das Betreten des **Naturschutzgebietes** ist strikt verboten bzw. nur mit einer Sondergenehmigung gestattet. (Auskünfte unter Tel. 088/427855 Veszprém). Von unserem Parkplatz gelangen wir über eine dreibogige Holzbrücke auf das Areal der **Kányavári-Insel**. Das langgestreckte, idyllische Eiland ist von dem Verbot ausgenommen. Von einem Aussichtsturm lassen sich weite Teile der Wasser- und Morastlandschaft überblicken. Unser Fernglas leistet dabei gute Dienste. Zahlreiche Bänke und

Kányavári-Insel: Auf dem Weg zum Aussichtsturm

Tische laden zum Verweilen ein. An den dafür vorgesehenen Stellen darf sogar ein Lagerfeuer entzündet werden.
Passiert man das eingangs genannte BALATONMAGYARÓD und fährt noch ein Stück des Weges weiter, gelangt man zu einer Abzweigung, die zu einem **Büffelreservat** (Eintritt knapp 3 EUR, ganzjährig geöffnet) führt. Hier lassen sich bei einem Spaziergang ca. 80 Büffel in „freier Wildbahn" bewundern.

(161) WOMO-Wanderparkplatz: Büffelreservat Kápolnapuszta
GPS: N 46° 34' 54.5" E 17° 12' 09.2" **max. WOMOs:** 6
Ausstattung/Lage: Imbiss, Toilette, Mülleimer / außerorts.
Zufahrt: 800 m nach der Ortschaft Balatonmagyaród links abbiegen, noch 2,3 km.

In schnurgerader Linie ziehen wir hinauf nach HEVIZ und somit beschließen wir die **Balaton-Rundfahrt** just an dem Punkt, an dem wir sie auch begonnen haben.

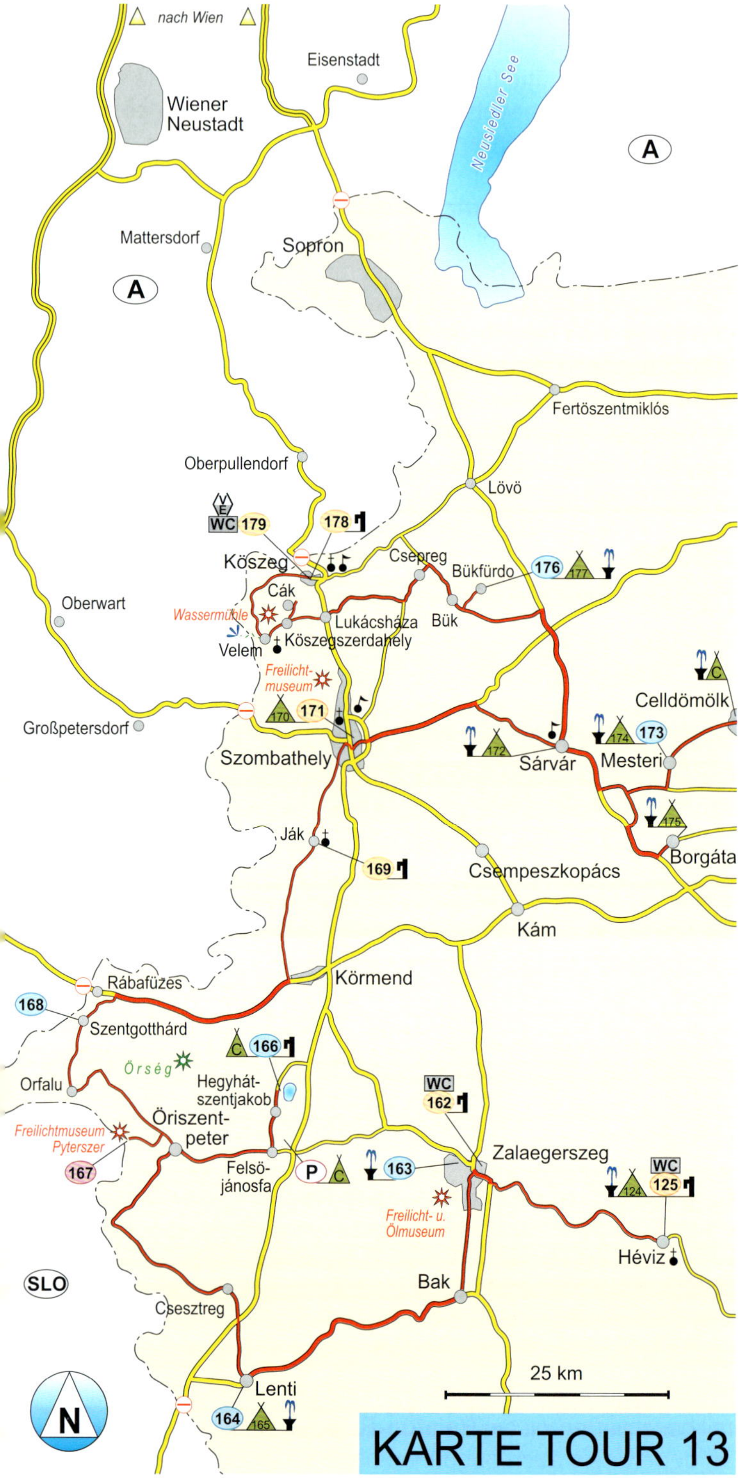
nach Wien
Eisenstadt
Wiener Neustadt
Neusiedler See
A
Mattersdorf
Sopron
A
Fertöszentmiklós
Oberpullendorf
Lövö
WC 179
178
Köszeg
Csepreg
Bükfürdo
176
177
Cák
Oberwart
Wassermühle
Lukácsháza
Bük
Velem
Köszegszerdahely
Freilicht-museum
Celldömölk
170
171
Großpetersdorf
Szombathely
172
Sárvár
174
173
Mesteri
175
Ják
169
Csempeszkopács
Borgáta
Kám
Rábafüzes
Körmend
168
Szentgotthárd
166
Örség
Orfalu
Hegyhát-szentjakob
WC
162
Öriszent-peter
Freilichtmuseum Pyterszer
167
Felsö-jánosfa
P
163
Zalaegerszeg
WC
124
125
Freilicht- u. Ölmuseum
Héviz
SLO
Bak
Csesztreg
25 km
Lenti
N
164
165
KARTE TOUR 13

Tour 13 (382 km / 8 Tage)

Héviz - Zalaegerszeg - Lenti - Oriszentpéter - Szombathely - Sárvár - Mesteri - Borgáta - Bük - Köszeg

Freies Übernachten:	Zalaegerszeg, Lenti, Hegyhátszentjakob, Szentgotthárd, Pyterszer, Jak, Szombathely, Sárvár, Mesteri, Bük, Köszeg.
Campingplätze:	„Castrum Lenti“ in Lenti, „Tópart“ in Szombathely, „Fürdö Camping“ in Borgáta, „Termal Gyógykemping“ in Bük.
Besichtigen:	Freilichtmuseum in Zalaegerszeg, die Örség, Stadtkern von Szombathely, Burg von Sárvár, Mühle von Köszegszerdahely, Stadtkern von Köszeg, Kirche in Jak.
Wandern:	Bei Velem.
Radfahren:	In der Umgebung von Lenti, Mesteri und Bük.
Baden:	In Zalaegerszeg, Lenti, Hegyhátszentjakob, Szentgotthárd, Szombathely, Sárvár, Mesteri, Borgáta und Bük.

Auf dieser Tour bereisen wir die westlichen Teile des Landes. Von HÉVIZ aus fahren wir zunächst auf die **75**. In ZALAEGERSZEG halten wir an einem schön gelegenen langgestreckten See, der von viel Strauchwerk und sattgrünen Bäumen umrahmt ist. Der Parkplatz beim Kiosk am Anfang des Gewässers ist brechend voll, und damit sind natürlich auch die relativ schmalen Wiesenstreifen reichlich ausgelastet. Viele Ungarn nutzen das herrliche Sommerwetter, um hier zu baden, zu grillen oder einfach nur in der Sonne zu liegen. Andere hoffen auf frischen Fisch zum Mittagessen und haben ihre Angel ausgeworfen. Geduldig harren sie nun der Dinge, die da kommen - oder auch nicht. Es ist Wochenende, das erklärt auch den großen Ansturm. Uns wird es zu lebhaft, und wir machen uns wieder auf die Socken.

Die Etappe bis ZALAEGERSZEG gestaltet sich landschaftlich reizvoll, die ausgezeichnete Straße durchzieht weite Laubwälder und verläuft mal über Bergkuppen und mal am Grund grüner Täler. Die Steigungen an den Hügeln sind oft zweispurig ausgebaut, Verwünschungen über langsamere Verkehrsteilnehmer wie etwa LKWs oder Traktoren bleiben daher weitgehend aus. ZALAEGERSZEG ist schnell erreicht. Man spricht von einer aufstrebenden Stadt. Das zeigt sich an vielen Firmen und Großmärkten an der Peripherie und an den Wohnsilos, die mehr in Zentrumsnähe liegen. Schöne alte Gebäude sind eher die Ausnahme. Doch die Stadt so schnell wie möglich hinter sich zu lassen, wäre ein Fehler, denn sie hat etwas ganz Besonderes zu bieten. Durchquert man ZALAEGERSZEG auf der Durchgangsstraße (nicht Umgehungsstraße!) in Richtung KÖRMEND, so zweigt nahe der Ortsgrenze rechts eine Stichstraße zum **Göcseji-Skanzen** ab. Die Abfahrt ist ausgeschildert. Kaum 200 m weiter steht man schon am Parkplatz des gepflegten **Freilichtmuseums**, dem ein **Ölmuseum** angeschlossen ist. Links vor der Platzeinfahrt gibt es einen blauen Wasserspender. Auf dem etwas Schatten bietenden Platz befindet sich im Kassenhäuschen des Museums eine Toilette (40 Tageskilometer).

(162) WOMO-Stellplatz: Freilichtmuseum Zalaegerszeg
GPS: N 46° 50' 59.2" E 16° 49' 42.9"; Batthyány útca **max. WOMOs:** 4
Ausstattung/Lage: Wasserstelle, Toilette, Kiosk / Ortsrand.
Zufahrt: Von der Durchgangsstraße rechts ab - noch 200 m, beschildert.

Das gepflegte, vielseitige Museum kann, außer montags, täglich von 10.00-18.00 Uhr besucht werden. Der Eintritt kostet ca. 2,5 EUR, Kinder zahlen die Hälfte. Knapp fünfzig alte Gebäude, die beiderseits eines idyllischen Bachlaufs stehen, sind zu besichtigen. Es handelt sich dabei u.a. um Wohnhäuser, Bauerngehöfte, Stallungen und Vorratskammern, die allesamt aus der Region stammen. Sehr hübsch ist die Schmiede aus dem 19. Jahrhundert. Das Walmdach ist mit Bundstroh gedeckt, und im Inneren kann man die Original-Einrichtungsge-

Im Freilichtmuseum von Zalaegerszeg

genstände wie z.B. Amboss, Feuerzangen, Feilen usw. bewundern. Interessant ist ebenso die „Hütte für Schnapsbrennerei". Das Häuschen verfügt über einen siebeneckigen Grundriss und wurde aus Eichen- und Tannenholz gezimmert. Die Brennutensilien wie etwa der Kupferkessel zum Destillieren, allerlei verschiedene Röhren oder die irdenen Töpfe muten abenteuerlich an. Vor einer Ölmühle steht eine Gruppe schön geschnitzter und gefärbter Hausgiebel, des Weiteren gibt es auch einen hölzernen Glockenturm und vieles mehr zu bestaunen.

Die genannten Dinge sind vielleicht in ähnlicher Form in den anderen Freilichtmuseen Ungarns auch ausgestellt, wohl aber einmalig dürfte das angeschlossene **Ölmuseum** sein. Denn wo kann man schon auf einem Fleck eine stattliche Anzahl waschechter riesiger Bohrtürme, Förderanlagen, Pumpen und eine Unmenge technischer Geräte inklusive einer Reihe alter Baustellen-LKWs sehen. Wer es lieber klein und übersichtlich mag, kann in einer Halle die Förderanlagen als Modelle bewundern. Einige davon lassen sich per Knopfdruck oder durch Einwerfen von Geldstücken in Gang setzen und arbeiten dann schnaufend und prustend vor sich hin. Es mag durchaus sein, dass jetzt vorwiegend die Männeraugen leuchten - das Interesse der Frauen richtet sich vielleicht mehr auf die **Mineralienausstellung**, die sich auch im Hause befindet. Das letzte Naserümpfen der Damen schwindet aber spätestens dann, wenn sie des **Puppenmuseums** im 1. Stock des Kassengebäudes ansichtig werden. Die Puppen in den zahlreichen Schaukästen tragen original und kunstvoll nachgefertigte Trachten.

Ölmuseum, Zalaegerszeg

Wir fahren auf die Durchgangsstraße zurück, reihen uns in den Verkehr ein und orientieren uns für ein kurzes Stück in Richtung KÖRMEND. Unser nächstes Ziel ist das riesige **Spaßbad Aquacity** am Stadtrand von ZALAEGERSZEG.

Kurz zuvor sehen wir den Hinweis zum **Gébárti tó**, einem netten See, dessen Ufer zu einem kleinen Spaziergang einlädt (Parkplatz: GPS: N 46° 51' 34.3" E 16° 48' 59.8"). Im Haus

Im Haus des Handwerks

des Handwerks (Kézmüvesek Háza), das sich ein klein wenig oberhalb des Sees befindet, erlernen gerade einige Damen die Kunst des Korbflechtens.
Wir folgen nun den zahlreichen Schildern, die uns zuverlässig zu dem 7,5 ha umfassenden Areal lotsen. Wasserratten können hier im 1.500 qm großen Becken schwimmen, sich in ein Sprungbecken stürzen oder auf einer der insgesamt 18 Rutschen (zwischen 54 und 120 m lang) ins gar nicht so kühle Nass gleiten. Es gibt ein Wellenbad, einen „langsamen Fluss", eigene Kinderbereiche und vieles mehr. Geöffnet ist das Wasserparadies täglich von 10.00-19.00 Uhr, Samstag und Sonntag noch eine Stunde länger. Die Eintrittspreise betragen zwischen 8 und 18 EUR.
Wer es ruhiger angehen möchte, zieht das in unmittelbarer Nachbarschaft liegende Thermalbad vermutlich vor (täglich von 10.00-19.00 Uhr) geöffnet.

(163) WOMO-Badeplatz: Aquacity Zalaegerszeg

GPS: N 46° 51' 56.4" E 16° 49' 25.0"; Tó útca **max. WOMOs:** 12
Ausstattung/Lage: Restaurant, Pizzeria, Geschäft, Beleuchtung, Toilette im Bad, überwiegend sonnig / außerorts.
Zufahrt: Von allen Seiten gut beschildert (nahe dem Ortsteil Ságod).

Weiter geht es in Richtung NAGYKANISZA. Die Straße verläuft jetzt südwärts. In der Nähe von BAK biegen wir erneut rechts ab und rollen LENTI entgegen. Die Felder sind abgeerntet, nur vereinzelt warten noch die großen gepressten Strohballen auf ihre Abholung. Vor LENTI weichen die weiten Anbauflächen einem ausladenden Waldgebiet, dem **Zajdai-erdö**. Riesige Stapel frisch geschlagenen Holzes lagern am Fahrbahnrand - zur Zeit scheint eine große Fällaktion zu laufen. Eine Kleinbahn führt von LENTI in den Forst. Früher war die **Schmalspurbahn** den Forstleuten vorbehalten, jetzt hingegen rattert das Züglein nur noch für Touristen in den dunklen Tann. Fahren kann man bis ins 32 km entfernte KISTOLMÁCS

Lenti, Bahnhof der Schmalspurbahn

mit seinem Badesee, oder auch nur eine beliebige Teilstrecke. Wer möchte, nimmt sein Fahrrad mit und ist dadurch unabhängiger von den leider etwas dürftigen Verbindungen (Fahrpläne gibt es am kleinen Bahnhof gegenüber dem Castrum Campingplatz).

LENTI ist eine Kleinstadt, die Hauptstraße bildet die Lebensader. Entlang dieser reihen sich etliche Geschäfte, Gemüsestände und einige Restaurants auf. Ins Auge stechen die außergewöhnlich zahlreichen Blumenbeete und -rabatten. Die Gärtner der Gemeinde haben auch einige Akzente gesetzt. Drahtgestelle in Form einer Schildkröte, eines Pfaues und sogar eines Trabis wurden mit verschiedenen bunten Sommerblumen bepflanzt. Ist der Flor erst einmal zusammengewachsen, also Draht und Streben überwuchert, so sind die Kunstwerke hübsch anzusehen.

Liebhaber historischer Bauwerke werden hier allerdings kaum auf ihre Kosten kommen, seinen Bekanntheitsgrad und die damit verbundenen Touristenströme dürfte das Städtchen einzig und allein seinem **Thermalbad** zu verdanken haben. Es ist von mittlerer Größe und verfügt über medizinische Becken sowohl im Freien als auch in einer Halle. Geöffnet ist das Heilbad täglich von 08.00-19.00 Uhr, der Eintritt beträgt ca. 7 EUR. Um dahin zu gelangen, folgen Sie am besten den Hinweisen zum Campingplatz, der direkt daneben liegt. Das Bad selbst ist nur sehr spärlich ausgeschildert. Nach der Bahnlinie, noch vor dem Campingplatz, zweigt links eine Stichstraße zu einem kleinen Parkplatz ab. Einen größeren Parkplatz auf einer Wiese mit Büschen und Bäumen finden Sie, wenn Sie nach dem Campingplatz links abbiegen. Beide Plätze taugen zum Übernachten, sind gebührenpflichtig (Automaten) und verfügen jeweils über einen eigenen Eingang in das **Thermalbad**.

(164) WOMO-Badeplatz: Lenti

GPS: N 46° 37' 01.9" E 16° 31' 58.9" **max. WOMOs:** 6
Ausstattung/Lage: Thermalbad, Mülleimer, Gaststätten / im Ort.
Zufahrt: Den Campingplatzhinweisen folgen, vor bzw. nach dem Campingplatz links abbiegen.

Beabsichtigen Sie länger im warmen Thermalwasser zu kuren, empfiehlt sich der saubere und gepflegte Campingplatz.

(165) WOMO-Campingplatz-Tipp: „Castum Lenti" in Lenti

GPS: N 46° 37'02.9" E 16° 31'50.1"; Táncsics Mihály útca **Öffnungszeit:** Ganzjährig
Ausstattung/Lage: Geschäft, Restaurant, zum Zentrum 1,2 km, Thermalbad, vorwiegend Schatten / im Ort.
Zufahrt: Von der Hauptstraße aus gut beschildert.

Blumenarrangements in Lenti

Nach Angaben des Fremdenverkehrsamtes gibt es in bzw. um LENTI 80 km ausgewiesene **Fahrradwege**, die nur darauf warten, von den Pedalrittern erforscht zu werden.
Die Entfernung vom Freilichtmuseum ZALAEGERSZEG bis zum Thermalbad LENTI beträgt ca. 51 km.
Unser nächstes Ziel ist die ÖRSÉG. Wir berühren dabei einen

ursprünglichen, fast wilden Landstrich Ungarns, an dem - trotz der Grenznähe zu Österreich - viele Touristen einfach vorbeifahren. In fast gerader Linie zieht die Straße von LENTI in nordwestlicher Richtung hinauf über den Flecken CSESZTREG nach ÖRISZENTPÉTER, das den Hauptort der ÖRSÉG darstellt. Zu Deutsch heißt Örség „Warte oder Wachtweiler“. Als die Ungarn im 11. Jahrhundert unter König Stephan einen Staat bildeten, übertrug man den hier lebenden Einwohnern die Aufgabe der Grenzüberwachung. Die Ankunft des nahenden Feindes wurde von einem zum anderen Weiler per Zuruf oder Feuerzeichen signalisiert. Je nach Lage der Dinge trat man nun dem Feind entgegen oder man zog sich zurück und verschanzte sich in den Gehöften, die wie kleine Festungen auf den Bergkuppen lagen. Palisadenzäune, die aus dornigen Zweigen geflochten waren, boten zusätzlichen Schutz. Die früheren Einwohner waren sich ihrer großen Verantwortung bewusst, und sie wurden vom Staat gewürdigt, indem sie gewisse Sonderrechte wie z.B. Besitzzuteilungen erhielten. Dieses Bewusstsein hat sich über die Jahrhunderte erhalten, noch heute sind die Bürger archaisch geprägt. Haben sie also vor, in der lieblichen Hügellandschaft oder in den ausgedehnten Wäldern spazieren zu gehen, so pflücken sie keine Beeren und sammeln keine Pilze, falls Sie Ärger aus dem Weg gehen möchten. Lesen sie dazu bitte folgendes Zitat aus einem Örség-Prospekt: „Man kann nicht überall Pilz oder Heidelbeere, oder dürres Holz für den Lagerfeuer sammeln, weil der Besitzer den nichtsahnenden Wandervogel mit Recht für einen Dieb halten kann“. Zitatende! Das soll Sie aber nun keinesfalls abschrecken, sondern nur sensibler für die Mentalität der hier lebenden Menschen machen.

ÖRISZENTPÉTER ist ein wunderschöner Ort. Die Häuser liegen verstreut, mit viel „Luft“ dazwischen. Zumeist findet sich bei jedem Anwesen ein Gemüsegarten oder wenigstens ein Blumenbeet. Von jeher verdienten sich die Bewohner ein Zubrot durch Töpfern und Körbeflechten. Die wohlgeformten Krüge und Töpfe sind oftmals an den Gartenzäunen zum Verkauf ausgestellt.

Der Vadása Badesee

Ein lohnender Ausflug führt von ÖRISZENTPÉTER in das ca. 11 km entfernte FELSÖJÁNOSFA. Kurz vor dem Ortsende zweigt links eine Straße zum **Vadása tö** ab. Der hübsche Badesee, dessen Ufer leider teilweise verschilft sind, ist nach 4,1 km erreicht. Von einem Waldparkplatz gelangt man schnell zum See und genauso flugs zu einem Restaurant.

(166) WOMO-Badeplatz: Vadása tö

GPS: N 46° 52' 32.6" E 16° 33' 04.0" **max. WOMOs**: 5
Ausstattung/Lage: Mülleimer, Wasser, Kiosk und Gaststätten nahebei / außerorts.
Zufahrt: In Felsöjánosfa links zum Vadása tö abzweigen, weiter nach Hegyhátszentjakob und dann 500 m nach dem Ortsendeschild rechts in den Parkplatz einbiegen, gut beschildert.

Fährt man noch ein Stück des Weges weiter, so trifft man linker Hand auf einen **Campingplatz**.
Kurz nach dem Ortsende von FELSÖJÁNOSFA führt links eine Stichstraße zu einem weiteren See (ca. 1 km schlechte Wegstrecke). Schwimmen kann man in einem Strandbad, pickni-

Örség, Freilichtmuseum in Pyterszer

cken und Lagerfeuer machen auf der gegenüber liegenden Seeseite, die auch zu lauschigen Spaziergängen einlädt. Wer möchte, kann das Gewässer auch per Ruder- oder Tretboot erkunden. Will man länger verweilen, muss man auf den kleinen hübschen **Campingplatz** zurückgreifen - das freie Stehen ist untersagt. Ob da wohl der Campingplatzbesitzer die Hand im Spiel hatte?

Wir fahren zurück nach ÖRISZENTPÉTER und weiter über den reizenden und idyllisch gelegenen Ort SZALAFÖ in das **Freilichtmuseum Pyterszer**. Unterwegs (2,3 km nach dem Kreisverkehr in ÖRISZENTPÉTER) entdecken wir eine hübsche Kirche mit einer Gedenkstätte (Àrpad horj, Múemlek Templom) und bei dieser Gelegenheit auch einen gut anfahrbaren Wasserspender. Schließlich erreichen wir den kleinen Parkplatz des Freilichtmuseums.

(167) WOMO-Picknickplatz: Freilichtmuseum Pyterszer

GPS: N 46° 51' 53.0" E 16° 20' 22.4"
Max. WOMOs: 2
Ausstattung/Lage: Tische, Bänke, Kiosk, Wasserhahn (für Notfälle) im Museum / außerorts.
Zufahrt: Direkt beim Freilichtmuseum in Pyterszer am Ende der Stichstraße.

Für einen geringen Eintrittspreis (falls überhaupt kassiert wird) darf man hier einige strohgedeckte Häuser und eine Doppelstockkammer begutachten. Das Museum ist zwar nicht sehr umfangreich, liegt aber prächtig auf einer Bergkuppe und bietet zudem eine schöne Aussicht. An einer Orientierungstafel erfährt man Wissenswertes vom Band, u.a. auch in deutscher Sprache.

Unsere weitere Fahrt führt uns auf schmaler Straße tief in die ÖRSÉG hinein. Der Streckenabschnitt über die Weiler FARKASFA, ORFALU und APÁTISTVÁNFALVA gehört zu dem Urigsten, das der Landstrich zu bieten hat. Es bereitet Spaß, durch die dichten Wälder mit den ab und zu auftauchenden Gehöften zu bummeln. In SZENTGOTTHÁRD wechselt das Landschaftsbild wieder. Die Wälder weichen zurück, das Land wird flacher. Das Städtchen hat in der vergangenen Zeit zugelegt und zeigt sich gefällig. Stolz ist man aber vor allem auf das neue **Thermal-** und **Erlebnisbad**.

(168) WOMO-Badeplatz: Szentgotthárd Thermalpark

GPS: N 46° 57' 23.0" E 16° 16' 38.7" **max. WOMOs:** 6
Ausstattung/Lage: Beleuchtung, Mülleimer, Restaurant im Bad, ca. 300 m zum Zentrum / Ortsrand.
Zufahrt: Vor dem Ortsende rechts abbiegen, noch 200 m (beschildert).

Der Eintrittspreis beträgt für das Erlebnisbad rund 3 EUR für zwei Stunden (Verlängerung möglich), die Tageskarte für das Thermalbad kostet ca. 10 EUR.

Von SZENTGOTTHÁRD ist es nur eine kurze Wegstrecke bis auf die viel befahrene Straße **8**, die vom Grenzübergang RABAFÜZES landeinwärts führt. Nach der Ruhe und Abgeschiedenheit sehen wir uns plötzlich wieder im Touristenrummel. An unzähligen Ständen bieten Händler ihre Waren feil. Neben Obst, Gemüse und allerlei Souvenirs warten auch ganze Kolonien von Gartenzwergen auf ihre Käufer, um dann ihr weiteres Leben in deutschen oder österreichischen Vorgärten zu fristen.

Kurz vor KÖRMEND verlassen wir die **8** und biegen links ab nach JAK. Das Dörfchen wäre an sich unbedeutend, stünde hier nicht die **Benediktinerstiftskirche** aus dem 13. Jahrhundert, die als Ungarns schönstes romanisches Gotteshaus gilt. Besonders prunkvoll zeigt sich das reich verzierte Portal, in dessen Nischen zehn aus Stein gemeißelte Apostel - mit Jesus in der Mitte - angeordnet sind. Sehenswert ist auch die seitlich stehende **St. Jakobs-Kapelle**. Rund um das Gotteshaus führt ein Kiesweg, so dass man das prachtvolle Bauwerk aus jeder Perspektive bewundern kann. Neuerdings wird für den Besuch der Kirche ein Entgelt gefordert, das auch zur Besichtigung eines kleinen angeschlossenen Museums berechtigt.

Kirchenornamentik in Jak

Der dazu gehörende Besucherparkplatz bietet sich als Übernachtungsmöglichkeit an. Eigentlich war dafür Szombathely eingeplant, doch wir beschließen hier zu schlafen, zumal das ABC-Geschäft frisches Brot zum Frühstück in Aussicht stellt (die Tagesetappe beträgt 127 Kilometer).

(169) WOMO-Stellplatz: Jak

GPS: N 47° 08' 19.2" E 16° 34' 57.2" **max. WOMOs:** 4

Ausstattung/Lage: kleines Geschäft, Gaststätte in der Nähe, Mülleimer, Wasserstelle / im Ort.

Zufahrt: Bei der Kirche.

SZOMBATHELY zählt zu den ältesten Städten Ungarns und mit 90.000 Einwohnern auch zu den größten des Landes. Wir steuern das **Erholungsgebiet** des Ortes an. Dazu fahren wir durch das Zentrum und orientieren uns an den Hinweisen zum nicht sonderlich gepflegten Campingplatz, der neben einem **Freibad** mit einem riesigen Schwimmerbecken liegt.

(170) WOMO-Campingplatz-Tipp:
„Tópart Camping" in Szombathely

GPS: N 47° 14' 11.6" E 16° 35' 55.0"; Kenderesi ú. **Öffnungszeit:** 01.05-30.09.
Ausstattung/Lage: Geschäft, Imbiss, Restaurant, Frei- und Hallenbad nahebei, zum Zentrum 2,5 km, Schatten / im Ort.
Zufahrt: Von der Umgehungsstraße in Richtung Zentrum abbiegen, beschildert.

Der Parkplatz des Bades verfügt über ein Toilettenhäuschen. Auf der Seite gegenüber laden zwei **Weiher** zu Kahnpartien ein. Um die Ufer herum führen herrliche Spazierwege, die von Bäumen und Büschen gesäumt sind. Die Äste mancher Trauerweide reichen bis ins Wasser hinein und spiegeln sich in der Oberfläche. Unzählige Angler gehen hier ihrem Hobby nach und sitzen oder stehen bei ihrem Angelgerät und warten, dass etwas anbeißt. Wir gewinnen den Eindruck, dass das einzige, was beißt, die Mücken sind. Doch der Erfolg scheint ihnen nicht so wichtig, es zählen wohl mehr die Ruhe und Entspannung. Natürlich kann man sich auch aktiver betätigen, beispielsweise auf einem der Tennisplätze oder beim Ping-Pong-Spielen in einem nahen Wäldchen. Ein paar Hartgesottene liefern sich sogar trotz Hitze auf dem Bolzplatz ein Match.
Jenseits der zwei Weiher wartet ein **Freilichtmuseum** mit strohgedeckten Häusern, Stallungen, allerlei alten Gerätschaften und Einrichtungsgegenständen auf seine Besucher. Zwi-

Im Herzen von Szombathely

schen den insgesamt 39 Gebäuden, deren Pflegezustand nicht ganz überzeugen kann, tummelt sich eine Schafherde. Die blökenden Tiere fungieren hier als billige Mähkolonne (Eintritt Erwachsene ca. 3 EUR, Kinder die Hälfte, geöffnet von 10.00-18.00 Uhr, außer montags).
Der gebührenfreie Parkplatz des Museums dient uns als Übernachtungsplatz. Hier ist es deutlich ruhiger als beim Freibad, der geteerte Platz zwischen ein paar Wohnhäusern und einem der Weiher mit Ruhebänken am Ufer erweist sich als sehr angenehm. Folgen Sie zunächst auf der Verbindungsstraße, der **Rohonci út**, dem braunen Schild **Vasi Múzeumfalu Skanzen**. Es geht rechts ab und dann gleich nochmals rechts. Am Ende der 1 km langen Stichstraße sind Sie am Ziel (15 Tageskilometer).

(171) WOMO-Stellplatz: Freilichtmuseum Szombathely

GPS: N 47° 14' 09.0" E 16° 35' 42.6" **max. WOMOs:** 4
Ausstattung/Lage: Museumsdorf, Bänke, Mülleimer / im Ort.
Zufahrt: Den Hinweisen zum Campingplatz folgen, bis man auf die braunen Schilder „Vasi Múzeumsfalú Skanzen" stößt (im Erholungsgebiet).

Das Erholungsgebiet haben wir hier direkt vor der Nase, um zur Stadtmitte zu gelangen, bedarf es eines Fußmarsches von knapp einer halben Stunde. SZOMBATHELY bietet einiges, die meisten Sehenswürdigkeiten sind vom Hauptplatz, dem **Fö tér**, schnell zu erreichen. Versuchen Sie ein Prospekt mit Stadtplan zu ergattern - das ist sehr hilfreich.

Szombathely: Frühjahr in der Stadt

Wahrzeichen der Stadt ist die **Kathedrale**. Sie ist Ungarns drittgrößte Kirche, auf dem Vorplatz mahnt eine Pestsäule. Gegenüber dem Gotteshaus befindet sich ein besonderes Denkmal. Der Bischof sitzt auf einem Stuhl, den Blick fest auf „seine" Kathedrale gerichtet, als wache er immer noch über sie. Hinter der Kirche schließt ein **Ruinengarten** an. Im **Iseum** findet man die Überreste eines Isis-Heiligtums. Der Tempel wurde im 2. Jahrhundert zu Ehren der altägyptischen Göttin Isis errichtet, deren Zuständigkeitsbereich Wohlbefinden, Reichtum und Fruchtbarkeit umfasste. Daneben steht die **Kunsthalle**, ein Beton-Flachdachbau, dessen Gestaltung Geschmackssache ist. Gegenüber erhebt sich eine prachtvolle **Synagoge**. Seit 1975 dient das ehemalige jüdische Gottes-

haus als Konzertsaal. Am Ende des Hauptplatzes, den viele Blumenbeete und Bäume schmücken, steht die **Elisabeth-Kirche**, eines der bedeutendsten gotischen Bauwerke.
Wir treten wieder den Rückweg an, der uns am **Bischofspalast** vorbeiführt. Das barocke Gebäude stammt aus dem 18. Jahrhundert, und an seinen Wänden prangen Gemälde von Dorffmaister. Nur ein paar Schritte weiter ist in einem Haus das **Smidt-Museum** untergebracht. Es stellt einen Ausgleich zur gerade genossenen Kultur dar - es hat etwas Leichtes, etwas Beschwingtes an sich. Lajos Smidt war seines Zeichens Krankenhausdirektor und Zeit seines Lebens von der Sammelwut geplagt. Das Ergebnis lässt sich hier bestaunen. Die Palette reicht von Stand- und Taschenuhren, Münzen, feinem Porzellan über Pfeifen, alte Bücher bis zu witzigen Zeichnungen, das Verhältnis Arzt/Patient betreffend. Das alles und was der Herr Doktor sonst noch zusammengetragen hat, können Sie täglich von 10.00-17.00 Uhr, außer montags, für ein geringes Entgelt bewundern.
Der nächste Programmpunkt auf unserer Reise ist SÁRVÁR. Wir peilen wieder das Zentrum SZOMBATHELY an und verlassen die Stadt in Großrichtung CSORNA auf der **86**. Bald liegen die Außenbezirke hinter uns, und nach einigen Kilometern biegen wir rechts, in Richtung SÁRVÁR ab. Die Kleinstadt wirkt lebhaft und rege auf uns. In der Hauptstraße konkurrieren die Geschäfte in der Anordnung und Farbenpracht der vielen Gemüse- und Früchtearten miteinander. Die Käu-

Die Burg von Sárvár

fer scheinen es zu honorieren - es herrscht kräftiger Andrang. Wir fahren zunächst zur **Burg** des Ortes, die in einem schönen Park mit alten Bäumen liegt. Eine steinerne **Bogenbrücke** führt zu einem Turm, der den Eingang zu einem fünfeckigen Gebäudeensemble freigibt. Die ehemals einzeln stehenden Häuser wurden im 17. Jahrhundert durch den Bau von Verbindungsflügeln und einer Kapelle zu diesem zusammengefügt. Im **Burgmuseum** wird man mit der Geschichte der Burg vertraut gemacht. Geöffnet ist es täglich von 09.00-17.00 Uhr, außer montags (geringer Eintritt). Am gebührenfreien Parkplatz des alten Gemäuers befinden sich ein Toilettenhäuschen und eine Wasserstelle.

Ca. 1 km weiter zweigt rechts eine kleine Straße zum **Thermalbad** des Ortes ab. Die alte, in die Jahre gekommene Therme wurde abgerissen und durch einen modernen Neubau ersetzt. Neben dem Heil- und Wellnessbereich mit verschiedenen Becken, Sauna und Fitnesscenter, gibt es auch einen „Erlebnisteil" mit Wellenbad und so manchem, das vor allem Kinderherzen höher schlagen lässt (geöffnet täglich von 08.00-20.00 Uhr, Eintritt ca. 10 EUR, Kinder die Hälfte). Gleich nebenan, doch leider nicht mit direktem Badzugang, befindet sich der neue, sonnige Campingplatz mit großen gekiesten Stellflächen.

Sárvár, Eingang zum Thermalbad

(172) WOMO-Campingplatz-Tipp: Sárvár Camping

GPS: N 47° 14' 53.1" E 16° 56' 51.5"; Vadkert útca **Öffnungszeit:** Ganzjährig
Ausstattung/Lage: Thermalbad, Geschäft, wenig Schatten, Restaurant in der Nähe, zum Zentrum ca. 1 km / im Ort.
Zufahrt: Im Ort den Schildern zum Thermalbad folgen.

Man kann auch auf dem angrenzenden Parkplatz übernachten. Dies ist zwar kostenfrei, beinhaltet aber auch nicht die Gebühren für den Badeintritt, so wie es auf dem Campingplatz der Fall ist.

Von außerordentlicher Schönheit ist das nahe **Waldgebiet**, in das mehrere schilfbestandene und mit Wasserlinsen überzogene **Weiher** eingebettet sind. Auf schattigen Wegen lässt es

sich hier herrlich spazieren, und auf so mancher Lichtung laden Bänke, Tische und Feuerstellen zu einem stilvollen Picknick ein. Folgt man der weiß-blau-weißen Markierung, gelangt man letztendlich über eine Wohnsiedlung zum Zentrum des Ortes. Es ist eine angenehme Alternative zum Weg über die Hauptstraße.
In der Region, die wir gerade bereisen, sprudeln viele Thermalquellen. Es heißt, fast jeder zweite Tourist, der Ungarn besucht, nutzt das heilende Nass. Grund genug für uns, Ihnen noch einige Bäder vorzustellen. Vom Zentrum in SÁRVÁR fahren wir hinaus auf die Straße **84** und orientieren uns nach Süden zum **Plattensee** hin. Schon nach wenigen Kilometern biegen wir in Richtung MESTERI ab und lassen uns jetzt von den Thermalbadsymbolen leiten. Auf die Ortschaft GÉRCE folgt das Dörfchen VÁSÁROSMISKE und kurz darauf laufen wir schon in MESTERI ein. Wir passieren eine Allee, die in den Besucherparkplatz des Bades mündet. Der Platz taugt für eine schnelle Übernachtung. Für einen längeren Aufenthalt empfehlen wir den Campingplatz, der direkt mit der Therme verbunden ist.

(173) WOMO-Badeplatz: Mesteri

GPS: N 47° 13' 05.0" E 17° 05' 34.7" **max. WOMOs:** 5
Ausstattung/Lage: Thermalbad, Gaststätte, Mülltonnen, Bäcker kommt am Morgen / Ortsrand.
Zufahrt: Den Hinweisen zum Thermalbad folgen, direkt vor dem Bad.

Im Thermalbad von Mesteri

(174) WOMO-Campingplatz-Tipp: „Termal Kemping" in Mesteri
GPS: N 47° 13' 07.5" E 17° 05' 34.2" **Öffnungszeit:** Ganzjährig
Ausstattung/Lage: Gaststätten, Bäcker kommt am Morgen, kaum Schatten, viele Stellplätze mit betonierter Terrasse / Ortsrand.
Zufahrt: Den Hinweisen zum Thermalbad folgen.

Die Anmeldung für den gepflegten Campingplatz erfolgt am Badeingang. Der Eintritt in die Therme ist im Preis inbegriffen. Ein Lebensmittelgeschäft fehlt allerdings, auch in der Ortschaft selbst gibt es keines mehr. Es empfiehlt sich, die Einkäufe vorher in SÁRVÁR zu erledigen, z.B. bei Tesco.
Radfahrer werden die Gegend gerne für Ausflüge nutzen. Spezielle Fahrradwege sind zwar keine vorhanden, doch auf den wenig befahrenen Landstraßen fühlt man sich recht gut aufgehoben.
Noch ein Tipp: Der Campingplatz in MESTERI kann vor allem im Frühjahr und Herbst stark frequentiert sein. Im ca. 12 km entfernten Städtchen CELLDÖMÖLK (reichlich Einkaufsmöglichkeiten) gibt es ein weiteres mittelgroßes und schönes **Thermalbad**, dem ein Hotel und ein sehr gepflegter **Campingplatz** (**Jufa Vulkan**, GPS: N 47° 14' 34.9" E 17° 08' 45.0") angeschlossen sind. Zwei Personen inklusive Wohnmobil, Strom und Badeintritt kosten ca. 35 EUR/Tag. Camper erhalten beim Buffetessen im Hotel einen Rabatt.
Wir fahren zur Hauptstraße (**84**) zurück, rollen noch ein paar Kilometer weiter Richtung **Plattensee**, um dann links nach BORGÁTA abzubiegen. Nach knapp 2,5 km erreichen wir die

Thermalbad Borgáta, klein und schnuckelig

Therme mit dem gleich daneben liegenden Campingplatz. Wie in MESTERI erfolgt die Anmeldung an der Badkasse. Leider gibt es auch hier kein Geschäft. Der Campingplatz liegt recht schön im Grünen. Zumeist ist er nur schwach frequentiert. Wer Ruhe schätzt, sollte sie hier finden. Zum Bad mit seinen weitläufigen Wiesenflächen besteht eine direkte Verbindung.

(175) WOMO-Campingplatz-Tipp: „Borgáta Fürdö Camping" in Borgáta

GPS: N 47° 09' 41.5" E 17° 05' 56.1" **Öffnungszeit:** 10.04-25.10.
Ausstattung/Lage: Thermalbad direkt nebenan, Gaststätte, Imbiss, reichlich Schatten / Ortsrand.
Zufahrt: Von der Straße 84 links nach Borgáta abbiegen, nach 2,3 km rechts abzweigen, dann noch ca. 150 m bis zur Campingplatzeinfahrt linker Hand fahren.

Das Thermalbad wirkt gepflegt. Blumenschmuck ist reichlich vorhanden und dieser wird vom Personal liebevoll umsorgt. Als Nachteil verbuchen wir, dass es keine Hallenbecken gibt! Bei kühlerem Wetter oder Regen kann das schon ziemlich unangenehm sein. Zumindest ist aber das große Becken im Freiland mit einem Windschutz versehen und zu einem Teil überdacht.
Weil es so schön ist und wir gerade so richtig in Übung sind, peilen wir gleich das nächste **Thermalbad** an. Die 35 km nach BÜK-FÜRDÖ sind in einer guten halben Stunde abgespult. Das Heilbad zählt zu den größten Ungarns. Das Gelände erstreckt sich über 35 ha, insgesamt 14 Becken stehen zur Wahl. Vier davon bieten 28-39 Grad warmes Thermalwasser und

Thermalbad Bük: Leider oft stark frequentiert

verschaffen Linderung bei Erkrankungen im Skelettbereich und bei Rheuma, aber auch bei Verdauungs- und Kreislaufproblemen. 1961 fand die erste Bohrung statt, man wurde fündig, und seit 1964 empfängt das Bad seine Gäste. In einigen Bereichen erkennt man das Alter der Anlage, andererseits wurde aber viel getan. Alle Sanitäranlagen sind auf dem neuesten Stand, die Liegeflächen sind gepflegt, und eine Wasserrutsche erfreut besonders die Kinder. Auch an dem großen Spielplatz haben die lieben Kleinen ihre Freude. Die Erwachsenen werden eher die Minigolf-Anlage bevorzugen. Alle Altersklassen hingegen besuchen gerne die Zeile, in der sich mehrere Imbissstände bzw. Gaststätten aneinanderreihen. Die von uns „Fressstraßen" getauften Abspeisungsanlagen sind in allen Bädern schon fast obligatorisch. Geöffnet hat das Thermalbad täglich von 08.30-18.30 Uhr, der Eintrittspreis beträgt ca. 9 EUR. Das angeschlossene neue sog. Erlebnisbad schlägt mit knapp 10 EUR zu Buche. Neben den allgemein üblichen medizinischen Leistungen wird jetzt auch die sog. Thai-Massage angeboten. Es handelt sich dabei um eine Behandlung physiotherapeutischer Natur - nur ein Schelm, wer dabei andere Gedanken hegt...

Um die Anlage herum gibt es einige Geschäfte und Restaurants und geradezu riesige Parkflächen (gebührenpflichtig in der Saison). Nur der zweite Parkplatz (gegenüber dem Campingplatz) ist nicht mit einem WOMO- oder Nachtparkverbot belegt und kann daher zum Übernachten benutzt werden.

(176) WOMO-Badeplatz: Bük

GPS: N 47° 22' 39.9" E 16° 47' 15.0" **max. WOMOs:** 8
Ausstattung/Lage: Thermalbad, Restaurant, Imbiss, Geschäft und Geldwechselbüro nahebei / Ortsrand.
Zufahrt: Den Parkplatzhinweisen folgen.

Der Platz bietet fast keinen Schatten. Die bessere Wahl ist der Thermal- oder Heilcampingplatz, der einen eigenen Zugang zum Bad besitzt. An Hand eines Chiparmbandes können die heilenden Wasser jeden Tag beliebig oft aufgesucht werden, die Campingplatzgebühren beinhalten bereits den Eintrittspreis - ein nicht zu unterschätzender Vorteil! Der Platz präsentiert sich nach seiner Sanierung jetzt sehr gepflegt, allerdings auch etwas beengt.

(177) WOMO-Campingplatz-Tipp: „Termal Gyógykemping" nahe Bük

GPS: N 47° 22' 36.9" E 16° 47' 03.0"; Termal körút **Öffnungszeit:** Ganzjährig
Ausstattung/Lage: Thermalbad, Geschäft, Imbiss und Restaurant in der Nähe, kleiner Kiosk am Platz, zum Zentrum 0,5 km, viel Schatten / Ortsrand.
Zufahrt: Gut beschildert.

Von BÜK-FÜRDÖ führt ein neu angelegter **Radweg** in die Ortschaft BÜK. Ein Zubringer zu diesem Radweg beginnt beim Thermalcamping. Außer einigen Restaurants und Geschäften hat BÜK aber nichts zu bieten, was Touristenherzen höher schlagen lassen könnte. Wer gerne mit dem Bike unterwegs ist, wird den Ausflug vielleicht trotzdem unternehmen, denn er lässt sich auch verlängern. Ein Stück nach der Ortsgrenze mündet der Weg in eine Nebenstraße, auf der man seine Tour fortsetzen kann.

Einem Zeitvertreib ganz anderer Art lässt es sich am Rande von BÜK-FÜRDÖ nachgehen. Sportler freuen sich hier über den schönen **Golfplatz** mit 9 und 18 Löchern.

Von BÜK fahren wir ins nahe CSEPREG und orientieren uns in Richtung SZOMBATHELY. Nach einigen Kilometern biegen wir rechts ab nach KÖSZEGPATY und fahren danach weiter bis NEMESCSÓ. Hier zweigen wir links ab nach LUKÁCSHÁZA. Über KÖSZEGDOROSZLÓ geht es weiter in Richtung VELEM, doch zunächst besuchen wir das etwas abseits an Weinhängen liegende Dörfchen CÁK. Kurvt man die Dorfstraße hinauf, so gelangt man zu acht strohgedeckten **Weinkellerhäuschen**, die sich an den Berghang kuscheln. Die Zufahrt ist eng und die Parkmöglichkeiten sind sehr begrenzt. Man parkt besser zuvor im Ort. Die Bauten wirken etwas mitgenommen, und die Wände scheinen nicht mehr ganz im Lot, doch gerade das verleiht ihnen eine gewisse Ausstrahlung. Ihrem ursprünglichen Zweck dienen sie heute nicht mehr, jetzt ist das **Szabadteri Múzeum**

Das Szabadteri Múzeum in Cák

darin untergebracht. Zu sehen sind einige alte Weinfässer, eine Traubenpresse und die Werkzeuge einer Fassbinderwerkstatt des Dorfes. Die Exponate stammen aus der Zeit von 1830 - 1930. Leider ist das heimelige Museum wegen Besuchermangel auf unbestimmte Zeit geschlossen.

Am Ortsende von KÖSZEGSZERDAHELY in Fahrtrichtung VELEM lockt eine alte **Wassermühle** interessierte Besucher an. Es ist eine der drei einzigen erhaltenen und betriebsbereiten Mühlen Ungarns. Schon der Hof vor dem zweistöckigen Gebäude ist sehenswert. Zur Linken träumt ein stilvoller Brunnen unter Weinreben vor sich hin, von rechts hört man ein kleines Bächlein rauschen. Auf einer Wiese ruhen sich einige graue Mühlsteine aus, sie haben ihr Arbeitsleben bereits hinter sich. Auch das Mühlrad mit seinen 4,5 m Durchmesser steht still. Der „Müller" liest uns anscheinend die Enttäuschung von den Augen ab. Er sperrt eine kleine Schleuse, so dass das Wasser in eine Rinne umgeleitet wird und sich über die Schaufeln des Rades ergießt. Langsam und schwerfällig setzt sich das Ungetüm in Bewegung und damit auch die ganze Maschinerie im Inneren des Gebäudes. Es ist schon verwunderlich, wie perfekt das nach so vielen Jahrzehnten immer noch funktioniert. Geduldig beantwortet unser „Müller" alle Fragen und spart selbst nicht mit Erklärungen in verständlichem Deutsch. Stolz zeigt er uns ein heimeliges Stübchen, das seine Vorgänger in früheren Zeiten bewohnten. Erst am Ende der privaten Führung kassiert er das geringe Entgelt und freut sich über eine kleine Aufstockung. Treuherzig betont er, er nähme auch gerne Euro. In einer ehemaligen Scheune auf dem Hof lädt eine urige Kneipe zu einem Imbiss oder zu einer Erfrischung ein.

Innenleben der Wassermühle

Die Besucher der **Museumsmühle** sind normalerweise täglich von 10.00-19.00 Uhr willkommen. Leider bleibt bei unserem letzten Besuch die Mühle verschlossen. Man sagt uns, es sei zur Zeit niemand da, der sich darum kümmern könne. Genaueres bekommen wir auf Grund von Verständigungsschwierigkeiten nicht heraus. Es wäre schön, wenn sich bald wieder jemand zuständig fühlen würde. Hoffen wir das Beste!

Quasi nur um die Ecke ist es bis nach VELEM. Das Dörfchen

liegt herrlich am Fuße eines stattlichen bewaldeten Berges, von dessen Gipfel der Turm der **St. Veits-Kapelle** weit über das Land schaut. Ein schmales kurviges Sträßlein beschreibt einen Weg hinauf zu dem Gotteshaus. Es herrscht wenig Verkehr, es gibt Ausweichstellen, und nur selten streifen Äste das Dach unseres WOMOs (Höhe 3,10 m). Oben angekommen, lässt sich das Fahrzeug auf einem Waldparkplatz abstellen. Kaum fünf Minuten benötigt man jetzt noch, um zu dem Kirchlein zu gelangen und die schöne Aussicht zu genießen. Einige Bänke und Tische laden zur Rast ein, auch zwei Feuerstellen fehlen nicht. Bei einem plötzlich einsetzenden Platzregen kann man sich in eine windschiefe Schutzhütte zurückziehen, die aber ihre Zwecke (noch) erfüllt.

Eigentlich ist es fast schade, mit dem WOMO hinauf zur **St.-Veits-Kapelle** zu fahren, denn von VELEM aus führt ein wunderschöner Fußweg durch die schattigen Wälder zum Gipfel hinauf. Je nach Gangart benötigt man bis zu einer Stunde und kommt direkt beim Aussichtspunkt neben der Kapelle an. Dieser Weg und viele andere Pfade, die durch die idyllische Bergwelt führen, sind markiert, man muss also nicht jahrelanges Mitglied bei den Pfadfindern gewesen sein, um ohne unerwünschte Umwege wieder zurückzufinden.

Rollt man vom Berg-Parkplatz wieder hinunter, bis man in halber Höhe auf eine Kreuzung stößt, so muss man jetzt nicht zwangsläufig zurück nach VELEM. Wir biegen links ab und fahren auf schmaler Straße durch einen dichten grünen Mischwald, den nur wenige Sonnenstrahlen durchdringen. Die reizvolle Strecke führt hinunter nach **Köszeg**, ein Schild mit dem entsprechenden Hinweis an besagter Kreuzung fehlt allerdings. Unterwegs passieren wir einige Wanderparkplätze, die alle mit einem Mülleimer ausgestattet sind. Jeder dieser Abfallkörbe ist auch mit einem Deckel versehen, so dass Meister Reineke nicht den Müll herauswühlen kann.

Köszeg, die Herzjesukirche

Schließlich empfängt uns KÖSZEG, das am Fuße der östlichen Alpenausläufer liegt. Die malerische Kleinstadt genießt den Ruf, eine der schönsten und historisch bedeutendsten Ungarns zu sein. Den Kern bildet der **Jurisics tér**, der durch das imposante **Heldentor** betreten werden kann. Auf und um diesen Platz herum liegen viele Sehenswürdigkeiten. Gleich links vom Heldentor findet man das **Tábornokhaus**, in seinem Inneren ist eine ständige **Ausstellung** über die verschiedenen **Zünfte** zu besichtigen. Sie zeigt Exponate aus dem Arbeitsleben vieler Berufe, wie etwa der Weber, Kammmacher, Fotografen, Uhrmacher usw. (geöffnet von 10.00-18.00 Uhr, montags geschlossen, geringer Eintritt). Daneben steht das gotische **Rathaus**, das wunderschön bemalt ist. Gegenüber in der **Apotheke zum Goldenen Einhorn** - einem Museum - lässt sich ausgesuchtes Inventar alter Apotheken sowie eine Kräutersammlung bestaunen (geöffnet 10.00-18.00 Uhr, montags geschlossen, geringer Eintritt). In der Mitte des Platzes erheben sich die **Emmerichkirche** und die **Jakobskirche**, in letzterer kann man eine schöne Holzmadonna aus dem 15. Jahrhundert bewundern. Zwei oder drei Gehminuten sind es zum **Fö tér**, an dem die Türme der neugotischen **Herzjesukirche** in den Himmel ragen. Selbst wenn Sie kein Kirchenliebhaber sein sollten, werfen Sie einen Blick hinein. Die prachtvoll verzierten Pfeiler und die bunten Glasfenster sind sehr beeindruckend. Prägend für das Stadtbild ist vor allem die mittelalterliche stattliche **Burg**, die nach Miklós Jurisics benannt ist. Anno 1532 leistete besagter Jurisics einer türkischen Übermacht erbitterten Widerstand. Nach dreiwöchiger Belagerung zogen die zahlenmäßig überlegenen Türken schließlich unverrichteter Dinge ab - und Ungarn hatte einen Helden mehr. Seine hehren Taten bleiben bis zur heutigen Zeit unvergessen - täglich läuten ihm zu Ehren um 11.00 Uhr die Glocken. Das **Burgmuseum** zeigt neben Waffen aus der Belagerungszeit auch stadtgeschichtliches und verschiedenes Mobiliar.

Am Jurisics tér in Köszeg

Das Zentrum und die Burganlage lassen sich auf einer Ringstraße, der **Várkör utca**, umfahren. Auf der Rückseite der Burg stößt man bei einer solchen Umrundung unwillkürlich auf einen größeren Parkplatz. Besonders die wenigen Plätze an der **Burgmauer** geben einen ruhigen und trotzdem zentralen Übernachtungsplatz ab. Tagsüber werden Gebühren erhoben (Parkscheinautomat), nachts darf man gratis stehen. Gegenüber befinden sich ein gutes Restaurant und eine kleine Konditorei, seitlich schließt eine hübsche Parkanlage an (insgesamt 48 Tageskilometer).

(178) WOMO-Stellplatz: Köszeg

GPS: N 47° 23' 24.0" E 16° 32' 17.7" **max. WOMOs:** 4
Ausstattung/Lage: Wasserstelle, Mülleimer, Gaststätte / im Ort.
Zufahrt: Bei der Burg.

In Ausnahmefällen ist dieser Platz nicht nutzbar. Bisweilen finden hier Feste statt oder es gastiert auch mal ein Zirkus.
Einen weiteren, recht gemütlichen und zentrumsnahen Übernachtungsplatz gibt es im Garten einer Pension. Hier steht man nett zwischen Bäumen und Blumenbeeten. Wir sehen das hübsche Fleckchen als komfortablen Stellplatz an, angepriesen wird es als Campingplatz (ca. 14 EUR/Nacht).

(179) WOMO-Stellplatz/Campingplatz: Gyongyvirág

GPS: N 47° 23' 35.9" E 16° 32' 33.3" **max. WOMOs:** 10
Ausstattung/Lage: VE-Station, Dusche, WC, kleiner Spielplatz, Strom, zum Stadtzentrum 400 m / im Ort.
Zufahrt: In Köszeg den Hinweisen folgen (Gyongyvirág-Camping).

Nach unserer kleinen Abhandlung über KÖSZEG werden Sie jetzt nicht sonderlich erstaunt sein, dass man das hübsche und interessante Städtchen auch „Schatzkästlein“ nennt. Und freilich findet man darin auch ein kostbares Schmuckstück...

Das Reblingsbuch

Seit dem Jahre 1740, also seit rund 280 Jahren, wird das sogenannte Reblingsbuch geführt. Am Fest des Heiligen Georg, das stets am 23. April begangen wird, strömen die Menschen aus der Stadt hinaus in die Weinberge der Umgebung. Man hält Ausschau nach den schönsten und stattlichsten Trieben an den Rebstöcken. Ist schließlich die Auswahl getroffen, so werden regionale Künstler bemüht, diese möglichst real zu zeichnen. In der Regel beschränkt man sich auf sechs bis acht Aquarelle, die dem Reblingsbuch zugefügt werden. Nicht nur für Weinbauern und Historiker entstand so auf diesem Wege eine wertvolle Chronik.
Zu erwähnen, dass zu diesem Anlass kräftig dem edlen Rebensaft zugesprochen wird, ist eigentlich fast überflüssig...

Wir beschließen in KÖSZEG unsere **Ungarn-Rundreise**. Der nahe Grenzübergang ist praktisch, ganz gleich welche Route für den Heimweg geplant ist. Ein bisschen Wehmut schwingt schon mit. Geht es Ihnen auch so? Schließlich sind Sie doch mit uns gereist und haben unsere Erlebnisse und kleinen Abenteuer mit uns geteilt. Wenn es Ihnen gefallen hat, dann machen Sie es so wie wir. Beginnen Sie die Rundfahrt aufs Neue - es muss ja nicht sofort sein...

Ausrüstung

Boot, Surfbrett

Mehrere große Flüsse, wie z.B. Donau, Theiß oder Bodrog bieten sich ebenso für Bootsfahrten an wie viele Seen - etwa der Balaton oder Velence-See. Falls es die Kapazität Ihres WOMOS zulässt, nehmen Sie also Kanu, Kajak oder auch Schlauchboot mit an Bord.
Spezielle Auskünfte auch über Wildwasser-Fahrten erteilen die Ungarischen Naturfreunde Tel.: 1/1112467 (BUDAPEST). Verbringt man einen Großteil seines Urlaubs an einem See, kann sich die Mitnahme eines Surfbretts rentieren. Scheut man den Transport, besteht die Möglichkeit, bei zahlreichen Sportartikel-Verleihern die Gerätschaften anzumieten.

Fahrrad

In Ungarn hat man längst den Trend der Zeit erkannt und begonnen, Radwege zu bauen. An manchen Stellen entstanden bereits ausgeprägte Wegenetze. Doch auch auf wenig befahrenen Landstraßen lässt es sich herrlich radeln, die Steigungen sind eher moderat. In den Gebirgsregionen werden die Mountain-Biker zum Zuge kommen und - je nach Bereitschaft - auch schwierige Strecken finden. Doch selbst für banale Dinge wie Einkaufen oder Essen gehen ist das Fahrrad eine gute Alternative. Außerdem ist auch mal ein Gläschen Wein oder Bier mit drin - das Sie sich als Autofahrer unbedingt verkneifen sollten (**0,0 Promille!**).
Bei Nacht und schlechter Sicht außerhalb von Ortschaften besteht auf dem Fahrrad Warnwestenpflicht!

Angelausrüstung

Flüsse, Seen und die teils neugeschaffenen Angelweiher sind fischreich, Erfolge also (fast) garantiert. Natürlich brauchen Sie, um einen Zander, Karpfen oder Ähnliches aus dem Wasser zu ziehen, einen bzw. zwei Angelscheine. Zum einen ist das der staatliche Angelschein, der nur einmal gelöst werden muss und für ganz Ungarn gilt, zum anderen benötigt man einen regionalen Angelschein für das jeweilige Gewässer.
Erhältlich sind verschiedene Variationen mit Gültigkeit von einem Tag bis zu einem Jahr. Ausgestellt werden die Papiere in Gemeindeämtern, in Geschäften für den Angelbedarf, Campingplätzen und auch in Reisebüros.

Auskunftsstellen

Fragen zu Ihrem Urlaubsziel beantworten die **Ungarischen Fremdenverkehrsämter** - die entsprechenden Büros finden Sie in:

Wilhelmstraße 61
D 10117 Berlin
Tel.: 030 / 24 31 460
Fax: 030 / 24 31 46 13
E-Mail: berlin@ungarn-tourismus.de
Website: www.ungarn-tourismus.de

Stefan-Georg-Ring 29
D 81929 München
Tel.: 089 / 309 040 310
Fax.: 089 / 309 040 510
E-Mail: münchen@ungarn-tourismus.de
Website: www.ungarn-tourismus.de

Lyoner Straße 44-48, Stadtteil Niederrad
D 60528 Frankfurt
Tel.: 069 / 92 88 460
Fax: 069 / 92 88 46 13
E-Mail: frankfurt@ungarn-tourismua.de
Website: www.ungarn-tourismus.de

Opernring 1/R/707
A 1010 Wien
Tel.: + 431 / 585 20 12 10
Fax: + 431 / 585 20 12 21
E-Mail: ungarninfo@ungarn-tourismus.at
Website: www.ungarn-tourismus.at

Stampfenbachstr. 78
CH 8032 Zürich
Tel.: 411 / 361 14 14
Fax.: 411 / 361 39 39
E-Mail: info@ungarn-tourismus.ch
Website: www.ungarn-tourism.ch

Annähernd jede ungarische Gemeinde, die in irgendeiner Form touristische Bedeutung hat, verfügt über eine „Tourinform". Diese Einrichtung ist segensreich, vermittelt sie doch allerlei Wissenswertes und Nützliches - entweder vor Ort oder auch nach Hause. Lassen Sie sich von einer der oben genannten Stellen das Adressen-Verzeichnis der Tourinform-Büros zusenden. Fordern Sie es aber extra an; nach unseren Erfahrungen ist es nicht immer dem üblichen Informations-Material beigelegt.
Solide Auskünfte erteilen auch die **IBUSZ Reisebüros** in:

Karl-Liebknecht-Str. 9
D 10178 Berlin
Tel.: 030 - 23 86 078

11. Bezirk, Dayka G. útca 3
H 1118 Budapest
Tel.: + 36-1 / 48 52 750
Fax.: + 36-1 / 48 52 856
E-Mail: incoming@ibusz.hu

Informationen bzw. Auskünfte in deutscher Sprache erhalten Sie von 08.00-20.00 Uhr bei:

Tourinform
V. Sütö útca 2
H 1052 Budapest
Tel.: + 36 / 061 438 80 80
E-Mail: hungary@tourinform.hu

Sollten Sie die Hilfe der **Diplomatischen Vertretungen** suchen, wenden Sie sich bitte an:

Botschaft der Bundesrepublik Deutschland
Úri útca 64-66
H 1014 Budapest
Tel.: + 36 1 / 488 35 00
Fax.: + 36 1 / 488 35 05
Website: www.deutschebotschaft-budapest.hu/de

Österreichische Botschaft und Konsulat
VI., Benczúr útca 16
H 1068 Budapest
Tel.: + 361 / 479 70 10
Fax.: + 361 / 352 87 95
Website: www.austrian-embassy.hu

Schweizerische Botschaft und Konsulat
Stefánia út 107
H 1143 Budapest
Tel.: 00 361 / 460 70 40
Fax.: 00 361 / 384 94 92
Website: www.eda.admin.ch/budapest

Ärztliche Hilfe

Im Urlaub krank zu werden, ist so ziemlich das Letzte, was man sich wünscht. Tritt aber der Fall des Falles ein, ist man in Ungarn nicht schlecht aufgehoben, das Gesundheitswesen befindet sich auf einem hohen Niveau. Medizinische Sofortbehandlung und der Transport ins Krankenhaus sind kostenlos, eine weitere Behandlung und Medikamente müssen aber selbst bestritten werden. Auf die deutsche gesetzliche Krankenversicherung kann man nicht bauen, es besteht kein Abkommen mit Ungarn. Eine Auslandskrankenversicherung abzuschließen, ist daher keine Empfehlung, sondern ein „Muss". Wenden Sie sich an Ihre Versicherung oder einen Automobilklub. Bestens abgesichert ist man bei ganz schlimmen Fällen mit einem Auslandsschutzbrief. Sie, Ihre Familie und auch das WOMO werden kostenlos nach Hause transportiert. Den Schutzbrief bekommen Sie beim ADAC oder auch bei Ihrer Assekuranz.
Der **Rettungsdienst** heißt auf Ungarisch „**Mentök**" und ist unter der Nummer **104** telefonisch zu erreichen.
Sollten Sie unter Zahnschmerzen leiden, statten Sie dem **Fogorvos**, dem Zahnarzt, einen Besuch ab. Sie können das ohne mulmiges Gefühl in der Magengegend tun, die Zeiten vergilbter Praxen und lärmender „Radelbohrer" sind längst vorbei. Zumeist ist die Technik auf dem neuesten Stand, die Räume sind hell und freundlich. Seit in Deutschland und Österreich der Eigenanteil an den Kosten der Zahnbehandlung so stark angestiegen ist, setzte in Ungarn ein regelrechter Boom ein. Viele Touristen lassen sich neben einer eventuellen Notfallbehandlung auch ganz gezielt Kronen, Brücken und Prothesen anfertigen. Das geschieht gut, zuverlässig und oft weitaus günstiger als in unseren Landen. Drängt die Zeit, so ist es nach Absprache durchaus möglich, binnen einer Woche mit dem entsprechenden Zahnersatz „ausgerüstet" zu werden.
Manch Reisender nutzt seinen Aufenthalt zur Erneuerung seiner Sehhilfe. Suchen Sie einen Optiker auf, er wird Ihnen innerhalb weniger Tage (z.B.) eine neue Brille anfertigen. Sie erhalten Markenware, nach Wunsch auch Designer-Modelle, und das zu erfreulich niedrigen Preisen.

Autounfall, Panne

Bei einem Unfall mit Personenschaden muss die Polizei gerufen werden, auch bei Unfällen mit Blechschaden empfiehlt es sich dringend, das Staatsorgan zu benachrichtigen, und zwar wegen der Klärung der Schadensersatzfrage. Der Unfallort darf nur mit Zustimmung des diensthabenden Polizeibeamten verlassen werden. Ein ausländischer Staatsbürger ist zur Vernehmung oder einer Zeugenaussage in seiner Muttersprache berechtigt. Man kann einen Dolmetscher und einen Anwalt verlangen und sich an sein Konsulat wenden.
Verständigen Sie umgehend Ihre **Versicherungsgesellschaft**!

Die Nummer der **Polizei** (**Rendörség**) ist **107**, die Verkehrsunfallabteilung des **Landespolizeipräsidiums** erreicht man unter **Tel**.: **343 - 8473**.
Vergessen Sie nicht, mehrere Fotos aus verschiedenen Perspektiven vom Unfallort zu machen.
Aus unserer Sicht sind zwei prophylaktische Maßnahmen unbedingt erforderlich: der Abschluss einer **Vollkasko-** sowie einer **Rechtsschutzversicherung**.
Nicht so schlimm wie ein Unfall, aber dennoch sehr ärgerlich kann eine Panne sein. Hilfe bekommt man durch den **Ungarischen Autoklub**, der landesweit unter der **Rufnummer 088** erreichbar ist.

Der Hauptsitz des Klubs ist in:
Berda József útca 15
H 1043 Budapest
E-mail: web@autoklub.hu

Hilfeleistung kann Tag und Nacht beansprucht werden.
ADAC und **ÖAMTC**-Mitglieder, die von 09.00-17.00 Uhr (Mo.-Fr.) unter der Nummer 061 - 212 - 2821 beim **Ungarischen Autoklub** anrufen, werden deutschsprachige **ADAC** bzw. **ÖAMTC**-Mitarbeiter an die Strippe kriegen. In der übrigen Zeit stehen Englisch, teilweise auch Deutsch sprechende Bedienstete zur Verfügung.
Der **Magyar Autóklub** unterhält ein dichtes Netz von Pannenhilfsfahrzeugen. Auf den Autobahnen M1, M5, M7 und der Europastraße 5 stehen alle 2 km Notrufsäulen.
Hinweis: Eine Warnweste (griffbereit) ist pro Fahrzeuginsasse Plicht!

Campingplätze

Der Interessierte findet in Ungarn eine große Anzahl von Campingplätzen. Besonders rund um den Balaton gibt es deren sehr viele, trotzdem ist die Belegung zumindest in der Saison sehr stark. Das Netz ist flächendeckend, eine schwache Struktur weisen nur einige wenige Regionen auf, die vom Tourismus noch nicht (oder kaum) entdeckt wurden - wie etwa das Zempleher Gebirge. Die Ausstattung der Plätze, speziell die der sanitären Anlagen, ist recht unterschiedlich. Nicht überall kann man einen hohen Standard erwarten, leider mangelt es auch bisweilen an Sauberkeit. Wohnmobilisten trifft das aber gottlob nicht so hart - schließlich ist man ja autark, und eine ordnungsgemäße Entsorgung ist fast überall gewährleistet. Die Preise stimmen: für zwei Personen, Fahrzeug und zumeist auch Strom, zahlt man ca. 12-25 EUR. Selten ist mehr oder weniger zu berappen. Eine Ausnahme stellt der Plattensee dar, da langt man - vor allem in der Saison - auch schon mal kräftiger hin. In größeren Städten nutzen wir gern Campingplätze, man kann auch nach längerer Abwesenheit ziemlich sicher sein, das WOMO so wieder vorzufinden, wie man es verlassen hatte.
Die Ungarischen Fremdenverkehrsämter verschicken eine Straßenkarte (1:550.000), in der alle Campingplätze verzeichnet sind. Diese Karte informiert auch grob über Einrichtungen und die Öffnungszeiten der Plätze. Die Angaben zu letzterem sind nicht immer verlässlich.

Diebstahl

Gelegenheit macht Diebe. Dieser Spruch hat sich leider schon oft bewahrheitet. Schließen Sie die Fenster und sperren Sie die Türen ab. Immer! Selbst wenn Sie „nur" schnell in der Tankstelle bezahlen oder mal kurz ein Brot im ABC-Laden holen, ist das äußerst ratsam. Einem geübten Dieb reicht diese Zeit locker für den schnellen Griff ins Fahrzeug. Für eine längere Abwesenheit vom WOMO steuern Sie am besten einen bewachten Park-

platz an und schalten Sie Ihre Alarmanlage scharf. Diese Anlage sollte mit einer separaten, lauten Hupe ausgestattet sein. Profis zwicken zuerst das Kabel des Original-Signalhorns durch, deswegen sollte die zweite Hupe unbedingt versteckt platziert werden. Eine Alarmanlage ist kein Allheilmittel, leistet aber gute Dienste. Vielleicht sind Sie noch in der Nähe, um das akustische Signal zu hören, oder andere Leute werden darauf aufmerksam - zumindest der Parkplatzwächter sollte es vernehmen. Stecken Sie ihm ein kleines Trinkgeld zu - das kann enorm die Sinne schärfen!
Der WOMO-Knackerschreck (siehe Bestellseite am Buchende) verhindert zuverlässig das Öffnen der Fahrerhaustüren. Das Gerät ist von außen deutlich durch die Scheiben sichtbar und kann schon dadurch potentiellen Einbrechern die Sinnlosigkeit ihres Unterfangens suggerieren.
Denken Sie daran, dass potentielle Diebe Sie beobachten. Verlassen Sie Ihr Fahrzeug ohne Radio, Handtasche und Fotoapparat, müssen diese Dinge zwangsläufig im Wagen sein, und das fördert freilich den Ehrgeiz der Bösewichte. Tragen Sie alle Wertsachen dicht am Körper (Bauchtasche, Brustbeutel und Handtaschen auf der straßenabgewandten Seite). Das alles kann recht lästig sein, aber bestohlen zu werden ist schlimmer.
Wer sich mit der Schlepperei partout nicht anfreunden will, der baue sich einen soliden Tresor in die Sitzkonsole oder an anderer geeigneter Stelle ins Fahrzeug. Größere Wertgegenstände verschwinden in einer festgeschraubten Blechkiste (mit Schloss) im Staufach. Diese Sachen gibt es für gutes Geld im Zubehörhandel.
Und noch ein paar Tipps:
Lassen Sie Ihren teuren Schmuck daheim und verstecken Sie weder Geld noch Papiere im Wohnmobil. Die vermeintlich so genialen Verstecke, z.B. zwischen dem Geschirr, im Kühlschrank, hinter dem Duschvorhang usw., sind auch den bösen Buben bekannt. Wir wissen von einem Fall, da hatten sich die Leute fünf tolle Möglichkeiten ausgedacht, um Geld, Pässe und Kreditkarten „unauffindbar" zu verstauen. Nach nur einer viertel Stunde Abwesenheit kehrten sie zurück und standen vor dem Nichts. Die Diebe haben in dieser kurzen Zeit restlos alles gefunden und mitgehen lassen. So geschehen allerdings in Italien und nicht in Ungarn.
Seien Sie an Autobahn-Raststätten bzw. -Parkplätzen besonders vorsichtig. Lassen Sie sich nicht in Gespräche verwickeln, es können Ablenkungsmanöver sein, währenddessen ein zweiter Mann die Zeit nutzt und „zuschlägt"!
Last but not least:
Sollte Sie das Schicksal doch einmal ereilt haben, werden Sie froh sein um die Fotokopien, die Sie von allen wichtigen Papieren gemacht und natürlich getrennt aufbewahrt haben.

Einreiseformalitäten

Auf Grund der Flüchtlingsproblematik finden immer wieder Grenzkontrollen statt. In der Regel wird an den großen Übergängen gründlicher als an den kleinen kontrolliert. Ein gültiger Pass/Personalausweis und die entsprechenden Fahrzeugpapiere müssen stets mitgeführt werden. Bitte beachten Sie, dass seit 26. Juni 2012 jedes Kind ein eigenes Reisedokument mit biometrischem Foto benötigt. Einträge im Pass der Eltern gelten nicht mehr. Ausgestellt wird der sog. Kinderreisepass von der jeweiligen Kommune, dazu muss die Geburtsurkunde vorgelegt werden (Kostenpunkt 13 EUR).

Filmen/Fotografieren

Natürlich möchte man seine Urlaubserinnerungen in Bild (und Ton?) festhalten. Vielleicht besitzen Sie eine (gute) Digitalkamera mit einer Speicherkarte für mehrere hundert Bilder (ich denke da an ca. 2-4 GB Speicherplatz), dann sind Sie auf der sicheren Seite!

Bitte bedenken Sie, dass auch Speicherkarten nicht ewig leben bzw. einen plötzlichen „Tod“ sterben können. Vorsichtige Menschen sorgen deshalb für eine regelmäßige Zwischenspeicherung auf dem Laptop (was waren das für schöne Zeiten, als man maximal 36 Bilder auf einem Film einbüßen musste).
Der Akku Ihrer Digitalkamera muss regelmäßig geladen werden! Beruhigend ist ein Zweitakku und natürlich ein Ladegerät, idealerweise mit wohnmobilverträglichem 12-V-Betrieb. Es gibt Ladegeräte (z.B. der Digicharger Vario Pro von Anssmann), mit dem man fast alle Akkus an 100-240 V Wechsel- und 12 V Gleichstrom laden kann.
Dies gilt auch für die Akkus Ihrer Videokamera (Ihres Camcorders), es sei denn, der Akku kann direkt in der Kamera über einen USB-Anschluss geladen werden. Dafür brauchen Sie lediglich ein USB-KFZ-Ladegerät für weniger als 5 EUR.

Freies Übernachten

Eine klare Aussage erhielten wir vom Ungarischen Tourismusamt in Berlin. Zitat aus dem Fax: Wir haben nachgefragt - in Ungarn gibt es die Möglichkeit, mit dem Wohnmobil auf jedem Parkplatz zu halten und dort zu übernachten. Wenn man Glück hat, findet man auch einen kostenlosen Parkplatz, aber auf den meisten muss man dafür zahlen. Zitatende!
Das bedeutet doch ein schönes Stück Freiheit für uns Wohnmobilisten, verlangt aber auch nach Sensibilität und Verantwortungsgefühl.
Wir haben in diesem Buch eine Vielzahl an Übernachtungsplätzen aufgeführt und den Weg zu diesen genau beschrieben. Wir haben für Sie Plätze in Stadtnähe, die ideal für Besichtigungen sind, ebenso wie ruhige Schlafmöglichkeiten außerhalb gefunden. Wir zeigen Ihnen Nächtigungsgelegenheiten bei Reiterhöfen und Stellplätze bei Hotels oder Gaststätten. Natürlich verlangt es der Anstand - will man letztgenannte Örtlichkeiten in Anspruch nehmen - eine Erlaubnis einzuholen. Selbstverständlich sollte hier auch zumindest eine Mahlzeit eingenommen werden. Eine Störung Ihrer Nachtruhe ist kaum zu befürchten, die meisten Lokale schließen bereits um 21.00 Uhr oder 22.00 Uhr. Ein ruhiges Eckchen für einen erquickenden Schlaf bieten oft auch die Parkflächen der Thermalbäder.
Eine nicht zu verachtende Möglichkeit ist folgende: Sprechen Sie bei Privatleuten vor, die einen zweckdienlichen Hof ihr Eigen nennen. Sagen Sie Ihr Anliegen, also dass Sie hier übernachten wollen, und sichern Sie den potentiellen Gastgebern zu, keine weiteren Umstände zu machen. Zuerst werden sie Erstaunen ernten, anschließend meist freundliches Wohlwollen. Die Menschen sind oft froh um ein bisschen Abwechslung. Wir sind bei solchen Aktionen schon zum Essen eingeladen worden, und zum Frühstück fanden wir ein paar frische Eier vor unserer WOMO-Tür. Natürlich haben wir uns entsprechend revanchiert. Bei der Wahl seiner „Opfer“ sollte man natürlich etwas Fingerspitzengefühl walten lassen, und ländliche Gebiete eignen sich naturgemäß besser für diesen Zweck als urbane.
Machen Sie sich zum Grundsatz, Ihre Übernachtungsplätze rechtzeitig zu suchen. Das soll heißen: nicht erst, wenn Sie vor Müdigkeit schon halbtot sind, und nicht im Dunkeln! Ausführlich behandelt wird das Thema Stellplätze bzw. Stellplatzsuche im „**Allgemeinen Wohnmobilhandbuch**“ im **Band 5** des **WOMO-Verlages**.

Gas

Wir gehen davon aus, dass die meisten Wohnmobile mit zwei Flaschen a 11 kg oder sogar mit einem Gastank höherer Kapazität bestückt sind. Sorgt man bereits zu Hause für eine frische Füllung der Behältnisse, so wird man im Urlaub kaum in Verlegenheit kommen. Ist man nicht gerade im zeitigen

Frühjahr oder späten Herbst unterwegs, dürfte die Heizung in Ungarn in der Regel kalt bleiben. Wer die Möglichkeit nutzt, in den zahlreichen Thermalbädern zu duschen, reduziert die Warmwasseraufbereitung drastisch. Des Weiteren bleibt die WOMO-Küche meistens kalt, das Angebot und die Preise der Restaurants sind zu verlockend, als das man kostbare Urlaubszeit mit Kochen verschwendet. De facto beschränkt sich der Energieverbrauch auf das Erhitzen des Kaffeewassers und die Nutzung des Kühlschranks. Ersteres kann man getrost als „peanuts“ bezeichnen, doch der Luxus gekühlter Lebensmittel schlägt schon etwas mehr zu Buche. Ca. 2 kg Gasverbrauch in der Woche sind zu veranschlagen.
Sollte man doch einmal in die Bredouille kommen, so wird es etwas schwierig. Laut eines deutschen Automobilklubs können die in Deutschland üblichen grauen Flaschen in den Gas-Versorgungsstationen getauscht werden. Allerdings deckt sich das nicht mit unseren Erfahrungen. Die Anschlussgewinde passen zwar, doch die normalerweise zur Verfügung stehenden Flaschen sind silbern und haben andere Maße. Das dürfte zu Schwierigkeiten bei der Unterbringung in den meist genormten Schächten führen. Eventuell kann man sich mit Flaschen geringeren Volumens helfen, doch leider sind diese eher selten erhältlich. **Versorgungsstationen** gibt es praktisch in jedem Ort. Viele der weitverbreiteten Tankstellen (Shell, Total, Mol) vertreiben Gasflaschen bzw. füllen den Gastank auf.
Nachstehend listen wir Ihnen zahlreiche Gastankstellen auf:
Balatonlelle MOL Tankstelle Rákóczi ut. 1
Budapest Kovács gázauto BT Szentendrei ut. 788
Csorna MOL Tankstelle Soproni ut.
Gyor Révfalu MOL Tankstelle Galántai ut.
Kalocsa MOL Tankstelle Bátyai ut.
Kecskemét MOL Tankstelle Békéscsabai ut.
Kiskunhalas MOL Tankstelle Majsai ut. 18
Lenti MOL Tankstelle Széchenyi Platz 3
Mohács MOL eco+ Autogas Tankstelle Szölöhegy-Bári ut.
Nagyatád MOL eco+ Autogas Tankstelle Kiszely ut. 44
Nagycenk MOL Tankstelle (84)/Soproni Utca
Nagykanizsa MOL Tankstelle Elkerülo ut.
Nyirbátor MOL eco+ Autogas Tankstelle Szentvér ut. 41
Nyiregyháza MOL Tankstelle (4/E573)
Pécs MOL Tankstelle Komlói ut.
Székesfehérvár MOL Tankstellen (8/E66) - Seregélyesi ut. 98
Szekszárd MOL Tankstelle Csatári torok
Szombathely Total Hungaria Kft. Kiskar Utca 6
Veszprém MOL Tankstelle
Zalaegerszeg MOL Tankstelle Balatoni ut. I.I / Parkerdo II.

Sollten Sie aber unbedingt Ihre eigene Gasflasche gefüllt haben wollen, so wird Ihnen auf den Campingplätzen der Castrum-Kette weitergeholfen, manchmal allerdings nur zu bestimmten Terminen.
Castrumplätze gibt es in: Balf bei Sopron, Galambok bei Zalakaros, Lenti, Nagyatád, Harkány, Héviz, Keszthely, Balatongyörök.
Noch ein Tipp: Befinden Sie sich in Grenznähe zu Österreich so können Sie im Nachbarland problemlos die Flaschen tauschen.

Geld, Geldumtausch

Die ungarische Währung ist der **Forint**. Die Untereinteilung in Filler (1 Forint = 100 Filler) spielt keine Rolle mehr. Bis vor einigen Jahren war der Geldumtausch ein kleines Abenteuer. Ungarischen Bürgern war es nur erlaubt, einen bestimmten (kleinen) Betrag auf der Bank umzutauschen. Also musste man andere Wege beschreiten, um an eine der begehrten West-

währungen heranzukommen - und das war der Schwarztausch. Urlauber wurden an dunklen Häuserecken oder an anderen, wenig einsehbaren Plätzen angesprochen und mit zum Teil astronomischen hohen Kursen zum Tausch animiert. Der unbedarfte Tourist, höchst erfreut über den zu erwartenden Geldsegen, ging auf das Geschäft ein und hatte nicht selten das Nachsehen. Mit allerlei Taschenspielertricks wurden selbst die Gewieftesten übers Ohr gehauen, und oft blieb nur ein Bruchteil des versprochenen Geldes in den Händen der Betrogenen. Im schlimmsten Falle gar nichts - nämlich dann, wenn man sich Blüten eingehandelt hatte. Mittlerweile hat sich aber viel verändert, den Ungarn sind beim Umtausch auf der Bank keine Beschränkungen mehr auferlegt, dem Schwarztausch ist die Basis entzogen. Sollte Ihnen also heutzutage eine dubiose Gestalt auf der Straße ein einschlägiges Angebot machen, lassen Sie die Finger davon - außer Sie sind von der Heilsarmee!
Natürlich sind die West-Devisen gefragt wie eh und je, das liegt u.a. daran, dass der Forint nicht eben die härteste Währung ist. Ohne Risiko und zu soliden Kursen können Sie Geld wechseln auf fast allen Banken und Postämtern. Vermutlich sind Sie gerade über das Wörtchen „fast" gestolpert - doch es ist tatsächlich so, dass Sie in den kleinen Ortschaften in den Bergregionen entlang der slowakischen Grenze keinerlei Fremdwährungen tauschen können. Größere Gemeinden sind nur wenige vorhanden, es empfiehlt sich also, bereits vor einer Reise in diese Gebiete seine finanziellen Angelegenheiten zu regeln. Auf die Postämter ausweichen zu wollen, ist zwecklos - Sie werden da zwar problemlos Haarshampoo oder Taschentücher bekommen - aber kein Geld!
Eine Alternative sind die zahlreichen Wechselstuben. Meiden Sie aber diejenigen an der Grenze bzw. in Grenznähe, Sie werden an diesen Stellen oft deutlich weniger erhalten. Manchmal locken auch hohe Kurse, auf die aber eine gesonderte Gebühr aufgeschlagen wird. Aufpassen tut also not! Eine gute Möglichkeit, um in den Besitz der notwendigen Forint zu gelangen, ist vielerorts in Geschäften, Supermärkten (z.B. Tesco), bisweilen auch in Restaurants gegeben. Oft sind die Kurse angeschrieben.
Nicht immer, aber immer öfter trifft man jetzt auf Geldautomaten, an denen man mit der EC-Karte abheben kann. Zunehmend ist ebenfalls die Akzeptanz von Kreditkarten wie z.B. Visa, Eurocard oder American Express. Verlassen Sie sich aber bitte nicht darauf, Bargeld spielt nach wie vor eine große Rolle.
Zwei Dinge, die Sie unbedingt beachten sollten:
Wechseln Sie zu Hause kein Geld (Sie verlieren dabei bis zu zwanzig Prozent), und besorgen Sie sich nur so viele Forint, wie Sie beabsichtigen auszugeben, die Verluste beim Rücktausch sind äußerst herb.

Geschichte

Die ersten Hinweise auf eine menschliche Besiedlung gehen zurück bis in das Paläolithikum (Altsteinzeit). Zeitzeugen sind die Kalksteinhöhlen bei TATABÁNYA und eine Höhle in LOVAS, in der Nähe des Plattensees. Hier fand man Werkzeuge, die vor ca. 50.000 Jahren vermutlich aus Hirschknochen gefertigt wurden.

500 vor Christus
Im 5. Jahrhundert vor Christus kamen die Kelten nach Transdanubien. Als erste wirkliche Herren des Landes teilten sie es in die drei Provinzen Oberpannonien, Unterpannonien und Valerien.
Unter dem Einfluss der römischen Legionen entstanden Städte, deren Grundfesten noch heute zu bewundern sind. Sehenswert sind vor allem Strignonium (Esztergom), Valcum (Keszthely), Scarabantia (Sopron) und Savaria (Szombathely).

375 - 796 nach Christus
375 nach Christus fielen die Hunnen unter ihrem Führer Attila ein und verwüsteten das Land. Im Jahr 406 zogen sich die Römer zurück. Nach dem Tode Attilas, im Jahr 453, kamen zunächst die Ostgoten, danach im 6. Jahrhundert die Awaren und Langobarden. Erst Karl der Große konnte sie 796 vertreiben und dehnte somit sein Reich bis zur Donau aus.

896 nach Christus
Landnahme durch die Magyaren, also die eigentlichen ungarischen Volksstämme unter der Führung Prinz Àrpáds und weiterer sieben Stammesoberhäupter. Sie siedelten sich im Gebiet des heutigen Nordungarns an - somit wurde das Jahr 896 zum Jahr der Eroberung des Vaterlandes.

997 - 1038 nach Christus
König Stephan der Heilige gründet einen christlichen Staat und lässt sich im Jahr 1001 zum ersten König Ungarns krönen.

1241 nach Christus
Einfall der Mongolen. In der mörderischen Schlacht am Sajo schlagen die Mongolen König Bela IV.
1308 nach Christus
Nachdem die Àrpáden-Dynastie ausgestorben ist, wird Karl I aus dem Hause Anjou zum König gekrönt.

1458 nach Christus
Krönung von Matthias I. Er kann sich gegen die Türken behaupten, im Jahr 1485 nimmt er Wien ein. Er ist der letzte ungarische König. Nach seinem Tod zerfällt die Zentralmacht.

1526 nach Christus
Das ungarische Heer unterliegt bei der Schlacht von Mohács, das Land wird von den Türken besetzt.

1686 - 1697 nach Christus
Die Türken werden aus Ungarn vertrieben. Die Herrschaft der Habsburger beginnt.

1703 nach Christus
Fürst Ferenc Rákócsi erzielt Teilerfolge im Kampf gegen die Habsburger. Im Frieden von Szatmár, im Jahr 1711, erhalten die Aufständischen Amnestie und es wird ihnen Religionsfreiheit zugesichert.

1848 nach Christus
Die Märzrevolution bricht aus. Im Juli beenden österreichische Truppen mit russischer Unterstützung den ungarischen Freiheitskampf.

1867 nach Christus
Beginn der K. u. K. Monarchie. Franz Joseph I und Elisabeth (besser bekannt unter dem Namen Sissi) werden Königspaar von Ungarn.

1914 - 1918 nach Christus
Am 23. Juni 1914 wird der Thronfolger Franz Ferdinand in Sarajewo ermordet. Ungarn nimmt als Mitglied der Donaumonarchie am Ersten Weltkrieg teil. 380.000 Ungarn fallen auf den Schlachtfeldern. Im Jahr 1918 zerfällt die Doppelmonarchie, und die Republik wird ausgerufen.

1920 nach Christus

Durch den Friedensvertrag von Trianon verliert Ungarn zwei Drittel seines Staatsgebietes.

1941 - 1945 nach Christus
Kriegsbeitritt Ungarns an der Seite der Deutschen, zunehmender Antisemitismus. Besetzung des verbündeten Ungarns durch die Wehrmacht. Deportation der jüdischen Bevölkerung - viele finden den Tod. Im Jahr 1945 Befreiung durch die Rote Armee.

1949 nach Christus
Ungarn wird Volksrepublik. Rakósi - ungarischer Stalin genannt - terrorisiert das Land.

1956 nach Christus
Revolution und Volksaufstand unter Imre Nágy, Niederschlagung durch russische Truppen. Im Jahr 1958 erfolgt die Hinrichtung Imre Nágys.

1960 - 1987 nach Christus
Liberalisierung und wirtschaftlicher Aufschwung nehmen zu, aber durch hohe Auslandsverschuldung hohe Inflation.
1989 nach Christus
Öffnung der Grenzen zu Österreich, am 23. Oktober Proklamierung der Republik Ungarn und feierliche Rehabilitierung Imre Nágys. DDR-Bürgern wird Flucht in den Westen durch Ungarn ermöglicht.

1990 nach Christus
Freie Wahlen - erster Ministerpräsident wird Josef Antall.

1998 nach Christus
Der liberal-konservative Victor Orban wird Ministerpräsident. Die Regierung bildet sich aus einer Koalition dreier Parteien.

2004 nach Christus
Ungarn wird Mitglied in der Europäischen Union.

Haustiere

Für Hunde, Katzen und Frettchen ist eine gültige Tollwutimpfung vorgeschrieben. Diese muss mindestens 30 Tage und längstens zwölf Monate vor dem Grenzübertritt durchgeführt worden sein. Die Impfung wird in einem Heimtierpass (blau mit dem europäischen Sternenbanner) bescheinigt, der zudem Angaben sowohl zum Besitzer als auch zum Tier enthält. Für Hunde wird eine Staupeimpfung empfohlen, sie ist aber keine Pflicht. Ihr Tierarzt wird Sie gerne beraten!

Kartenmaterial

Eine Straßenkarte im Maßstab 1:200.000 gibt es leider bis jetzt immer noch nicht. Es wäre wünschenswert, wenn diese Lücke bald geschlossen würde. Nichtsdestotrotz lässt es sich mit den angebotenen Karten im Maßstab 1:300.000 gut leben. Wir bevorzugen das entsprechende Produkt des RV Verlages Stuttgart, es bietet viele Details, ist kontrastreich und übersichtlich. Empfehlenswert sind auch die Karten von Mairs Geographischem Verlag (Ungarn, Shell-Eurokarte) und von Falk, Hamburg (Falkplan Ungarn). Vom WOMO-Verlag kann man die Michelinkarte im Maßstab 1:400.000 beziehen.
Um auf den großen Strecken den richtigen Weg zu finden, reicht mit Sicherheit eine Karte im Maßstab 1:500.000, von Vorteil ist die leichtere Hand-

habe im Cockpit, da durch den kleineren Maßstab nicht ganz soviel Papier gefaltet werden muss. Sie können entweder die Karte von Freytag und Berndt erstehen, oder Sie lassen sich vom Ungarischen Fremdenverkehrsamt gratis die Campingkarte (1:550.000) schicken. Für das „Grobe“ sind Sie damit bestimmt nicht schlecht beraten.
Wanderkarten besorgt man sich am besten gezielt vor Ort. Unter Umständen erhält man auch das gewünschte Material gratis bei den entsprechenden Büros der Tourinform.
Ein Tipp:
Markieren Sie auf Ihren Karten alles Wissenswerte (z.B. Thermalbäder, schöne Aussichtspunkte usw.) **sofort** nach der Entdeckung. Das erleichtert das Wiederauffinden und ist hilfreich beim Erfahrungsaustausch mit anderen WOMO-Kollegen.

Klima

In Ungarn herrscht vorwiegend kontinentales Klima, das bedeutet heiße Sommer und teils sehr kalte Winter. Mediterraner Einfluss macht sich im Süden bemerkbar. In der Gegend um Pécs gedeihen sogar Südfrüchte. Bei den Temperaturen stellt man oft Unterschiede von bis zu über 10°C im Nord - Südvergleich fest. Reisen Sie also im zeitigen Frühjahr oder im späten Herbst, sind die südlichen Regionen vorzuziehen.
Mit über 2000 Stunden Sonnenschein pro Jahr gehört Ungarn zu den begnadetsten Ländern Mitteleuropas. In den Sommermonaten sind mehrwöchige Schönwetterperioden ohne Regen - abgesehen von einzelnen Gewitterniederschlägen - keine Seltenheit. In den Monaten Mai bis September liegen die Durchschnittstemperaturen am Tage deutlich jenseits der 20°C Marke, an einzelnen Tagen können regional sogar 40°C erreicht werden.
Einen äußerst angenehmen Aufenthalt verspricht das späte Frühjahr mit milden, noch nicht zu heißen Temperaturen und einer frisch herausgeputzten Natur.
Bisweilen muss mit kräftigem Wind gerechnet werden. Dieser ist im Sommer oft heiß und verspricht keine Kühlung. In der restlichen Jahreszeit kann der Wind unangenehm kühl, manchmal - aus dem Osten wehend - ausgesprochen kalt sein. Die Temperaturen werden dann als erheblich niedriger empfunden, als das Thermometer sie vermittelt. Neben der warmen Bekleidung, die immer an Bord sein sollte, ist man daher auch mit einer Wind undurchlässigen Jacke (oder Ähnlichem) bestimmt nicht schlecht beraten.

Küche

Reisen erweitert den Horizont auch in kulinarischer Hinsicht. In Ungarn wird sich zudem ebenso Ihr Bauchumfang erweitern, denn die Küche ist deftig, schwer und fettreich. Die z.B. von Frankreich bekannte „Übersichtlichkeit“ auf dem Teller wird man hier zu Lande kaum antreffen, die Portionen sind reichlich, der Tisch oft überladen. Fleisch ist der Hauptbestandteil des Essens. Beliebt bei den Ungarn sind die Innereien. Ragout aus Leber und Geflügelmagen zaubert Ihnen gleichsam ein Lächeln ins Gesicht wie paniertes Hirn oder Hühnerbrühe, in der - um das Geschmacksbild abzurunden - schon mal die Füße mit ausgekocht werden. Touristen sind von solchen Speisen meist nicht entzückt. Sie greifen lieber auf „normale“ Fleischspeisen, die in vielen Variationen angeboten werden, zurück. Schweine- und Geflügelfleisch gibt es so gut wie allerorten, regional locken auch Hammel- oder Wildgerichte. Gern wird das Fleisch auch paniert und im heißen Schweinefett ausgebacken. Berühmt ist das Land der Magyaren für seinen Gulasch (Pörkölt). Zubereitet wird das Geschmorte in mannigfaltigen Arten, und je länger es köchelt, um so besser schmeckt es auch. Eine abgewandelte Form des pörkölt ist das paprikás. Es wird angerichtet mit in Strei-

fen geschnittenem Paprika, reichlich rotem Paprikapulver und einem Schuss saurer Sahne.
Bevor Sie einem Irrtum unterliegen: Bestellen Sie in Ungarn Gulasch (gulyás), so werden Sie eine Gulaschsuppe serviert bekommen, nur wenn Sie pörkölt ordern, wird man Ihnen ein Gulasch nach den gewohnten Vorstellungen kredenzen.
Vor allem rund um die Flüsse und Seen sollten Sie die zahlreichen Fischspezialitäten probieren. Gebacken oder vom Grill sind die heimischen Fische Zander, Wels, Karpfen oder Hecht eine Köstlichkeit. Beliebt, doch für unsere Gaumen etwas ungewohnt, sind die Zubereitungsformen nach Bakonyer-Art oder auf Füreder-Art. Hierbei werden die Fische mit Pilzen und Pilzsauce serviert. Eine besonders große Auswahl findet man naturgemäß in einem Fischrestaurant - also einer Halászcsárda.
Als Beilagen zu den verschiedenen Gerichten werden allgemein Kartoffeln, Pommes frites, Kroketten, Reis oder Nockerln (Spätzle) gereicht. Eine typisch ungarische Beilage ist die (Hirten)eiergerste. Das den Speisen beigefügte Gemüse ist leider oft „totgekocht“. Das dient weder dem Vitamingehalt noch dem Geschmack.
Weithin bekannt sind natürlich die Mehlspeisen. Schleckermäuler lieben die Powideltaschen (Powidel = Pflaumenmus), die Mohnstrudel, die Marmeladenbuchteln. Allem voran aber schätzt man die Palatschinken (Pfannkuchen), die mit Marmelade oder Schokoladencreme gefüllt werden. Als Vorspeise reicht man die Palatschinken auch mit einer Füllung aus Käse, Hackfleisch oder Hirn.
Vegetarier haben es schlecht in Ungarn. Obwohl man den Trend längst erkannt hat, fällt die Umsetzung schwer - ein Essen ohne Fleisch ist eben in diesem Land kaum vorstellbar. Die Auswahl an vegetarischen Gerichten ist klein, wobei das Gemüse oft auch noch mit Speck zubereitet wird. Bezeichnender als das folgende Angebot, das wir auf einer Speisekarte zu Gesicht bekamen, kann man die Situation kaum beschreiben: Vegetarischer Teller mit Ei und buntem Gemüse - auf Wunsch wahlweise mit Schweine- oder Kalbfleisch.
Man mag über Statistiken denken, wie man will, doch wenn man liest, der Durchschnittsungar konsumiert jährlich 80 kg Fleisch, 120 kg Molkereiprodukte und 20 kg Schweinefett, ist dem eine gewisse Aussagekraft nicht abzusprechen.
Abschließend noch ein Kuriosum: In ländlichen Gebieten, besonders in denen entlang der slowakischen Grenze, wird der Begriff Salat etwas anders interpretiert als in unseren Breiten. An Stelle des üblichen Gurken- oder Tomatensalates mit Essig und Öl oder Dressing wird man Sie mit einem sehr kleinen Teller beglücken, auf dem Sie etwas eingelegten Paprika, einen Klecks Sauerkraut und eine saure Gurke vorfinden werden.
Mit dem folgenden Rezept möchten wir Sie animieren, die ungarische Küche einmal selbst auszuprobieren:

Pusztapörkölt
Zutaten: 800 g kleine Fleischstücke (Rind), 80 g Fett, 200 g Zwiebeln, 5 g Knoblauch, 1 g Kümmel, 15 Gewürzpaprika, 20 g Salz, 150 g Paprikaschoten, 80 g Tomaten, 10 ml Rotwein
Die feingehackten Zwiebeln im Fett goldgelb werden lassen, mit dem Gewürzpaprika bestreuen, umrühren und die Fleischwürfel zugeben. Salzen, mit gehacktem Knoblauch und Kümmel würzen. Etwas anbräunen, dann mit Rotwein ablöschen und zugedeckt langsam dünsten. Eventuell etwas Wasser nachgießen. Bevor das Fleisch gar ist, die in Streifen geschnittenen Paprikaschoten und geschälte Tomaten zugeben und dünsten. Achten Sie bitte darauf, dass das Fleisch nur knapp von der Flüssigkeit bedeckt ist. Als stilgerechte Beilage eignet sich besonders Hirteneiergerste.

Medikamente

Ungarns Apotheken sind gut sortiert, die Öffnungsmodalitäten gleichen etwa den unseren. Steht man also einmal vor verschlossenen Türen, so ist die nächste geöffnete Apotheke angeschrieben, und man wird im Notfall immer relativ schnell an das gewünschte Arzneimittel kommen. Ein gewisser Grundstock an Medikamenten sollte aber trotzdem immer an Bord sein. Dazu gehören unserer Meinung nach neben einem komplett gefüllten Erste-Hilfe-Koffer auch zwei (besser vier) elastische Binden bei Prellungen und Stauchungen. Mobilat- oder Voltarensalbe lindert die Schmerzen.
Ein Mittel gegen die fast klassische Reisekrankheit Durchfall darf nicht fehlen. Neben Kohletabletten helfen hier auch Salzstangen und Cola. Bei schlimmen Fällen leistet Immodium gute Dienste. Sprechen Sie mit Ihrem Arzt darüber. Nehmen Sie etwas mit gegen Insektenstiche, z.B. Soventol, das lindert auch den Sonnenbrand. Ganz wichtig sind auch Schmerzmittel, Kopfweh oder Zahnschmerzen können schwer zu schaffen machen.
Das Wund-Desinfektionsmittel Merfen-Orange eignet sich gut für kleinere Schürfwunden. Es brennt nicht, und wegen des spektakulären Aussehens ist es bei Kindern sehr beliebt.
Vergessen Sie vor allem nicht Ihre persönlichen Medikamente. Da diese sehr individuell sein können, ist vermutlich nicht immer eine problemlose Versorgung gewährleistet.

Mitbringsel

Wer Verwandten oder Freunden gern eine Freude bereitet und sie mit Souvenirs und Geschenken aus „seinem“ Urlaubsland beglücken möchte, findet in Ungarn ein weites Feld an Möglichkeiten. Typische Mitbringsel sind die Salami und Paprika in allen Variationen, sei es eingelegt, als Pulver oder als Paste. Großer Beliebtheit erfreuen sich auch die getrockneten, zu Ketten aufgefädelten Paprika.
Nicht minder beliebt sind die hübschen Flecht- und Korbwaren. Wer etwas tiefer in die Tasche greifen möchte, kann die Daheimgebliebenen mit Folklore-Stickereien verwöhnen. In Kiskunhalas bekommt man z.B. die weltberühmten Halaser Spitzen. Ebenso bieten sich - oft farbenfrohe - Töpferarbeiten an. Sucht man etwas besonders Anspruchsvolles, so sollte man die Produkte der Porzellanmanufaktur Herend in Betracht ziehen, die Firma steht bei Kennern im allerbesten Ruf. Die kleine Ortschaft Herend liegt ca. 15 km westlich von Veszprém.
Kaufen Sie Ihre gewünschten Waren im Landesinneren, am besten da, wo sie hergestellt werden. In den meisten Fällen werden Sie erheblich günstiger wegkommen als an den Ausfallstraßen im Grenzbereich.

Nacktbaden

In Balatonberény am Plattensee gibt es einen offiziellen FKK-Strand, an dem das hüllenlose Planschen erlaubt ist. „Oben ohne“ wird mittlerweile rund um den Balaton praktiziert und ist auch „abgesegnet“. Im restlichen Ungarn wird es zumindest geduldet. Nicht überall passt es allerdings, verletzen Sie bitte nicht das Taktgefühl anderer.
Weitere Auskünfte erteilt der Ungarische Naturistenverband, Budapest, Tel.: 1 / 1077

Notrufe

Polizei (Rendörseg)	Tel.: 107
Feuerwehr (Tüzoltók)	Tel.: 105
Rettungsdienst (Mentök)	Tel.: 104
Ung. Autoklub (Magyar Autoklub)	Tel.: 188
ADAC Auslandsnotruf	Tel.: 0049 / 89 222 222

ADAC / ÖAMTC Notruf beim Magyar Autoklub Budapest auf Deutsch:
Tel.: 345-1717 bzw. Tel.: 1 / 212 5167
Erreichbar sind letztgenannte Nummern zwischen 09.00-17.00 Uhr (Mo-Fr), von ca. Ende Juni bis Ende August von 08.00 bis 20.00 Uhr (Mo-So).

Öffnungszeiten

Die Geschäfte-Reglementierung der Ladenschlusszeiten wurde 1989 abgeschafft, einheitliche Angaben sind daher nicht möglich. Die meisten größeren Geschäfte und Kaufhäuser öffnen von 10.00-18.00 Uhr, samstags von 09.00-13.00 Uhr. Donnerstags kann man oft auch bis 20.00 Uhr einkaufen. Die Einkaufszentren in Budapest sind von 07.00-19.00 Uhr für ihre Kunden da, samstags von 07.00-13.00 Uhr. Mittlerweile gibt es auch schon große Einkaufszentren, die rund um die Uhr geöffnet haben (z.B. in Budapest und Sopron).
Bäckereien und kleine Läden halten ihre Türen oft von sehr früh bis sehr spät geöffnet, geregelt durch die Nachfrage und manchmal -so hat man zumindest den Eindruck- auch nach der Lust des Inhabers.
Über ähnlich großzügige Öffnungszeiten verfügen auch die ABC-Geschäfte, die sich über das ganze Land verteilen. Kleinere ABC-Läden werden wie früher bei uns die „Tante Emma Läden“ geführt. Sollte also einmal Not am Mann sein, darf man schon mal ohne allzu schlechtes Gewissen den Besitzer herausläuten.

Banken

Die Bankschalter sind von Montag bis Donnerstag von 08.00-14.00 Uhr besetzt, freitags von 08.00-13.00 Uhr. Am Samstag läuft gar nichts.

Post

Die Dienste der Postbeamten können von Montag bis Freitag jeweils von 08.00-18.00 Uhr beansprucht werden. Postämter in größeren Orten haben auch samstags von 08.00-12.00 Uhr offen. Noch längere Öffnungszeiten bieten die beiden Postämter am West- bzw. Ostbahnhof in Budapest, und zwar jeweils von 07.00-21.00 Uhr.

Museen und Sehenswürdigkeiten

Auf Grund der großen Vielfalt sind keine einheitlichen Angaben möglich, doch eines ist ziemlich sicher: am Montag wird man so gut wie überall vor verschlossenen Pforten stehen. Denken Sie daran, wenn Sie Ihr Kulturprogramm planen! An den restlichen Wochentagen sind Sie zwischen 10.00 und 16.00 Uhr willkommen, je nach Institution, aber auch ein bis zwei Stunden vor oder nach dieser Zeit.

Wechselstuben

Die meist privaten Wechselstuben bedienen ihre Kunden nach Bedarf. Das heißt, sie können am helllichten Nachmittag geschlossen, aber manchmal sogar rund um die Uhr geöffnet sein. Als Faustregel darf gelten: Je mehr Touristen vor Ort sind, um so höher ist die Chance, eine offene Wechselstube zu finden - auch zu „unchristlichen“ Zeiten.

Post

Nach Briefmarken müssen Sie nicht unbedingt bei der Post anstehen, man erhält sie auch in den Tabakläden (Trafiken).
Die Briefkästen in Ungarn sind rot, die Postfahrzeuge grün.
In manchen kleinen Postämtern auf dem Lande können Sie auch einige Artikel des täglichen Bedarfs erstehen. Meist sind es unverderbliche Waren wie etwa Putzmittel, Shampoo, Streichhölzer usw.

Preise

Obwohl sich das Land in den vergangenen Jahren mehr und mehr nach dem Westen orientierte, können die Preise für unsere Verhältnisse immer

noch als günstig angesehen werden. Grundsätzlich gilt, dass alles, was in Ungarn selbst produziert wird, für deutlich weniger Geld zu erstehen ist als bei uns zu Hause. Hinzu kommt ein niedriges Lohnniveau, welches Dienstleistungen recht erschwinglich macht. Das bringt dem Touristen Vorteile in vielen Belangen - sei es beim Friseurbesuch, im Wellnessbereich (Massagen, Maniküre, Pediküre usw.) oder auch beim Schneider. So mancher Urlauber hat schon für ein maßgeschneidertes Teil in Ungarn weniger hingeblättert als daheim für Konfektionsware von der Stange.
Für relativ wenig Geld kann man auch sein WOMO etwas verwöhnen lassen. Innen- und Außenreinigung sind genauso im Angebot wie Kundendienste oder Reparaturen. Fragen Sie vorher nach dem Preis, denn speziell Ersatzteile können unter Umständen teurer sein als zu Hause.
Erheblich angestiegen sind die Benzinpreise. Dem Reisenden dürfte das kaum Probleme bereiten, doch für die Ungarn stellt es eine sehr schmerzliche Tatsache dar - wir wissen das von weniger Betuchten, die aus Kostengründen ihr Auto nur wenige Male im Monat nutzen können.
Sehr erfreulich sind die meisten Eintrittspreise in die zahlreichen Museen, zu den Sehenswürdigkeiten, den öffentlichen Einrichtungen sowie die Kosten für die öffentlichen Verkehrsmittel.

Reiten

Die Magyaren waren ein Reitervolk. Noch heute sind die Wurzeln unverkennbar, was sich im besonderen Verhältnis der Ungarn zu den Pferden äußert. In kaum einem anderen Land wird man so viele Gestüte und Reiterhöfe finden wie in diesem. Die Tiere sind gepflegt, die kundige Hand der Pferdehirten (Csikós) ist offensichtlich. Reist man durch Ungarn, trifft man zwangsläufig immer wieder auf Schilder, die auf Reitmöglichkeiten hinweisen. Das Spektrum ist groß. Es reicht von Anfängerkursen sowie Kursen für Fortgeschrittene bis hin zu Trabreiten, Hindernisspringen oder gar Fuchsjagden und vielem mehr.
Wir haben innerhalb unserer Tourenbeschreibungen besonders schöne Reiterhöfe erwähnt, auf einigen besteht sogar eine Übernachtungsmöglichkeit mit dem WOMO.
Umfassende Informationen erhalten Sie bei:

Pegazus Tours
1053 Budapest
Ferenciek tere 5
Tel.: 1 - 117 1644 (Vorwahl Ungarn 0036)

Auch wenn man selbst nicht reitet, kann es sehr interessant sein, bei Dressuren bzw. gewagten Reitervorführungen zuzusehen oder eine beschauliche Fahrt mit der Pferdekutsche zu unternehmen.

Restaurants

Essen besitzt einen hohen Stellenwert, deswegen ist die kulinarische Landschaft recht ausgeprägt. Noble und exquisite Restaurants haben dabei eher Seltenheitswert. In der Regel lässt es sich gut im Etterem speisen, das sind Restaurants, die oft Hotels angeschlossen sind. Solide Hausmannskost darf man im Vendéglö erwarten. Es entspricht einem bürgerlichen Gasthaus und ist etwas preiswerter als das Etterem. Gerne werden Speiselokale als Csárda bezeichnet. Dieser Begriff wird ähnlich stark wie beispielsweise „Pußta“ mit Ungarn in Verbindung gebracht, was natürlich werbewirksam ist. Ursprünglich waren es Bauernschenken, die so in den Weiten des Landes verteilt waren, dass sie in Tagesetappen mit den Pferdefuhrwerken erreicht werden konnten. Hier trafen sich Händler und Einheimische, um Geschäfte abzuwickeln. Erfolgreiche Abschlüsse wurden entsprechend gefei-

ert, wobei auch der Csárdás-Tanz entstanden sein soll. Essen war also nur einer der wichtigen Faktoren, heute hingegen steht es im Vordergrund. Der Name Csárda ist zum Touristenmagneten geworden, leider hat dies bisweilen auch überzogene Preise und schlechtes Essen zur Folge.
Empfehlenswert sind die zumeist in Gewässernähe gelegenen Halászcsárdas (Fischercsárda). Hier hat man sich auf Fischgerichte spezialisiert. Gut bedient ist man auch mit dem Besuch einer Pásztorcsárda. Diese Lokale finden sich in der Pußta und bieten eine kleine Auswahl wohlschmeckender Mahlzeiten.
Voll im Trend sind die Fastfood-Ketten, die überall wie Pilze aus dem Boden schießen und ihr hinreichend bekanntes Programm offerieren. Liebhaber dieser Kost scheint es genug zu geben, vielleicht gehören Sie ja auch dazu.
Ein ganz anderes Ambiente bieten da die gemütlichen Weinstuben (Borozó), als reine Speiselokale verstehen sie sich aber nicht. Oft werden nur kleine Imbisse gereicht.
Sollte es einmal schnell gehen, so wird man fast immer einen Imbissstand finden, an dem man sich verköstigen kann. Die Qualität ist unterschiedlich, aber um den Magen zu füllen, reicht es.
Noch ein Wort zu den Preisen. Falls Sie nicht gerade in einen Gourmettempel oder in ein Nepplokal geraten sind, veranschlagen Sie ca. 20-25 EUR für eine Hauptmahlzeit mit Getränken für zwei Personen. Oft werden Sie aber deutlich weniger zahlen, um Ihren Hunger zu stillen.

Straßenverhältnisse, Straßenverkehr

Das ungarische Straßennetz umfasst ca. 30.000 km. Praktisch alle Straßen sind geteert. Selbst Straßen zweiter Ordnung sind mit einem Wohnmobil problemlos zu befahren. Schmale Abschnitte sind selten, mit welliger Fahrbahn muss aber bisweilen gerechnet werden. Hin und wieder rumpelt man auch urplötzlich ohne Vorwarnung in ein Loch - man kann sich also wie zu Hause fühlen. Wenn es sich vermeiden lässt, fahren Sie nicht nachts. Besonders in ländlichen Regionen sind oftmals unbeleuchtete Pferdewagen unterwegs, oder Sie treffen auf irgendwelche Haustiere, die sich die Straße als ihr Betätigungsfeld erkoren haben.
Die Europastraßen sind mit einem **E** gekennzeichnet. Autobahnen erkennt man nicht nur am Buchstaben **M**, sondern auch daran, dass sie **alle** gebührenpflichtig sind, mittlerweile auch der **Budapestring**. Man benötigt eine **Vignette** (**Matrica**), die aber nicht mehr auf die Frontscheibe geklebt wird, mit einer Gültigkeit von 10 Tagen bzw. einem Jahr (Preise: Rund 19 bzw. 100 EUR). Die guten Stücke bekommen Sie an autobahnnahen Tankstellen, Autobahnzahlstellen und an größeren Grenzstationen. Die Autobahnen sind in einem ausgezeichneten Zustand. Die bestehenden Parallel- bzw. Alternativstrecken sind aber durchaus brauchbar und empfehlenswert.
Die ungarischen Verkehrsvorschriften weichen teilweise von den unseren ab. Das wichtigste Gebot: **0,0 Promille.** Das erlaubt nicht einen einzigen Schluck Wein oder Bier zum Essen, wenn Sie danach noch Ihr Womo in Bewegung setzen wollen. Halten Sie sich daran! Es wird streng kontrolliert und hart geahndet - ohne Fackeln wird der Führerschein eingezogen. Denken Sie auch an den Restalkohol!
Außerhalb der Ortschaften muss auch tagsüber mit Abblendlicht (Fahrlicht) gefahren werden. Wir haben festgestellt, dass Touristen besonders oft abkassiert werden, Einheimische werden wohlwollender behandelt.
Unser Tipp:
Schalten Sie **immer** das Licht an, die Polizei sieht die Ortsgrenzen gerne fließend und verringert dann Ihr Urlaubsbudget um etwa 20 EUR.
Die Benutzung des Handys während der Fahrt ist verboten, Sie riskieren 60 EUR Strafe. Erlaubt hingegen ist telefonieren mit einer Freisprechanlage.

Folgende Tempolimits (in km/h) sind vorgegeben:

Ortschaften	Landstraße	Schnellstraße	Autobahn
50	90	110	130
mit Anhänger:			
50	70	70	80

Das Tankstellennetz ist gut ausgebaut, tanken Sie aber trotzdem rechtzeitig - das Ausreizen bis zum letzten Tropfen kann ins Auge gehen. Die Mitnahme von Kraftstoffen im Reservekanister innerhalb des Landes ist untersagt ebenso wie die Ein- und Ausfuhr. Es obliegt jetzt Ihrem Gewissen, sich gesetzestreu zu verhalten oder vielleicht doch ein paar Liter „für alle Fälle" an Bord mitreisen zu lassen.
Leider wurden in letzter Zeit einige Flussfähren eingestellt (z.B. Dunaujvaros). Oft fehlen die entsprechenden Hinweise. Erkundigen sie sich also bitte vor Fahrtantritt, um unliebsame Überraschungen zu vermeiden.

Telefonieren

Die Landesvorwahlen von Ungarn sind:
nach Deutschland: 0049
nach Österreich: 0043
in die Schweiz: 0041
Am Wochenende und in der Zeit von 22.00-08.00 Uhr sind die Tarife allgemein günstiger.
Die Landesvorwahl von Deutschland, Österreich und der Schweiz für Ungarn ist die **0036**.
Zur Beachtung:
Warten Sie, nachdem Sie die zwei Nullen gewählt haben zunächst das Freizeichen ab, bevor Sie weiterwählen. Die Null bei der Ortsvorwahl nach Deutschland wird weggelassen.

Thermalbäder

Die Thermalbäder repräsentieren wohl eine der schönsten Seiten Ungarns. Wie man sagt, gibt es im Lande ca. 1100 warme Quellen, viele davon werden in den Bädern genutzt. Das Heilwasser verschafft Linderung bei Rückenleiden, Frauenkrankheiten, Erkrankungen der inneren Organe und vielem mehr. Selbst wenn Sie in der glücklichen Lage sind, ein gesunder Mensch zu sein, werden Sie die angenehmen Seiten des temperierten Wassers schätzen lernen. Man kann ein wenig schwimmen oder einfach nur relaxen und sich darin räkeln. Die Ungarn suchen vorrangig am Wochenende die Thermalbäder auf, da kann es dann schon mal voll werden. Abgesehen von gesundheitlichen Aspekten ist auch die Kommunikation von großer Bedeutung. Man kommt zusammen, ratscht miteinander, und nicht selten schallen ungarische Gesänge aus den Badebecken.
Das „klassische" Thermalbad verfügt über eine Liegewiese und mehrere Außenbecken mit unterschiedlichen Temperaturen. In der Regel steht ein großzügig bemessenes Schwimmerbecken mit ca. 25°C zur Verfügung, ein weiteres mit etwa 30°C sowie ein 36°C - 37°C warmes Sitzbecken. Das gleiche Spektrum findet sich auch innerhalb einer Halle, wenngleich manchmal etwas abgemagert. Von medizinisch geschultem Personal können Sie sich mit Massagen, Packungen und nahezu allen Anwendungen des Wellnessbereichs verwöhnen lassen. Auch eine Sauna fehlt meistens nicht. Sämtliche Leistungen erhält man zu erstaunlich günstigen Konditionen. Übermannt Sie Hunger oder Durst, so sorgen zahlreiche Imbissstände und Restaurants für Abhilfe, teilweise existieren sogar -verzeihen Sie den Ausdruck- regelrechte „Fressstraßen". Bei kleineren Thermalbädern müssen

natürlich an allen genannten Dingen Abstriche gemacht werden.
Gerade für uns Wohnmobilisten eröffnen sich noch eine Reihe weiterer Vorteile, kann man doch vortrefflich und ausgiebig duschen. Steckdosen (220 Volt) für Fön und Rasierapparat sind gleichfalls vorhanden, oft sogar fest installierte Haartrockner.
Aus hygienischen Gründen empfiehlt sich die Mitnahme von Badeschlappen, ein Bademantel schützt vor Schnupfen. Gerade im Frühjahr oder Herbst kann ein kühler Wind wehen, da schlüpft man gern in einen Morgenrock, wenn man dem warmen Bade entstiegen ist. Sinnvoll ist es, ältere Badesachen zu verwenden, denn die Ingredienzien des Thermalwassers können Flecken verursachen. Sehr hartnäckig kann der Schwefelgeruch sein, der so manchem Wässerchen zu eigen ist. Unter Umständen widersteht dieser auch mehreren Wäschen, und es wäre doch jammerschade um den neuen Bikini.
Zum Gelingen eines schönen Thermaltages gehört natürlich eine bequeme Liege. Merken Sie was? Vor Ihrem geistigen Auge addieren sich jetzt Liegen, Bademäntel, Handtücher, Schlappen, Fön, Bikini, Badehosen und vielleicht noch einiges mehr. Allein bei dem Gedanken, das alles tragen zu müssen, geraten Sie schon ins Schwitzen. Diese Vision verliert ihren Schrekken, wenn Sie einen kleinen, zusammenklappbaren Transportkarren Ihr Eigen nennen. So ein Ding beansprucht kaum Platz und ist äußerst praktisch - nicht nur zu diesem Zweck. Sämtliche genannten Utensilien können in den Thermalbädern auch geliehen werden.

Toilette

Öffentliche Toiletten findet man in Ungarn reichlich, sie sind auch in unseren Tourenbeschreibungen stets erwähnt. Auf vielen unserer aufgeführten Übernachtungsplätzen ist ein WC vorhanden, leider hapert es oft mit der Sauberkeit, zum Ausleeren des Bordklos reicht es aber allemal. Bei täglicher Leerung ist ein Zusatz von Chemie nicht vonnöten, ergo wird auch der umweltbewusste Wohnmobilist nicht von seinem schlechten Gewissen belastet. Fast ausnahmslos wird in allen öffentlichen Toiletten ein Obolus gefordert, der Sie aber nicht ärmer macht.
Nutzen Sie für Ihre „Geschäfte" auch die Möglichkeiten in Restaurants, Thermalbädern, Museen usw. Die Sanitäranlagen solcher Einrichtungen sind meist besser in Schuss als die allgemeinen öffentlichen Toiletten. Jede Hinterlassenschaft, die man woanders platzieren kann, schont die Kapazität Ihrer Bordtoilette.
Falls Sie wirklich nicht auf die Chemie verzichten wollen, dosieren Sie richtig. Kippt man von vornherein so viel Sanitärflüssigkeit in den Behälter, wie es dessen gesamtem Fassungsvermögen entspricht, und entleert dann eine halbvolle Toilette, ist die Hälfte des Mittels unverbraucht. Das schadet der Umwelt und Ihrem Geldbeutel. Wenn Sie zunächst nur etwas Sanitärflüssigkeit zusetzen und bei Bedarf gezielt weitere hinzufügen, so lässt sich das vermeiden.
Noch ein wichtiger Hinweis:
Lesen Sie das Wörtchen „Férfi" an einer Toilettentür, so ist dieses Örtchen den Herren zugedacht, ziert hingegen die Aufschrift „Nöi" die Pforte, ist die Räumlichkeit den Damen vorbehalten.

Trinkgeld

Wirtschaftlich gesehen ist Ungarn eines der führenden Länder im Osten. Das darf aber nicht darüber hinwegtäuschen, dass viele Menschen - auch für Landesverhältnisse - über ein nur geringes Einkommen verfügen. Bei nicht wenigen gilt Trinkgeld als wichtiges und notwendiges Standbein. Erwartet wird es nahezu in allen Bereichen der Dienstleistung. Vergessen Sie also bitte nicht, bei Friseurbesuchen, bei Führungen, in der Werkstatt, an der Tankstelle, bei der Massage im Thermalbad, bei einer Kutschfahrt usw. immer etwas darauf zu legen. In Restaurants stockt man den Rechnungsbetrag um ca. 10% auf. Bedenken Sie ebenfalls den Parkplatzwächter mit einer kleinen Zuwendung, er wird dann ein Auge auf Ihr Wohnmobil haben. Kennen Sie so Situationen, wo rein gar nichts mehr geht? Versuchen Sie es mal mit einem Trinkgeld - so manches Problem wird sich dabei in Luft auflösen.

Verständigung

Die deutsche Sprache ist in Ungarn sicherlich nicht unbekannt. Relativ oft trifft man auf Menschen, die unserer Sprache - zumindest teilweise - mächtig sind. Auf jeden Fall sollte man sich einige wichtige Redewendungen bzw. Wörter verinnerlichen. Denken Sie dabei bitte nicht nur an den eigenen Nutzen, denn es zeugt auch von Respekt und Höflichkeit, sich in einem Gastland in der Landessprache verständigen zu wollen. Nicht das Können ist es - der Wille ist ausschlaggebend!
Wir haben nachfolgend einige der wichtigsten Begriffe für den täglichen Gebrauch aufgeführt. Für ein Ungarisch-Examen werden sie kaum ausreichen, doch so manche Situation wird sich dadurch bestimmt etwas besser meistern lassen.

Guten Morgen .... jó reggelt
Guten Tag .... jó napot
Guten Abend .... jó estét (jo äschtet)
Gute Nacht .... jó ejszakát (jo äsakat)
Auf Wiedersehen .... vizontlátásra (wisontlataschra)
Danke .... köszönäm (kösönäm)
Bitte .... kerem (kärem)
Ja / nein .... igen / nem (igän / näm)
Entschuldigung .... bocsárnot (botscharnot)
Ich verstehe nicht .... nem értem (näm ertem)
Ich hätte gerne .... kérek szépen (kerek sepen)
Was kostet das? .... mennyibe kerül (mennübe kerül)
Geöffnet .... nyitva (nütwa)
Geschlossen .... zárva (sarwa)
Stadtplan .... térkép
Gasse .... utca (utza)
Ringstraße .... körut
Platz .... tér
Rechts / links .... jobra / balra
Geradeaus .... egyenesen (edjenäschen)
Thermalbad .... gyógyfürdö (djodfürdö)
Strandbad .... strand (schtrand)
Brot / Eier .... kenyér / tojás (kenjer / tojasch)
Fleisch / Fisch .... hús / hal (husch / hol)
Mineralwasser .... szénsavas (senschawasch)
Wein / Bier .... bor / sör (- / schör)
Obst .... gyümölcs (djümöltsch)
Gemüse .... zöldség (söldscheg)
Paprika scharf .... pap. erös, csipös (erösch, tschipösch)
Paprika mild .... pap. csemege (tschemege)
Wo kann man telefonieren? .... hol lehet telefónalni?
Wo ist eine Toilette? .... hol van WC?
Wo ist eine Bank? .... hol van bank?
Wo ist die nächste Polizeiwache? ....
hol van a legközelebbi rendörség . (hol wan a legköselebbi rendörscheg?)

Wo ist der nächste Arzt / Zahnarzt? ....
.... hol van orvos / fogorvos? (hol wan orwosch / fogorwosch?)
Wo ist eine Apotheke? .... hol van gyógyszertár? (hol wan djodsertar?)
Wo gibt es Trinkwasser? ....
.... hol kaphotunk ivóvizet? (hol kapotunk iwowiset?)
Dürfen wir hier im Wohnmobil übernachten? ....
.... kérek szépen, szabad egy ejszakát itt maradni aludni lakomobilal? (keräk sepen, sabat ed esakat itt maradni aludni lakomobilal?)

Wasserversorgung

Einen Wassernotstand haben Sie in Ungarn nicht zu befürchten, denn Zapfstellen gibt es viele, und meistens lassen sie sich gut anfahren. Wenn Sie Ihr WOMO mit einem Plastikschlauch - 6-8 m Länge sehen wir als ausreichend an - betanken wollen, so werden Sie mit dem üblichen 1/2 oder 3/4 Zoll Anschluss eher selten erfolgreich sein. Die Wasserspender haben unterschiedliche Maulweiten und verfügen meist über kein Gewinde. Helfen kann man sich mit verstellbaren Adaptern die im Gartencenter erhältlich sind. Notfalls lässt sich der Schlauch auch direkt in den Wasserhahn stecken. Es ist nicht gerade die eleganteste Art des Wasserfassens, und ein paar Spritzer auf der Hose darf man schon einkalkulieren. Einfach und effektiv ist die Methode mit der Plastik-Gießkanne. 10 Liter Inhalt sollten es schon sein und nach Gebrauch ist sie in einer Tüte oder Ähnlichem bestens vor Verschmutzung geschützt.

Nicht zu verachten ist auch der Tipp von Walter und Susanne Schneider. Sie bunkern auf ihren Ungarnreisen das Wasser an Agip-Stationen. Vorteil dabei ist der genormte Anschluss, der ein bequemes Handling verspricht. Andere Tankstellen sollen diesen Service nicht bieten.

Zusätzlich zum Wasservorrat im Tank verwenden wir einen Plastikkanister für den direkten Verbrauch, z.B. zum Mischen mit Sirup oder Saft. Der Kanister kann bequem im Freien gereinigt werden - ein nicht zu unterschätzender Vorteil.

Bisher haben wir das Wasser immer unbehandelt getrunken und auch nicht abgekocht. Probleme irgendwelcher Art haben wir uns damit noch nie eingehandelt. Will man ganz sicher gehen, so kann man auf keimtötende Mittel wie Certisil combina oder Micropur zurückgreifen.

Zecken

Nicht nur in Bayern oder Österreich bereichern Zecken die Fauna, sondern leider auch in Ungarn. Hier sind vor allem die westlichen Gebiete des Landes betroffen. Manch einer, dem sich eine Zecke durch die Haut gebohrt hat, spürte nicht einmal was davon - der Gefährlichkeit dieser Tierchen tut das aber keinen Abbruch, denn sie gelten als FSME-Überträger (Hirnhautentzündung). Diese Krankheit kann unter Umständen zum Tode führen, eine prophylaktische Impfung ist also dringend angeraten.

Zu diesem Thema hier noch eine sinnvolle Ergänzung unseres Lesers Günter Eckardt: Durch Zeckenbiss können auch Bakterien übertragen werden, die zur sog. Borreliose führen, einer Erkrankung, die ebenfalls schwere Schädigungen und sogar den Tod verursachen kann. Hier gibt es (bis dato noch) keine Impfung. Im Frühstadium, wenn sich um den Biss eine kranzförmige Rötung zeigt, kann der Arzt jedoch mit Antibiotika eine vollkommene Heilung erreichen.

Mittels Zeckenzange (in jeder Apotheke oder aber auch Tierbedarfshandlung erhältlich) muss die Zecke so schnell wie möglich entfernt und in den nächsten Tagen auf besagte kranzförmige Rötung um den Biss herum geachtet werden. Bildet sich diese heraus, dann gehen Sie so schnell wie möglich zum Arzt.

Zoll

Seit dem 1. Mai 2004 ist Ungarn Mitglied der Europäischen Union. Innerhalb der EU-Länder dürfen abgabenfrei ein- bzw. ausgeführt werden:

10 Liter .... Spirituosen

20 Liter .... sogenannte Zwischenerzeugnisse (Likörwein, Wermutwein, Mixgetränke usw.)

90 Liter .... Wein (anteilig höchstens 60 Liter Schaumwein)

110 Liter .... Bier

10 kg .... Kaffee

800 .... Zigaretten

200 .... Zigarren

1 kg .... Rauchtabak

Desweiteren dürfen Sie die Grenze mit vollem Tank und Reservesprit bis maximal 10 Liter (laut ADAC) passieren.
Noch ein Tipp: Dieselkraftstoff ist in Ungarn relativ teuer, es empfiehlt sich, im Grenzbereich noch in Österreich zu tanken (Stand September 2017).

Zweitbatterie

Die Zweitbatterie ist im WOMO so wichtig wie die Starterbatterie. Schließlich wollen Sie ja auch einmal ein paar Tage an einem wunderbaren Plätzchen stehenbleiben, abends lesen, morgens die Wasserpumpe in Anspruch nehmen und mittags mittels Gebläse ein bisschen für Frischluft sorgen.

Diverse Tipps:
Die Ansprüche, die an Starter- und Zweitbatterie gestellt werden, sind unterschiedlich. Die Starterbatterie muss kurzzeitig einen hohen Strom für den Anlasser verkraften können und wird gleich darauf wieder aufgeladen. Die Bordbatterie soll vor allem über einen langen Zeitraum die Versorgung der Verbraucher im Wohnbereich sicherstellen, auch wenn sie dabei nicht ständig nachgeladen wird.
Mittlerweile sind die Batteriehersteller dieser Forderung nachgekommen und haben spezielle Freizeitbatterien entwickelt. Sie unterscheiden sich rein äußerlich von den Starterbatterien dadurch, dass der sogenannte Kälteprüfstrom (z.B. 395 A, nicht zu verwechseln mit der Kapazität in Ah), auf dem Etikett nicht angegeben ist. Meist stehen auch noch irgendwo die Bezeichnungen „Freizeit“, „Sport“ oder „Solar“.
Mehrere Firmen bieten auch Batterien an, die mit einer Gel-Technologie arbeiten. Die Vorteile bestehen darin, dass keine Flüssigkeit in den Akkus vorhanden ist. Sie sind gasungsarm und können zur Not auch auf dem Kopf stehend betrieben werden. Sogar tiefentladene Batterien können Sie wieder aufladen. Ein deutliches Plus bedeutet auch die längere Haltbarkeit.
Sie haben jedoch auch einen entscheidenden Nachteil: Schauen Sie sich mal die Preise an!
Wenn Sie sich für herkömmliche Akkus entscheiden, können Sie getrost auf das nächste Sonderangebot im Baumarkt warten. Kaufen Sie den preiswertesten Akku, der mindestens 60 Ah Kapazität hat. Schlimmstenfalls wiederholen Sie das in zwei Jahren. Wahrscheinlich kommen Sie mit dieser Methode billiger über die Runden.
Ihre Zweitbatterie erfüllt ihren Zweck nicht, wenn Sie kein Trennrelais zwischen beide Akkus geschaltet haben.

Zum Schluss:

In eigener Sache - oder der Sache aller!?

Urlaub mit dem Wohnmobil ist etwas ganz besonderes. Man kann die Freiheit genießen, ist ungebunden, dennoch immer zu Hause, lebt mitten in der Natur - wo man für sein Verhalten völlig selbst verantwortlich ist!
Seit mehr als 30 Jahren geben wir Ihnen mit unseren Reiseführern eine Anleitung für diese Art Urlaub mit auf den Weg. Außer den umfangreich recherchierten Touren haben wir viele Tipps allgemeiner Art zusammengestellt, unter ihnen auch solche, die einen WOMO-Urlauber eigentlich selbstverständlich sein sollten. Weil wir als Wohnmobiler die Natur in ihrer ganzen Schönheit und Vielfalt hautnah erleben dürfen, haben wir auch besondere Pflichten ihr gegenüber, die wir nicht auf Andere abwälzen können.
Jährlich erhalten wir viele Zuschriften, Grüße von Lesern, die mit unseren Reiseführern einen schönen Urlaub verbracht haben und sich herzlich bei uns bedanken. Wir erhalten Hinweise über Veränderungen an den beschriebenen Touren, die von uns bei der Aktualisierung der Reiseführer Berücksichtigung finden.
Aber: Wir erhalten auch Zuschriften über das Verhalten von Wohnmobilurlaubern, die sich egoistisch, rücksichts- und verantwortungslos der Natur und ihren Mitmenschen - nachfolgenden Urlaubern und Einheimischen - gegenüber verhalten.
In diesen Briefen geht es um die Themen Müllbeseitigung, Abwasser- und Toilettenentsorgung. Es soll immer noch Wohnmobilurlauber geben, die ihre Campingtoilette nicht benutzen, dafür lieber den nächsten Busch mit Häufchen und Toilettenpapier „schmücken", die den Abwassertank nicht als Tank benutzen, sondern das Abwasser unter das WOMO laufen lassen, die ihren Müll neben dem Wohnmobil liegenlassen und davondüsen, alles frei nach dem Motto: „Nach mir die Sintflut!"

Liebe Leserinnen und Leser!

Wir möchten Sie im Namen der gesamten WOMO-Familie bitten:
Helfen Sie aktiv mit, diese Schweinereien zu unterbinden!
Jeder Wohnmobilurlauber trägt eine große Verantwortung, und sein Verhalten muss dieser Verantwortung gerecht werden. Bestimmt hat mancher, dem Sie auf Ihrer Tour begegnen und der sich unwürdig verhält, das gleiche Büchlein in der Hand wie Sie. Er weiß zumindest jetzt, worum es geht. Sprechen Sie ihn an und weisen Sie ihn auf sein Fehlverhalten hin.
Der Nächste freut sich, wenn er den Stellplatz sauber vorfindet, denn auch er hat sich seinen Urlaub verdient!
Vor allem aber: Wir erhöhen damit die Chance, dass uns unsere über alles geliebte Wohnmobil-Freiheit noch lange erhalten bleibt. Helfen Sie mit, den Ruf der Sippe zu retten! Verhindern Sie, dass Einzelne ihn noch weiter in den Schmutz ziehen!
Wir danken Ihnen im Namen aller WOMO-Freunde

Ihr WOMO-Verlag

Packliste

Brieftasche/Handtasche/Geheimfach
Pässe, Personal-, Kinderausweis (gültig!)
Führerscheine, Vollmacht
Grüne Karte (gültig!)
KFZ-Schein
Impfbücher/Impfpass Haustier
Fotokopien aller dieser Papiere
Bargeld/Brustbeutel
Devisen/Reiseschecks
Euroscheckkarte
Kreditkarte (z.B. Visa)
Auslandskrankenscheine
Zusatzversicherungen/Schutzbrief
Vignette

____

____

Wohnmobilhaushalt
Wecker
Einkaufstasche groß
Kaffee-, Teekanne
Filtertüten/Filter
Geschirr/Gläser
Brotzeitbrettchen/Bestecke
Brotmesser/Kartoffelschäler
Schöpflöffel/Schneebesen
Töpfe/Dampftopf
Pfannen/Sieb
Topflappen
Butterdose/Plastikdöschen mit Deckel
Flaschentrage
Thermoskanne
Eierbehälter
Küchenpapier/Alufolie
Nähzeug/Schere
Klebstoff/Klebeband
Wäscheleine/Klammern
Waschpulver
Plastikschüssel
Abtreter
Schuhputzzeug
Kabeltrommel
Verbindungskabel CEE-Schuko
Stecker (Ausland)
Doppelstecker
Gasflaschen (voll?)
Handfeger/Kehrschaufel
Putzlappen
Klappspaten
Hammer/Nägel/Axt
Zündhölzer/Feuerzeug
Gasanzünder
Taschenlampen
Kerzen
Petroleumlampe/Petroleum
Ersatzbirnen 12 V/230 V
Ersatzsicherungen für jedes Gerät
Ersatzwasserpumpe
5 m passender Wasserschlauch
Feuerlöscher
Insektenspray/Insektenlampe
Moskitogaze für Fenster und Tür
Toilette/Klopapier
Toilettenchemikalien (oder Schmierseife)
Dosen-, Flaschenöffner, Korkenzieher
Spülmittel/Bürste
Scheuerpulver
Geschirrtücher
Leim/5 m Schnur
5 m Schwachstromkabel zweiadrig
Wasserschlauch mit Passstück
für verschiedene Wasserhähne
Trichter
Wasserentkeimungsmittel
Müllbeutel

____

____

Reiseapotheke
Mittel gegen Seekrankheit
Soventol (lindert Insektenstiche usw.)
Husten-, Schnupfenmittel
Fieberzäpfchen
Kohletabletten
Mittel gegen Durchfall
Mittel gegen Verstopfung
Mittel gegen Kopfschmerzen
Nasen-, Ohrentropfen
Halsschmerztabletten
Wundsalbe/Brandsalbe
Wunddesinfektionsmittel (Merfen-Orange)
Sprühpflaster
Elastikbinden
Salbe gegen Prellungen
Fieberthermometer
Pinzette
Autoverbandskasten o.k.?
Persönliche Medikamente

____

____

Auto
Allgemeines Wohnmobil-Handbuch
Bedienungsanleitungen
Bordbuch/Wörterbücher
Reiseführer/Campingführer
Straßenkarten/Autoatlas
Auffahrkeile/Stützböcke
Wasserwaage
D-Schild
Kundendienst gemacht?
Ersatzteilset von der Werkstatt?
Pannenausrüstung komplett?
Reservekanister voll?
1-2 Liter Reserveöl
Reserverad Luftdruck o.k.?
Abschleppstange, ausprobiert?
Passender Wagenheber ausprobiert?
Luftpumpe
Warndreieck, Warnweste
Arbeitshandschuhe
Werkzeugkoffer komplett?
Kundendienst-Stellenverzeichnis neu?

____

____

Kleidung
Unterwäsche
Socken/Strümpfe
Hemden/Blusen
Schuhe/Sandalen
Hausschuhe
T-Shirts/Shorts
Hosen/Jeans
Kleider/Röcke
Pullover/Jacken/Stola
Anoraks/Windjacken
Sonnenhüte/Kopftücher
Nachhemden/Schlafanzüge
Bikinis/Badehosen
Wanderstiefel
Sonnenbrille/Ersatzbrille

____

____

Campingartikel
Stühle/Tisch/Liegestühle
Liegematten/Hängematten
Markise/Sonnenschirme
Sonnensegel/Stangen/Häringe/Leinen
Grill/Grillzange/Holzkohle
WOMO-Pfannenknecht

____

____

Unterhaltung
Handy/Autoladekabel
KW-Radio
Schreibzeug/Adressbuch
Handarbeitszeug
Kinderspielzeug
Malutensilien
Bücher/Spiele
Kassettenrekorder/Kassetten
CD-Player/CDs
Taucherbrillen
Wasserball/Fußball/Wurfringe
Frisby/Indiaca usw.
Schlauchboot/Pumpe/Ruder
Luftmatratzen
Sandspielzeug
Schwimmflügel/Schwimmreif
Surfbrett/Zubehör
Fotoapparat/Filme
Videokamera/Kassetten
GPS-Gerät
Ersatzbatterien/Ladegerät für 12 V
Rucksäcke
Kartentasche
Fernglas/Kompass
Isomatten/Zelt/Kochtopfset
Feldflaschen/Taschenmesser/Angelzeug
SOS-Kettchen (vor allem für Kinder)
Mitbringsel für evtl. Einladungen

____

____

Lebensmittel
Getränke (Limo, Bier, Wein)
H-Milch/Dosenmilch/Coffeemate
Milchpulver/Limopulver/Zitronenteepulver
Wurst-, Fischdosen
Fertiggerichte/Beutelsuppen
Tee/Kaba/Kaffee
Müsli
Butter/Margarine
Brot/Dosenbrot
Reis/Nudeln/Gries
Kartoffelbrei/Mehl
Babykost
Puddingpulver
Schokolade/Bonbons/Kaugummi
Marmelade/Nutella
Bratfett/Öl/Essig
Mayonnaise/Senf
Zwiebeln
Gewürze
Ketchup/Maggi/Salz
Zucker/Süßstoff
Kartoffeln
Eier
Zwieback/Salzstangen

____

____

Wäsche/Toilettenartikel
Schlafsäcke, Bettwäsche, Kopfkissen
Laken (Spannlaken)
Hand-, Badetücher, Waschlappen
Geschirrtücher
Tempo/Taschentücher
Kämme/Bürsten
Haarfestiger/Lockenwickel/Haarspangen
12 V-, Akku- oder Nassrasierer
Nageletui/Hygieneartikel
Empfängnisverhütungsmittel
Windeln/Creme/Babycreme
Seife/Rei in der Tube
Sonnencreme, -öl
Fettstift (Labello)
Zahnbürsten/Zahnpasta
Autan gegen Mücken
Ohropax gegen Lärm

____

____

Nicht vergessen!
Post/Zeitung abbestellen
Offene Rechnungen bezahlen
Haustier abgeben
Blumen versorgen
Mülleimer leeren
Kühlschrank abstellen?
Antennen herausziehen
Wasch-, Spülmaschine, Bügeleisen aus?
Wasser, Gas, Heizung, Boiler abgestellt?
Rollläden schließen
Haustür verschließen
Nachbarn/Verwandte benachrichtigen:
Reiseroute, Autokennzeichen mitteilen,
Reserveschlüssel abgeben

____

____

____

Stichwortverzeichnis

Der WOMO-Knackerschreck

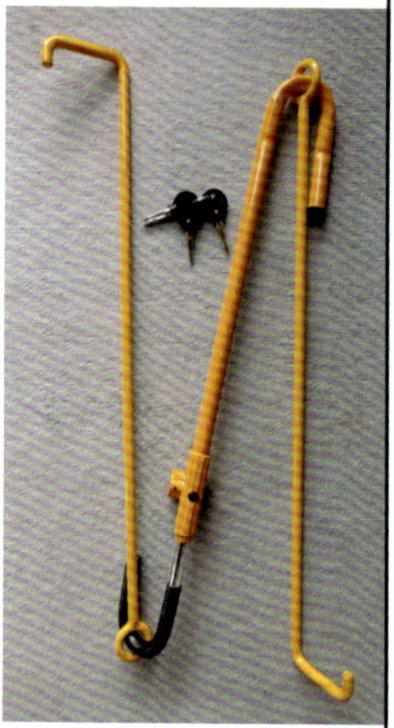

* ist die universelle und **sofort sichtbare Einbruchssperre**.
* Wird einfach in die beiden Türarmlehnen eingehängt, zusammengeschoben und abgeschlossen.
* Passend für Ducato, Peugeot, Renault Master, MB Sprinter und VW (alle Typen).
* Krallen aus 10 mm massivem, einbrennlackiertem Stahl, d. h. nahezu unverwüstlich.

Nur 59,90 € – und nur bei WOMO!

Der WOMO-Aufkleber

* passt mit 14 cm Breite auch auf Ihr Wohnmobil.
* ist das weit sichtbare Symbol für alle WOMO-Freunde.

0,00 € – und nur bei WOMO!

Der WOMO-Leserservice

Passend zu unseren Reiseführern bieten wir in unserem Online-Buchshop unter **www.womo.de** an:

* Die besten **Autokarten** von Michelin, Freytag & Berndt, Reise-know-how, die garantiert die komplette Reiseroute abdecken.
* Die Kauderwelsch-**Wörterbücher** für jede Sprache unserer Reiseländer.
* Von jedem Reiseland mindestens einen Rother-**Wanderführer** über die schönsten Wanderregionen.
* Eine **GPS-CD** für jeden Reiseführer mit allen Koordinaten zur schnellen Übertragung auf Ihr Navi (Garmin, TomTom, Falk).

Info-Blatt aus dem WOMO-Buch: Ungarn '18

(komplett ausgefüllt erhalte ich 10% Info-Honorar auf Bestellungen direkt beim Verlag)

Lokalität: Seite: Datum:
(Stellplatz, Campingplatz, Wandertour, Gaststätte, usw.)

unverändert gesperrt/geschlossen folgende Änderungen:

Lokalität: Seite: Datum:
(Stellplatz, Campingplatz, Wandertour, Gaststätte, usw.)

unverändert gesperrt/geschlossen folgende Änderungen:

Lokalität: Seite: Datum:
(Stellplatz, Campingplatz, Wandertour, Gaststätte, usw.)

unverändert gesperrt/geschlossen folgende Änderungen:

Lokalität: Seite: Datum:
(Stellplatz, Campingplatz, Wandertour, Gaststätte, usw.)

unverändert gesperrt/geschlossen folgende Änderungen:

Lokalität: Seite: Datum:
(Stellplatz, Campingplatz, Wandertour, Gaststätte, usw.)

unverändert gesperrt/geschlossen folgende Änderungen:

Lokalität: Seite: Datum:
(Stellplatz, Campingplatz, Wandertour, Gaststätte, usw.)

unverändert gesperrt/geschlossen folgende Änderungen:

Meine Adresse und Tel.-Nummer:

(nur komplett ausgefüllte, zeitnah eingesandte Infoblätter können berücksichtigt werden)

Info-Blatt aus dem WOMO-Buch: Ungarn '18

(komplett ausgefüllt erhalte ich 10% Info-Honorar auf Bestellungen direkt beim Verlag)

Lokalität: Seite: Datum:
(Stellplatz, Campingplatz, Wandertour, Gaststätte, usw.)

unverändert gesperrt/geschlossen folgende Änderungen:

Lokalität: Seite: Datum:
(Stellplatz, Campingplatz, Wandertour, Gaststätte, usw.)

unverändert gesperrt/geschlossen folgende Änderungen:

Lokalität: Seite: Datum:
(Stellplatz, Campingplatz, Wandertour, Gaststätte, usw.)

unverändert gesperrt/geschlossen folgende Änderungen:

Lokalität: Seite: Datum:
(Stellplatz, Campingplatz, Wandertour, Gaststätte, usw.)

unverändert gesperrt/geschlossen folgende Änderungen:

Lokalität: Seite: Datum:
(Stellplatz, Campingplatz, Wandertour, Gaststätte, usw.)

unverändert gesperrt/geschlossen folgende Änderungen:

Lokalität: Seite: Datum:
(Stellplatz, Campingplatz, Wandertour, Gaststätte, usw.)

unverändert gesperrt/geschlossen folgende Änderungen:

Meine sonstigen Tipps und Verbesserungswünsche:

Wir bestellen: (Preisänderungen vorbehalten)

- ☐ Wohnmobil Handbuch .... 19,90 €
- ☐ Wohnmobil Kochbuch.......... 12,90 €
- ☐ Heitere Geschichten.............. 6,90 €
- ☐ Albanien.............................. 19,90 €
- ☐ Allgäu.................................. 17,90 €
- ☐ Auvergne .... 19,90 €
- ☐ Baden-Württemberg .... 19,90 €
- ☐ Baltikum.............................. 20,90 €
- ☐ Bayern (Nordost) .... 19,90 €
- ☐ Bayern (Südost/Oberbayern) 19,90 €
- ☐ Belgien & Luxemburg .... 19,90 €
- ☐ Bretagne.............................. 18,90 €
- ☐ Burgund.............................. 17,90 €
- ☐ Dänemark........................... 19,90 €
- ☐ Elsass................................. 19,90 €
- ☐ England (Süd).................... 19,90 €
- ☐ Finnland.............................. 19,90 €
- ☐ Franz. Alpen .... 20,90 €
- ☐ Franz. Atlantikküste (Nord)... 19,90 €
- ☐ Franz. Atlantikküste (Süd) .... 17,90 €
- ☐ Französisches Jura .... 19,90 €
- ☐ Griechenland....................... 19,90 €
- ☐ Hessen (Norden + Osten) .... 19,90 €
- ☐ Hessen (Mitte + Süden)........ 19,90 €
- ☐ Hunsrück/Mosel/Eifel........... 20,90 €
- ☐ Irland.................................. 19,90 €
- ☐ Korsika............................... 18,90 €
- ☐ Kroatien / Montenegro.......... 19,90 €
- ☐ Languedoc/Roussillon.... ...... 19,90 €
- ☐ Latium/Rom/Abruzzen.......... 18,90 €
- ☐ Ligurien............................... 17,90 €
- ☐ Loire-Tal/Paris..................... 17,90 €
- ☐ Lothringen........................... 17,90 €
- ☐ Marokko.... .... 19,90 €
- ☐ Meckl. Vorpommern (West).. 18,90 €
- ☐ Meckl. Vorpommern (Ost)..... 18,90 €
- ☐ Namibia.... .... 20,90 €
- ☐ Neuseeland (Nord) .... 19,90 €
- ☐ Neuseeland (Süd)................ 19,90 €
- ☐ Niederlande .... 19,90 €
- ☐ Nord-Frankreich................... 18,90 €
- ☐ Normandie........................... 19,90 €
- ☐ Norwegen (Nord)................. 19,90 €
- ☐ Norwegen (Süd) .... 19,90 €
- ☐ Österreich (Ost).................... 19,90 €
- ☐ Österreich (West) .... 18,90 €
- ☐ Ostfriesland .... 20,90 €
- ☐ Peloponnes.......................... 19,90 €
- ☐ Pfalz.................................... 19,90 €
- ☐ Piemont/Aosta-Tal .... 19,90 €
- ☐ Polen (Nord/Masuren) .... 18,90 €
- ☐ Polen (Süd/Schlesien).......... 17,90 €
- ☐ Portugal .... 19,90 €
- ☐ Provence & C. d'Azur (Ost) .. 19,90 €
- ☐ Provence & C. d'Azur (West) 19,90 €
- ☐ Pyrenäen .... 19,90 €
- ☐ Rumänien .... 19,90 €
- ☐ Sachsen.............................. 20,90 €
- ☐ Sardinien .... 19,90 €
- ☐ Schleswig-Holstein .... 19,90 €
- ☐ Schottland........................... 18,90 €
- ☐ Schwarzwald .... 17,90 €
- ☐ Schweden (Nord)................. 19,90 €
- ☐ Schweden (Süd).................. 19,90 €
- ☐ Schweiz (Ost) .... 19,90 €
- ☐ Schweiz (West).................... 19,90 €
- ☐ Sizilien .... 18,90 €
- ☐ Slowenien............................ 18,90 €
- ☐ Spanien (Nord/Atlantik) .... 19,90 €
- ☐ Spanien (Ost/Katalonien) ..... 18,90 €
- ☐ Spanien (Süd/Andalusien).... 18,90 €
- ☐ Südafrika (Krüger NP) .... 24,90 €
- ☐ Süditalien (Ost/Apulien)........ 19,90 €
- ☐ Süditalien (West/Kalabrien).. 19,90 €
- ☐ Süd-Tirol .... 18,90 €
- ☐ Thüringen .... 19,90 €
- ☐ Toskana & Elba.................... 20,90 €
- ☐ Trentino/Gardasee............... 18,90 €
- ☐ Tschechien .... 18,90 €
- ☐ Tunesien............................. 17,90 €
- ☐ Türkei (West)....................... 18,90 €
- ☐ Türkei (Mitte-Kappadokien) .. 17,90 €
- ☐ Umbrien & Marken mit Adria. 18,90 €
- ☐ Ungarn................................ 18,90 €
- ☐ Venetien/Friaul..................... 19,90 €
- ☐ Wales.................................. 18,90 €

... und jährlich werden's mehr!